はじめての
東南アジア政治

INTRODUCTION TO SOUTHEAST ASIAN POLITICS

著・増原綾子
　　鈴木絢女
　　片岡　樹
　　宮脇聡史
　　古屋博子

有斐閣ストゥディア

は じ め に──本書のねらいと特色

　本書は，大学に入って初めて東南アジア政治を学ぶ学生を主な読者としてつくられたテキストである。東南アジアは日本と長く深い関わりの歴史がある。世界的にみても現在，最もダイナミックに経済成長が進んでいる地域であり，日本企業も数多く進出している。ASEAN（東南アジア諸国連合）という言葉も，しばしばメディアなどで目にするはずだ。しかし，東南アジア各国が実際にどのような国家であるのか，それぞれどんな政治課題を抱えているのか，ASEAN とはいかなる国際機構であるのか，日本でよく知られているとはいいがたい。本書は，それまで東南アジア政治についてあまり知る機会のなかった人に理解を深めてもらうことを期待してつくられたものである。

　そもそも東南アジアとはどのような地域なのか。まずは，それを概観するところから始めよう。

東南アジア地域を概観する

　東南アジアは，北東アジアと南アジア，太平洋とインド洋に挟まれた，赤道付近に位置する地域であり，大きく大陸部と島嶼部に分かれる。大陸部はメコン，チャオプラヤー，エーヤワディーという 3 つの大河が流れ，河口付近にはデルタ地帯が広がり，大河をさかのぼると中国やインドとの国境に近い険しい山岳地帯へと行き着く。それに対して，島嶼部は大小 2 万以上の島々から構成され，赤道直下の深い熱帯林が広がるカリマンタン（ボルネオ）島から，人が住めないような珊瑚礁でできた島に至るまで，多彩な島々と海の世界が広がっている。

　このような自然環境の中で，山や海や深い森に隔てられ，言語や文化の異なるさまざまな人間集団が東南アジア各地に点在するようになった。東南アジアには古代から中国とインドを結ぶ東西交易の要衝があり，人々の往来が盛んに行われてきた。北からは中華文明が，西からはインド文明がもたらされ，時代が下るとイスラーム文明が到来し，植民地時代にはキリスト教や西洋文明がもたらされた。外来文明の流入によって，上座仏教圏（タイ，ミャンマー，カンボ

ジア，ラオス），儒教圏（ベトナム），イスラーム圏（インドネシア，マレーシア），キリスト教圏（フィリピン，東ティモール）といった異なる文化圏が東南アジアに成立した。また商売や出稼ぎの目的で中国から多くの人々が到来し，東南アジア各地に定住していった。このように，外の世界との交流の歴史が東南アジアの多様性を形づくってきたといえる。

▎経済と政治の多様性 ▎

　東南アジアの多様性は自然環境や民族・宗教だけではない。経済的にみても，東南アジアは多様な国々から成っている。1人当たりの国民総所得（GNI）が5万ドルを超えるシンガポールから1000ドル程度のカンボジアまで経済の格差は大きく，またIT産業を中心に産業の高度化を達成したシンガポール，製造業を中心として工業化を進めるマレーシアやタイ，石油や天然ガスといった資源輸出に依存するミャンマー，ラオス，ブルネイ，農業と観光が中心産業であるカンボジア，海外出稼ぎが国内総生産（GDP）の1割を占めるフィリピンなど，産業構造も国ごとに特徴がある。

　政治的にみてもさまざまな国が存在し，しかもそれぞれの国の政治はダイナミックな変化を遂げている。タイでは2014年にクーデタで軍が再び政治権力を握って以来，軍政が続いており，国王の政治的権威も大きい。長年にわたって軍事政権が続いたミャンマーでは現在，民主化が進められているものの，軍の政治的影響力は衰えていない。フィリピンとインドネシアでは，大規模な民主化運動が長期独裁に終止符を打つという経験を持ち，現在は民主主義の下でガバナンス改革に取り組んでいる。マレーシアとシンガポールでは与党による50年以上にわたる長期政権が続いていたが，マレーシアでは2018年に総選挙で野党が歴史的な勝利をおさめ，政権交代が実現した。共産党による一党独裁が続くベトナムとラオスでは政府が国民の声に耳を傾ける動きが出てきているが，カンボジアでは野党への弾圧が日増しに強くなっており，イスラームの世俗的権威であるスルタンが国王として国を治めるブルネイとともに，民主化の兆しはみえない。

本書の目的と構成

このように多様性やダイナミズムに富んだ東南アジアにおいて，国家と地域の政治秩序はこれまでどのように形成されてきたのだろうか。また，現在どのような政治秩序が形成されようとしているのか。このことが，本書を通じて読者に考えてほしい「問い」である。東南アジア政治にあるのは秩序ばかりではない。無秩序もまた，この地域の政治を考えるうえで重要であり，秩序と無秩序の織り成す政治のダイナミズムを明らかにすることが，本書のすべての章に通底する問題意識である。これらの問題を，国家と社会との関係，国家と国家との関係，国家と地域との関係を通じて考えることが本書の目的であり，それは東南アジア以外の地域の政治をみるうえでも参考になるであろう。

各章では，こうした問いや問題意識が形を変えながら展開されている。本書は大きく3部構成になっており，第Ⅰ部（第1～7章）は各国政治史であり，第Ⅱ部（第8～11章）と第Ⅲ部（第12～14章）はそれぞれ比較政治と国際政治を扱っている。この構成は，他の教科書にはない本書の特色となっている。

第Ⅰ部では，第1章が古代から独立前までの東南アジアの国家と国際関係を扱っており，第2章から第7章までは国家形成と国民統合に注目して各国の政治史が記述されている。植民地化以前にはこの地域に存在しなかった近代的な国家がどのように成立し，国民国家形成と国民統合がどのように行われていったのかをめぐる議論が，それぞれの章で展開されている。

比較政治をテーマとする第Ⅱ部では，独立後から現在に至るまでの国内政治に焦点をあて，国家間を比較しながら当該国が抱える政治問題を浮き彫りにしている。第8章（国民国家建設）では国民国家がつくられる過程で生み出される多数派と少数派の関係について，第9章（政治体制と体制変動）では権威主義体制の成立とその支配の仕組みについて論じられ，第10章（成長・分配）では開発に伴う経済成長とその分配をめぐる対立が，第11章（模索する民主主義）では民主化に伴って拡大する汚職や政治家不信が社会に分断をもたらすなど東南アジアの民主主義が直面する問題が議論されている。

国際政治を扱う第Ⅲ部では，大国との国家間関係，地域統合，国境を越える人の移動から東南アジア政治を考えようとしている。第12章では冷戦期から

ポスト冷戦期にかけての，特にアメリカや中国と東南アジア諸国との関わりを，第13章ではASEANの成立から共同体設立に至る50年間の地域統合の歩みを学ぶ。越境をテーマとする第14章は，麻薬密輸やテロ・ネットワークといった非合法活動から合法的な労働移動，難民まで，人々の国境を越える多様な営みに注目する。最後に，終章では日本と東南アジアの関係史を概観しながら，私たち日本人の東南アジアとの関わりの深化を考えていきたい。

　本書はこのような3部構成となっているが，読者はどこから読み始めても構わない。第Ⅰ部で各国政治を把握したうえで，第Ⅱ部，第Ⅲ部へと読み進めてもよいし，関心のあるトピックを中心に第Ⅱ部や第Ⅲ部の章を先に読んで，そのあと第Ⅰ部で特定の国や地域の章を読むこともできる。関連する記載が他の章やコラムにある場合には「⇒第〇章〇」「Column 〇-〇」と記載され，また必要に応じて以下に提示したウェブサポートページにも説明が設けられているので（⇒WEBマークが付されているもの），該当箇所を参考にしてほしい。各章末には，その章で学んだ内容の理解をさらに深めるものとして読書案内を設けた。

　本書を批判的に読むことで，多様な視点にもとづいて東南アジア政治を考察してもらえれば幸いである。

刊行後の追加情報などは以下のウェブサポートページで提供する予定です。
http://www.yuhikaku.co.jp/static/studia_ws/index.html
このウェブサポートページには，本書には収録していないコラムや，本書をテキストとしてご利用いただく先生方に向けた情報・資料などを，掲載していきます。

著者紹介

増原 綾子（ますはら あやこ）　　　　第 4, 9, 11, 13, 14 章, 終章

現職：亜細亜大学国際関係学部准教授

略歴：東京大学大学院総合文化研究科国際社会科学専攻博士課程修了，博士（学術）

研究分野：インドネシア地域研究，東南アジア政治，比較政治学

主な著作：『スハルト体制のインドネシア──個人支配の変容と一九九八年政変』東
京大学出版会，2010 年；*The End of Personal Rule in Indonesia: Golkar and the
Transformation of the Suharto Regime*, Kyoto University Press, 2015；「民主化期イン
ドネシアにおける脅威認識の変容と政軍関係」『国際政治』第 185 号，2016 年，
82-97 頁

鈴木 絢女（すずき あやめ）　　　　第 2, 10, 12, 13, 14 章, 終章

現職：同志社大学法学部准教授

略歴：東京大学大学院総合文化研究科国際社会科学専攻博士課程修了，博士（学術）

研究分野：東南アジア政治，政治経済，国際関係

主な著作：『〈民主政治〉の自由と秩序──マレーシア政治体制論の再構築』京都大学
学術出版会，2010 年；「アジア通貨危機後のマレーシア──彷徨する国家と財政赤
字」『国際政治』第 185 号，2016 年，66-81 頁；"Malaysia's Hedging Strategy: A
Rising China and the Changing Strategic Situation in East Asia,"（共著）in Dittmer,
Lawell and Peter Ngew Eds., *Southeast Asia and China*, World Scientific Press, 2017,
pp. 113-129

片岡 樹（かたおか たつき）　　　　第 1, 5, 6, 8, 11, 14 章

現職：京都大学大学院アジア・アフリカ地域研究研究科教授

略歴：九州大学大学院比較社会文化研究科博士課程修了，博士（比較社会文化）

研究分野：東南アジア研究，文化人類学

主な著作：『タイ山地一神教徒の民族誌──キリスト教徒ラフの国家・民族・文化』
風響社，2007 年；『東南アジア大陸部山地民の歴史と文化』（共著）言叢社，2014
年；『東南アジア地域研究入門　2 社会』（共著）慶應義塾大学出版会，2017 年

宮 脇　聡 史（みやわき　さとし）　　　　　　　　　第 1，3，11，14 章

現職：大阪大学大学院言語文化研究科准教授

略歴：東京大学大学院総合文化研究科国際社会科学専攻博士課程修了，博士（学術）

研究分野：フィリピン地域研究，宗教社会学

主な著作：「フィリピン・カトリック教会にとっての『EDSA』──教会的文脈・国民
レベルの戦略・政治社会的衝撃」『東洋文化研究所紀要』第 148 号，2005 年，388-
359 頁；『キリスト受難詩と革命──1840〜1910 年のフィリピン民衆運動』（共訳）
法政大学出版局，2005 年；「第 36 章　カトリック教会──世俗化の中で揺らぐ影
響力」大野拓司・鈴木伸隆・日下渉編『フィリピンを知るための 64 章』明石書店，
2016 年

古 屋　博 子（ふるや　ひろこ）　　　　　　　　　　第 7，12，14 章

現職：Gallup シニアコンサルタント

略歴：東京大学大学院総合文化研究科地域文化研究専攻博士課程修了，博士（学術）

研究分野：ベトナム地域研究，東南アジア政治，政治学

主な著作：『アメリカのベトナム人──祖国との絆とベトナム政府の政策転換』明石
書店，2009 年；「ベトナム人ディアスポラ」首藤もと子編著／駒井洋監修『東南・
南アジアのディアスポラ』明石書店，2010 年；「対立の 40 年──ベトナム政府と
在米ベトナム人の政治的対立の変容」『立教アメリカン・スタディーズ』第 38 号，
2016 年，41-58 頁

目　次

はじめに──本書のねらいと特色・・・・・・・・・・・・・・・・・・・・・・・・・・・・・・・ i

著者紹介・・ v

第 Ⅰ 部　各国政治史

CHAPTER 1　国民国家以前の東南アジア　　2

1　前近代東南アジアの国家形成・・・・・・・・・・・・・・・・・・・・・・・・・・・ 3

2　東南アジア前近代国家の特徴・・・・・・・・・・・・・・・・・・・・・・・・・・・ 5
戦争（5）　主権（6）　国境と国際関係（7）　他者としての王（8）　前近代東南アジアの民族（9）

3　東南アジアの植民地化・・・・・・・・・・・・・・・・・・・・・・・・・・・・・・・ 11
近世期（16〜18世紀）におけるヨーロッパ列強の東南アジア進出（11）　19世紀における帝国主義的植民地分割（12）

4　植民地から国民国家へ・・・・・・・・・・・・・・・・・・・・・・・・・・・・・・・ 14
植民地行政が準備したナショナリズム（14）　分割統治（15）　脱植民地化の流れと新興国民国家の宿題（16）

CHAPTER 2　マレーシア，シンガポール，ブルネイ　　20

1　植民地によってつくられた国家・・・・・・・・・・・・・・・・・・・・・・・・・ 21
前近代国家（21）　イギリスによる植民地統治（22）　世界経済への統合と多民族社会の生成（24）

2　国民国家建設をめぐる闘争・・・・・・・・・・・・・・・・・・・・・・・・・・・ 25

vii

マラヤ，シンガポールにおける優位政党の形成（25）　マレーシアの形成とシンガポールの分離独立（27）

3 マレーシア——一党優位体制とその終焉 ･･･････････････････ 28

マレーシアにおける国民戦線体制の成立と経済開発（28）　アジア通貨危機と新しい政治のはじまり（30）　二大政党制へ（31）

4 シンガポール——一党優位体制の応答性と経済成長 ･･･････････ 33

都市国家シンガポールの生き残りに向けて（33）　高度経済成長と政治的安定（34）　グローバル化への不満と応答性（36）

5 潤沢な石油収入に支えられるブルネイの非民主制 ･･･････････ 37

CHAPTER 3 フィリピン 40

1 植民地統治下のフィリピン ･･･････････････････････････････ 41

ナショナリズム勃興と 19 世紀末の独立戦争（41）　20 世紀前半のアメリカによる統治（43）

2 独立後の紆余曲折 ･･･････････････････････････････････････ 45

1946 年に独立，代議制民主主義（45）　1972 年戒厳令体制（48）　1983 年のアキノ暗殺と民主化（50）

3 民主制度の安定への模索 ･･･････････････････････････････････ 51

民主体制の再構築と生き残り（51）　政治の安定と経済再建の進展（53）　庶民派大統領の挫折（54）

4 経済発展の中の民主政治 ･･･････････････････････････････････ 55

相次ぐ汚職疑惑と政治不信の拡大（55）　成長と変革の政治へ（56）

CHAPTER 4 インドネシア，東ティモール 59

1 独　立　以　前 ･･ 60

古代から近世まで（60）　オランダによる植民地化（61）　植民地支配下での近代国家形成（61）　ナショナリズム運動の勃興と「インドネシア」概念の成立（62）　日　本　軍　政（63）

2 インドネシアの独立と不安定な政治 ……………… 64

対オランダ独立戦争（64）　議会制民主主義下の政治的混乱（65）　国民統合の危機——地方の反乱とイデオロギー対立（65）　「指導された民主主義」とナサコム（66）　スカルノの左傾化と9・30事件（67）

3 スハルト体制と上からの国民国家建設 …………… 68

スハルト体制の成立（68）　開発を通じた国家建設（68）　中央集権的な行政と強権的な国民統合（69）　汚職と腐敗，法の支配の欠如（70）　民主化運動とスハルト体制の崩壊（70）

4 民主化と国民国家の再構築 ………………………… 71

憲法改正を通じた民主的制度の導入（71）　中央・地方における政治的混乱とその克服（73）　政治の安定と経済的繁栄（73）　イスラーム化と「多様性の中の統一」（74）

5 東ティモール——独立と国家建設の歩み ………… 75

CHAPTER 5　タ　イ　79

1 絶対王政下の近代化とその帰結 …………………… 80

2 軍の政治支配と浮遊する正統性 …………………… 81

ピブーン政権（81）　サリット軍政（82）　官僚政体（83）

3 軍の管理下の民主化 ………………………………… 84

漸進的民主化（84）　多党制と連立政権と政治家不信（85）　1992年流血事件から1997年憲法へ（87）

4 タックシン政権とその後の国内世論の分極化 …… 88

タックシン政権の登場（88）　反タックシン運動（89）　赤シャツと黄シャツの対立（90）

5 軍政と「国王を元首とする民主主義」 ……………… 92

赤黄論争と長期化する軍政（92）　新憲法と民主化のゆくえ（92）　国王を元首とする民主主義（93）　民主化への課題（94）

CHAPTER 6　ミャンマー　97

目　次　●ix

1 　独立前夜 ・・・ 98
　　ビルマ・ナショナリズムの誕生（98）　日本軍政とビルマ独立義
　　勇軍（99）

2 　AFPFL 政権 ・・ 100

3 　ネーウィン政権 ・・・ 101
　　軍と党国家（101）　ビルマ式社会主義（102）　激化する内戦
　　（103）

4 　長期化する軍政 ・・・ 103
　　1988 年の政変（103）　反故にされた総選挙結果（104）　脱社会
　　主義化と停戦の実現（105）

5 　テインセイン政権から民主化へ？ ・・・・・・・・・・・・・・・・・・・・・・・・ 106
　　軍の権力を温存する制度設計と 2010 年総選挙（106）　テインセ
　　イン政権の成立から NLD 政権の成立まで（107）

6 　国民統合問題 ・・・ 108
　　ポスト停戦に向けた少数民族武装勢力の取り扱い（108）　連邦制
　　をめぐる問題（109）　イスラーム教徒排斥運動（110）　イスラ
　　ーム教徒排斥と国籍問題（111）　憲法と民主化（112）

CHAPTER

7

ベトナム，ラオス，カンボジア　　　　　　　115

1 　インドシナ植民地化とナショナリズム ・・・・・・・・・・・・・・・・・・ 117
　　植民地化以前のベトナム，ラオス，カンボジア（117）　フランス
　　による植民地化と「インドシナ」の形成（117）　植民地下でのナ
　　ショナリズム運動（119）　日本軍の進駐（120）

2 　第 1 次インドシナ戦争 ・・・・・・・・・・・・・・・・・・・・・・・・・・・・・・・・・・・・ 121
　　第 1 次インドシナ戦争の勃発とインドシナ 3 国の共闘体制の成立
　　（121）　ジュネーブ協定とベトナムの分断（122）

3 　第 2 次インドシナ戦争（ベトナム戦争）・・・・・・・・・・・・・・・・・ 123
　　アメリカのベトナムとラオスへの介入（123）　カンボジアへの戦
　　線拡大（124）

4 　社会主義の国家建設とカンボジア紛争 ・・・・・・・・・・・・・・・・・・ 125
　　インドシナ 3 国の共産化（125）　ベトナムのカンボジア侵攻と中
　　越戦争（126）　社会主義計画経済の行き詰まりと難民発生
　　（127）

x

5 自由化路線の開始 ･････････････････････････････････ 129

ドイモイとチンタナカーン・マイ（129）　内戦終結後のカンボジア（130）

6 「民主化」のゆくえ ･････････････････････････････････ 131

カンボジア（131）　ラオス（132）　ベトナム（133）

第 II 部　比 較 政 治

CHAPTER 8　国民国家建設 138

1 国民形成がつくり出す多数派と少数派 ･･････････････････ 139

2 国家の輪郭，国民の輪郭 ･･････････････････････････ 140

大陸部の場合（140）　島嶼部の場合（140）

3 少数派を包摂する方法 ･･･････････････････････････ 141

同化主義（141）　多文化主義と機会の平等（142）　アファーマティブ・アクションと結果の平等（143）　多数派と少数派の法的序列化（144）

4 宗教と国民統合 ･････････････････････････････ 145

上座仏教徒の政治モデル（145）　仏教と近代国家（146）　イスラーム教徒の国家モデル（147）　ウンマの理念と現実（147）　イスラームと国民統合（148）

5 分離主義と紛争 ･････････････････････････････ 149

植民地主義の遺産としての国境線（149）　ミャンマーの内戦（149）　インドネシアの分離主義紛争（150）　フィリピン南部のムスリム分離主義（151）

6 移民少数民族の国民化という課題 ･･････････････････ 152

華僑・華人の流入と複合社会（152）　華僑・華人の国民共同体への包摂（153）

目　次　● xi

CHAPTER 9 政治体制と体制変動　　156

1　民主主義と権威主義　……………………………………… 157

2　権力闘争と権威主義体制の成立　………………………… 157
脱植民地化と新たな権力闘争（157）　共産主義政党が権力を掌握したインドシナ3国（160）　既得権層が支持する政党が権力を確立したマレーシアとシンガポール（161）　政治経済の行き詰まりから生じたフィリピンの独裁（161）　軍が権力を握ったタイ，ビルマ，インドネシア（162）

3　権威主義体制の支配の仕組み　…………………………… 163
共産党による一党独裁――ベトナムとラオス（163）　一党独裁と一党優位の間で揺れ動くカンボジア（164）　競争的選挙と複数政党制の下での一党優位――マレーシアとシンガポール（165）　大統領による個人支配――フィリピンとインドネシア（165）　軍事政権――ミャンマーとタイ（166）

4　権威主義体制における国家と国民の関係　……………… 167
党の社会への浸透――ベトナム，ラオス，カンボジア（167）　法治主義と応答性――マレーシアとシンガポール（168）　恣意と暴力と温情にもとづく支配――フィリピンとインドネシア（169）　軍政による徹底した統制――ミャンマー（169）　軍政と国民の間に立つ国王？――タイ（170）

5　政治体制の持続と変動　…………………………………… 170
党による持続的な支配（171）　大規模な反政府運動と個人支配体制の崩壊（171）　軍政による反政府運動の弾圧と上からの民主化（172）

CHAPTER 10 成長・分配　　175

1　経済と政治　………………………………………………… 176
誰が何をどのくらい得るか（176）　国家間の所得格差（177）

2　ASEAN 先発国　…………………………………………… 179
西側とつながり成長した ASEAN 5（179）　「東アジアの奇跡」（181）　アジア通貨危機後のマレーシアとタイ――「奇跡」から「罠」，「限界」へ？（182）　開発ガバナンスと経済パフォーマン

ス（183）

3　ASEAN 後発国 ･････････････････････････････････････ 186
　　社会主義経済の停滞と改革（186）　成長する CLMV 諸国（187）

4　分配をめぐる闘争 ･･････････････････････････････････ 189
　　経済成長と分配・貧困（189）　外国人労働者と市民（191）　地域間格差（192）　民族間の分配（193）

CHAPTER 11　模索する民主主義　　197

1　民主主義とグッド・ガバナンス ･････････････････････ 198

2　民主的制度の導入と政党政治の変化 ･････････････････ 199
　　制度改革を通じた民主化（199）　有権者の行動と政党政治の変容（200）

3　汚職取締りの政治 ･･････････････････････････････････ 202
　　民主主義体制下での汚職の「拡大」（202）　選挙と汚職（202）　都市中間層と反汚職運動（203）

4　民主化過程における司法 ･･･････････････････････････ 206
　　フィリピン——独立性を発揮する司法と大統領の介入（206）　タイ——中立性を失い民主主義を後退させる司法（207）　インドネシア——政治対立を抑える司法（208）

5　武力紛争の平和的解決 ･････････････････････････････ 209
　　分離独立問題の平和的解決の手段としての特別自治（209）　軍の統制の成否と紛争の平和的解決（210）　軍の統制に失敗した東ティモールとパプア（210）　軍の統制に成功したアチェ（211）　自治政府樹立への遠い道程——ミンダナオ紛争（212）

第 III 部　国 際 政 治

CHAPTER 12　国際政治の中の東南アジア　　218

1 冷戦下の独立 ·· 219

日本軍政と独立過程へのインパクト（219）　民族自決原則
（220）　アジアの冷戦とアメリカの介入（221）

2 分裂する東南アジア ·· 223

東南アジア条約機構と非同盟運動（223）　ベトナム戦争（224）
ASEAN の設立（225）

3 米中ソ関係の変容とカンボジア紛争 ························· 226

中ソ対立と米中和解（226）　東南アジア諸国の共存へ向けた
ASEAN の試み（227）　米ソ軍の撤退が生み出した力の空白
（229）

4 中国の台頭と米中対峙時代の到来 ··························· 230

中国による周辺外交の強化と韜光養晦（230）　中国の軍事的台頭
と ASEAN の会議外交（231）　米中対峙の舞台となる東南アジア
（232）　ASEAN の限界（234）

CHAPTER 13　地域統合と ASEAN　　　238

1 ASEAN の成立と発展 ··· 239

ASEAN 設立の背景（239）　政治協力の構築（240）　ASEAN
Way —— 全会一致と内政不干渉（241）　カンボジア問題への対
応（241）　ASEAN の拡大と共同体設立への動き（242）

2 経済統合 —— モノ，カネ，ヒトの流れ ····················· 244

経済統合の促進要因（244）　プラザ合意と経済協力の本格化
（245）　冷戦の終結と AFTA 創設（245）　アジア通貨危機から
東アジア経済協力へ（247）　ASEAN 経済共同体（248）　AEC
の成果と実態（248）

3 政治統合をめぐる課題 ·· 250

伝統的な規範と新しい規範（250）　民主主義と人権（251）　二
国間領有権紛争の平和的解決（252）　移民労働者の保護（253）

CHAPTER 14　国境を越える人々　　　258

1 人の移動と東南アジアの政治 ································· 259

xiv

2 越境する不法活動 ･･ 261

麻薬密輸団（261）　海賊（262）　イスラーム国家の希求とイス
ラーム急進派のネットワーク（263）

3 国際労働移民 ･･ 265

労働力の国際移動（265）　受け入れ国（266）　送り出し国
（268）

4 人身取引 ･･･ 269

人身取引（269）　東南アジアにおける人身取引問題への取り組み
（270）

5 難　　民 ･･･ 271

難民とは（271）　冷戦とインドシナ難民（272）　ミャンマーの
民族紛争と難民（273）　難民とその周辺（274）

終 日本と東南アジア　　　　　　　　　　279

日本人の南洋進出（280）　南進論と占領（280）　日本企業の東
南アジア復帰──戦後賠償とODA（281）　反日暴動と福田ドク
トリン（283）　東南アジアから日本への人の流れ──難民，ジャ
パゆきさん，研修生（283）　ポスト冷戦期における日本政府の東
南アジア支援（285）　成長する東南アジアと日本──さらなる緊
密なパートナーシップの構築をめざして（286）

おわりに ･･･ 289

事 項 索 引 ･･･ 291

人 名 索 引 ･･･ 301

Column●一覧

❶-1 華僑と華人 ･･ 10

❶-2 巡礼圏 ･･ 15

❸-1 フィリピンの政治におけるカトリック教会の役割 ･････････････ 49

❹-1 インドネシアにおけるイスラームと政治 ･･････････････････････ 75

❼-1 ポル・ポトとカイソーン ････････････････････････････････････ 128

❾-1 政治体制とそれを測る指標 ････････････････････････････････ 159

目　次　● xv

⑩-1	GNI	179
⑩-2	輸入代替工業化／輸出志向型工業化	184
⑪-1	民主主義と国民の政治への関与	200
⑬-1	東南アジアにおける二国間の領有権紛争	254

本書のコピー，スキャン，デジタル化等の無断複製は著作権法上での例外を除き禁じられています。本書を代行業者等の第三者に依頼してスキャンやデジタル化することは，たとえ個人や家庭内での利用でも著作権法違反です。

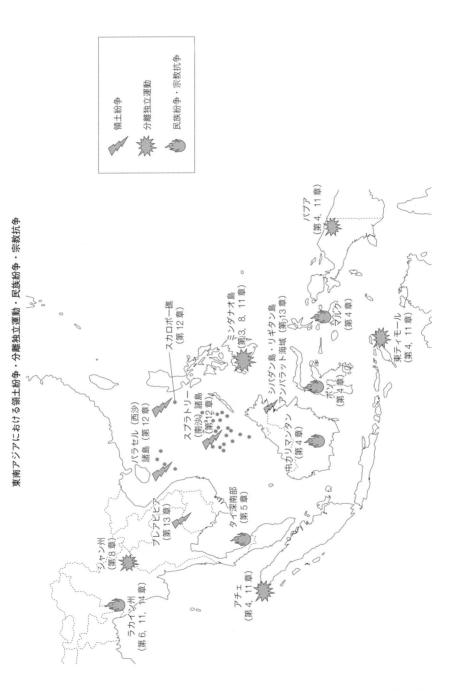

各国の基礎データ

	マレーシア	シンガポール共和国	ブルネイ・ダルサラーム国	フィリピン共和国	インドネシア共和国	東ティモール民主共和国
英語名称	Malaysia	Republic of Singapore	Brunei Darussalam	Republic of the Philippines	Republic of Indonesia	Democratic Republic of Timor-Leste
首都	クアラルンプール	シンガポール	バンダル・スリ・ブガワン	マニラ	ジャカルタ	ディリ
通貨	リンギ	シンガポール・ドル	ブルネイ・ドル	ペソ	ルピア	米ドル (1米ドル以下は独自通貨センタボ)
総面積	33万 km²	0.07万 km²	0.6万 km²	30万 km²	191万 km²	1.5万 km²
人口	3119万人	561万人	42万人	1億332万人	2億6112万人	127万人
民族構成	ブミプトラ (67.4%)、華人 (24.6%)、インド人 (7.3%)、その他 (0.7%)（2010年センサス）＊マレーシアのみの内訳	華人 (74.1%)、マレー人 (13.4%)、インド人 (9.2%)、その他 (3.3%)（2010年センサス）＊居住者 (Singapore Residents) の内訳	マレー人 (65.7%)、華人 (10.3%)、その他 (24.0%)（2011年センサス）＊居住者の内訳	マレー系のタガログ語話者など低地キリスト教徒が多数派、他にイスラーム教徒のモロ民族、原始宗教を信仰するイフガオなど山岳少数民族	ジャワ人 (40%)、スンダ人 (15%)、マドゥラ (3.6%) など1400以上の民族（2010年センサス）	テトゥン族など大半がメラネシア系、ほかにマレー系・中華系、ポルトガル系を主体とする欧州人、およびその混血など（日本外務省）
宗教構成	イスラーム (61.3%)、仏教 (19.8%)、キリスト教 (9.2%)、ヒンドゥー教 (6.3%)、儒教・道教など (1.3%)、その他 (0.4%)（2010年センサス）	仏教 (33.3%)、キリスト教 (18.3%)、無宗教 (17.0%)、イスラーム (14.7%)、道教 (10.9%)、ヒンドゥー教 (5.1%)、その他 (0.7%)（2010年センサス）	イスラーム (78.8%)、キリスト教 (8.7%)、仏教 (7.8%)、その他 (4.7%)（2011年センサス）	キリスト教 (93%、カトリックが83%)、イスラーム教 (5%) など（日本外務省）	イスラーム (87%)、キリスト教 (10%)、ヒンドゥー教 (1.7%)、仏教 (0.7%)、儒教 (0.05%)、その他 (0.1%)（2010年センサス）	キリスト教99.1% (大半がカトリック)、イスラーム (0.79%)（日本外務省）
言語	マレー語（国語・公用語）、英語、中国語、タミル語など	マレー語（国語・公用語）、英語、中国語、タミル語（以上3言語は公用語）その他	マレー語（公用語）、英語、中国語	フィリピン（タガログ）語（公用語）、英語（公用語）、ほか、セブアノ語・イロカノ語など80前後の地方言語（日本外務省）	インドネシア語（国語）、地方語（ジャワ語、スンダ語、バタック語など多数）	テトゥン語・ポルトガル語（国語）、インドネシア語、英語（実用語）、その他少数民族語
GDP (1人当たり)	2965億 (9508)	2970億 (5万2938)	114億 (2万7143)	3049億 (2951)	9323億 (3570)	18億 (1402)
GNI Atlas (1人当たり)	3074億 (9860)	2909億 (5万1880)	139億 (3万2860)	3700億 (3580)	8890億 (3400)	26億 (2060)
GNI PPP (1人当たり)	8390億 (2万6900)	4768億 (8万5020)	351億 (8万3010)	9706億 (9390)	2兆9287億 (1万1220)	43億 (3380)
政体	立憲君主制	共和制	立憲君主制	共和制	共和制	共和制
政治体制	一党優位体制からの移行途上	一党優位体制	王政	民主主義体制	民主主義体制	民主主義体制
執政制度	議院内閣制	議院内閣制	国王を頂点とする内閣	大統領制	大統領制	議院内閣制
議会制度	一院制	一院制	一院制	二院制	変則的な二院制（国会、国民協議会）	一院制
選挙制度	小選挙区制（下院）上院は任命制	小選挙区制、グループ選挙区制	なし	全国区（大統領、上院）小選挙区（下院）	中選挙区比例代表制（非拘束名簿式）	全国区比例代表制（拘束名簿式）

	タイ王国	ミャンマー連邦共和国	ベトナム社会主義共和国	ラオス人民民主共和国	カンボジア王国
英語名称	Kingdom of Thailand	Republic of the Union of Myanmar	Socialist Republic of Viet Nam	Lao People's Democratic Republic	Kingdom of Cambodia
首都	バンコク	ネーピードー	ハノイ	ビエンチャン	プノンペン
通貨	バーツ	チャット	ドン	キープ	リエル
総面積	51万 km²	68万 km²	33万 km²	24万 km²	18万 km²
人口	6886万人	5289万人	9270万人	676万人	1576万人
民族構成	大多数がタイ人, その他華人, マレー人族など (日本外務省)	ビルマ族 (69%), シャン族 (8.5%), カレン族 (6.2%), ラカイン族 (4.5%) など国が定める135民族 (1983年センサス)	キン族 (86%) など国が定める54民族 (2009年センサス)	ラオ族 (50%) など49民族 (日本外務省)	クメール人 (91%), ベトナム人 (3%), 華人 (1%), タイ人・チャム人・ラオス人など (5%) (ワールドアトラス2018年)
宗教構成	仏教 (94.6%), イスラーム (4.6%), キリスト教 (0.7%), その他ヒンドゥー教, 儒教など (2014年センサス)	上座仏教 (87.9%), キリスト教 (6.2%), イスラーム (4.3%), 精霊崇拝 (0.8%), ヒンドゥー教 (0.5%) など (2014年センサス)	仏教 (大乗仏教), キリスト教 (カトリック), 民間信仰 (ピューリサーチセンター 2016年)	大半が仏教 (上座仏教) (ピューリサーチセンター 2016年)	大半が仏教 (上座仏教) (ピューリサーチセンター 2016年)
言語	タイ語, その他地方語, 少数民族語	ビルマ語, その他地方語, 少数民族語	ベトナム語, 少数民族語	ラオ語, 少数民族語	カンボジア (クメール) 語, 少数民族語
GDP (1人当たり)	4070億 (7933)	632億 (1196)	2053億 (2214)	158億 (2337)	200億 (1270)
GNI Atlas (1人当たり)	3883億 (5640)	631億 (1190)	1948億 (2060)	145億 (2150)	179億 (1140)
GNI PPP (1人当たり)	1兆1064億 (1万6070)	2926億 (5530)	5711億 (6040)	424億 (6270)	553億 (3510)
政体	立憲君主制	共和制	社会主義共和制	社会主義共和制	立憲君主制
政治体制	軍政	軍政からの移行途上	一党独裁制	一党独裁体制	一党優位体制
執政制度	軍事評議会監督下の暫定内閣	大統領制	民主集中制	民主集中制	議院内閣制
議会制度	国家立法議会	二院制	一院制	一院制	二院制
選挙制度	選挙は停止中	小選挙区制	中選挙区制	大選挙区制	比例代表制

(注) GDP, GNI Atlas, GNI PPP の単位はすべて米ドル。
(出典) 人口, 面積, GDP, GNI Atlas, GNI PPP については世界銀行 World Development Indicators Database Country Profile (2016年) を参照した。民族構成, 宗教構成, 言語については明記していないものは『東南アジアを知る事典 新版』(平凡社, 2008年), 末廣昭・大泉啓一郎編著『東アジアの社会大変動——人口センサスが語る世界』(名古屋大学出版会, 2017年) を参照した。

略語一覧

ADB	Asian Development Bank	アジア開発銀行
AEC	ASEAN Economic Community	ASEAN 経済共同体
AFPFL	Anti-Fascist People's Freedom League	反ファシスト人民自由連盟
AFTA	ASEAN Free Trade Area	ASEAN 自由貿易地域
AIIB	Asian Infrastructure Investment Bank	アジア・インフラ投資銀行
APEC	Asia Pacific Economic Cooperation	アジア太平洋経済協力
APSC	ASEAN Political-Security Community	ASEAN 政治・安全保障共同体
ARF	ASEAN Regional Forum	ASEAN 地域フォーラム
ARMM	Autonomous Region in Muslim Mindanao	ムスリム・ミンダナオ自治地域
ASCC	ASEAN Socio-Cultural Community	ASEAN 社会・文化共同体
ASEAN	Association of Southeast Asian Nations	東南アジア諸国連合
BIA	Burma Independence Army	ビルマ独立義勇軍
BN	Barisan Nasional	国民戦線
BSPP	Burma Socialist Programme Party	ビルマ社会主義計画党
CEPT	Common Effective Preferential Tariff	共通効果特恵関税
CIA	Central Intelligence Agency	アメリカ中央情報局
CLMV	Cambodia, Laos, Myanmar and Vietnam	カンボジア, ラオス, ミャンマー, ベトナム
CNRT	Concelho Nacional da Resistencia Timorense	ティモール民族抵抗評議会
DAP	Democratic Action Party	民主行動党
EAEG	East Asia Economic Group	東アジア経済グループ
EC	European Community	欧州共同体
EPA	Economic Partnership Agreement	経済連携協定
EU	European Union	欧州連合
FTA	Free Trade Agreement	自由貿易協定
GDP	Gross Domestic Product	国内総生産
GNI	Gross National Income	国民総所得
ICJ	International Court of Justice	国際司法裁判所
IMF	International Monetary Fund	国際通貨基金
IS	Islamic State	イスラーム国
JI	Jemaah Islamiyah	ジェマー・イスラミヤ
JICA	Japan International Cooperation Agency	国際協力機構
KPK	Komisi Pemberantasan Korupsi	汚職撲滅委員会
MAPHILINDO	Malaya, Philippines, and Indonesia	マフィリンド
MCA	Malayan (Malaysian) Chinese Association	マラヤ（マレーシア）華人協会
MIC	Malayan (Malaysian) Indian Congress	マラヤ（マレーシア）インド人会議
MILF	Moro Islamic Liberation Front	モロ・イスラーム解放戦線
MNLF	Moro National Liberation Front	モロ民族解放戦線
NASAKOM	Nasionalisme, Agama dan Komunisme	ナサコム
NDP	National Develpment Party	国家開発党
NEM	New Economic Model	新経済モデル
NEP	New Economic Policy	新経済政策
NIES	Newly Industrializing Economies	新興工業経済地域
NLD	National League for Democracy	国民民主連盟
NUP	National Unity Party	国民統一党
ODA	Official Development Assistance	政府開発援助

ODP	Orderly Departure Program	合法出国計画
OFW	Overseas Filipino Workers	フィリピン人出稼ぎ労働者
PAD	People's Alliance for Democracy	民主市民連合
PAP	People's Action Party	人民行動党
PAS	Parti Islam Se-Malaysia	マレーシア・イスラーム党
PH	Pakatan Harapan	希望連盟
PKN	Parti Keadilan Nasional	国民公正党
PKO	United Nations Peacekeeping Operations	国連平和維持活動
PKR	Parti Keadilan Rakyat	国民正義党
PMIP	Pan Malayan (Malaysian) Islamic Party	汎マラヤ（マレーシア）・イスラーム党
PPBM	Parti Pribumi Bersatu Malaysia	マレーシア統一プリブミ党
PR	Pakatan Rakyat	人民連盟
PRB	Parti Rakyat Brunei	ブルネイ人民党
SEATO	Southeast Asia Treaty Organization	東南アジア条約機構
SLORC	State Law and Order Restoration Council	国家法秩序回復評議会
TAC	Treaty of Amity and Cooperation in Southeast Asia	東南アジア友好協力条約
TPP	Trans-Pacific Partnership	環太平洋パートナーシップ
TVPA	Trafficking Victims Protection Act	人身取引被害者保護法
UDD	United Front of Democracy Against Dictatorship	反独裁民主戦線
UMNO	United Malays National Organization	統一マレー人国民組織
UNCLOS	United Nations Convention on the Law of the Sea	国連海洋法条約
UNHCR	United Nations High Commissioner for Refugees	国連難民高等弁務官事務所
UNTAC	United Nations Transitional Authority in Cambodia	国連カンボジア暫定統治機構
USAFFE	United States Army Forces in the Far East	アメリカ極東陸軍
USDA	Union Solidarity and Development Association	連邦団結発展協会
USDP	Union Solidarity and Development Party	連邦団結発展党
VOC	Vereenigde Oostindische Compagnie	オランダ東インド会社
WTO	World Trade Organization	世界貿易機関
ZOPFAN	Zone of Peace, Freedom and Neutrality	東南アジア平和・自由・中立地帯
1MDB	1 Malaysia Development Berhad	1マレーシア開発公社

第Ⅰ部

各国政治史

PART

CHAPTER 1 国民国家以前の東南アジア
2 マレーシア，シンガポール，ブルネイ
3 フィリピン
4 インドネシア・東ティモール
5 タ　イ
6 ミャンマー
7 ベトナム，ラオス，カンボジア
8
9
10
11
12
13
14
終

CHAPTER

第 1 章

国民国家以前の東南アジア

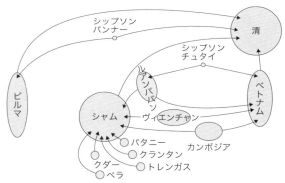

前近代東南アジアの国際関係（19世紀シャムとその周辺）
(注)　矢印は服属・朝貢関係を示す。
(出所)　トンチャイ（2003）をもとに片岡が一部修正。

INTRODUCTION

　東南アジアに限らず，現代の国家にはそれぞれ前史があり，それが後世の政治に大なり小なり影を落としている。したがって，現代の政治をみるうえでも，そうした前史を知っておく必要がある。特に重要なのは，東南アジア前近代国家とそれに続く植民地支配の特徴である。東南アジアの前近代国家には，現代の我々が国家や政治という言葉で考えるときの常識とはかなり異なった特徴が見出される。それを近代国家へと加工していく役割を果たしたのが植民地主義である。そしてこの2つの遺産の上に展開されているのが現代東南アジア政治なのである。

KEYWORDS

インド化　港市国家　植民地　ナショナリズム　マンダラ国家

1 前近代東南アジアの国家形成

　東南アジアは，複数の文明の交差点として，外部からの影響に開かれた世界であり続けてきた。現在の東南アジアにおける宗教の分布にそれが示されている。東南アジアを大陸部（ベトナム，カンボジア，ラオス，タイ，ミャンマー）と島嶼部（フィリピン，マレーシア，ブルネイ，シンガポール，インドネシア，東ティモール）とに分ける慣例に従えば，大陸部は南方上座仏教圏に属し，ベトナムのみが中国的宗教の影響下にある。また島嶼部のフィリピンには大航海時代にキリスト教が伝えられ，その他の地域はおおむねイスラーム圏となっている。

　外部に向けて開かれた世界としての東南アジアでは，港市が重要な役割を果たしてきた。東南アジアでは歴史的に，中継貿易港としての港市を拠点とする国家が外部からの文明や文物の摂取の中心となり繁栄を先導してきた。これらの国々は港市国家と呼ばれ，東南アジアにおける国家形成もまた，港市から流入する外部文明の伝播に伴って進められてきた。

　東南アジアの古代は，フィリピンとベトナム（北部）を除き，共通して「インド化」を経験している。ここでいうインド化とは，主に4〜5世紀以降に，インドから伝来したサンスクリット語，ヒンドゥー教，仏教などの影響にさらされたことを意味する。インドからの文化的影響は，東南アジアにおける国家形成を大いに促進したと考えられている。現在のベトナム中南部からカンボジアにかけて興亡を繰り返した扶南，林邑，真臘，アンコール帝国（現在のカンボジアの前身）などの諸国や，スマトラ島南部のシュリーヴィジャヤやジャワ島のシャイレンドラ，マジャパヒトなどがそうした例である。このインド影響下の時期に発展した権力観として特筆すべきは，ヒンドゥー教に由来する，王自身を神の化身とみなす神王（デーヴァラージャ）思想である。

　インド化以後の東南アジアは，大陸部にはスリランカ経由でもたらされた南

1　前近代東南アジアの国家形成　● 3

方上座仏教が，島嶼部にはインド洋商人が持ち込んだイスラームが普及していくことになる。大陸部では，タイ，ビルマの沿岸部低地に住んでいたモン人がいち早く仏教を受け入れ，11世紀にモン人を征服したパガン朝もまた仏教を取り入れ，13世紀以降にはシャム（現在のタイ）をはじめとするタイ系諸族や隣接するカンボジアなどにも仏教の影響が及びはじめる。仏教の受容は，独自の王権思想の発展を促すことになった。すなわち，在家者の代表として仏教に帰依し，人々を仏法に導く存在としての正法王（ダルマラージャ）の概念がそれである（石井・桜井編 1999）。

島嶼部東南アジアでは，インド洋のイスラーム商人との交易を通じ，13世紀より沿岸部の商人を中心にイスラーム化が進行する。15世紀前半にはマラッカ（ムラカ）の王がイスラームに改宗し，東南アジアで初めてスルタン（イスラーム教国の君主）を名乗った。マラッカ王国が1511年にポルトガルによって滅ぼされた後は，マラッカ王国の経験は理想化されたイスラーム王権のモデルとして拡散し，島嶼部各地の港市国家の王たちが，マラッカを模倣してイスラームを取り入れ，スルタンを称するようになる（池端編 1999）。

以上のほか，東南アジアではベトナムのみが，中華文明の影響下に中華帝国的な国家モデルを採用してきた。ベトナムはチャム人国家が栄えた中南部を除き，長期間にわたり中華帝国の統治下に置かれてきた。11世紀に李朝の下で自立するが，その後もベトナムの歴代皇帝は中華帝国からの任命（冊封）を受けるという建前を維持してきた。また李朝は自立すると中華帝国に倣って科挙の制度を取り入れ，それが1910年にフランス統治下で廃止されるまで中国モデルにもとづく官吏登用制度として存続していた（石井・桜井編 1999）。

仏教もイスラームも中華文明の影響も十分及ばなかったフィリピンは，独自の国家形成が進展する前に大航海時代の西欧列強の到来を迎えることになった。世界宗教の導入が，スペインのカトリック修道会の植民地統治下で進められたことが，東南アジアの他地域と異なる独自の点である。なおフィリピン群島においては，ルソン島を中心とするスペイン修道会の勢力拡張のかたわら，イスラームの影響もボルネオ島から北上したため，南部のミンダナオ島などでは植民地への編入に先立ってスルタン国の成立をみていた（池端編 1999）。

東南アジア前近代国家の特徴

　近代国家以前の東南アジアを考えるときに必要なのは，国家に関する我々の常識をいったん捨てることである。国家や政府というとき，我々の脳裏に浮かぶのは，現代の国際関係のルールである主権国家システムである。国家はそれぞれが対等で主権を持ち，互いに重複しない国境によって区切られるという主権国家システムは，30年戦争（1618〜48年）後の西欧において初めて成立し，西欧列強の世界制覇に伴い19世紀から20世紀にかけアジアに持ち込まれたものである。東南アジア政治の理解は，この常識をいったん脇に置くことから始まる。以下に述べることは，前近代国家の多くに共通する点であるが，東南アジアにおいて特に顕著であったのも事実である。

戦　争

　前近代東南アジア国家の特徴を理解するうえでは，かつて東南アジアで行われた戦争のあり方をみておくことが有益である。東南アジアでの戦争は，概して領土ではなく人間の争奪が争点となっていた。日本のように人口に比して土地が少ない場合，戦争は土地の争奪となる。それに対し前近代東南アジアの場合は，地域差はあっても概して人口密度が低かったため，国家にとって必要なのは耕し手のいないジャングルではなく，それを開墾してくれる人間であった（関本 1987）。東南アジアの戦争においては，勝者が敗者の領土を併合するのではなく，敗者の支配下にあった人間を連行して自国に入植させるということがしばしばみられた。たとえば，シャムとビルマとの戦乱を経て18世紀末に再興されたチェンマイ王国（現タイ北部）がまず行ったのが，近隣諸国との戦争によって得られた捕虜を連れ帰って入植させ，人口の激減したチェンマイ盆地の耕作者を確保することであった。

　このような理由から，ライバルとの争いにおいては，相手の人口を減らすことが重要となる。この目的は，領土の獲得とは無関係にライバルの都市や港湾を破壊することでも達せられる。アユタヤ朝シャムがアンコール帝国を滅ぼし

た際，カンボジアを併合することなく，首都を破壊し，その住民を連行したあ
とは廃墟となったアンコールの首都を放棄して撤退してしまったというのが，
その典型的な例である（Wyatt 1984）。島嶼部東南アジアの港市国家間の紛争に
ついても同様である。ライバルの港湾を破壊してしまえば，そこに寄港する人
はいなくなる。もはや人が寄りつかなくなった廃墟をわざわざ併合してまで維
持する必要はなかったのである。

主　権

　前近代東南アジアには，近代的な意味での主権国家という概念にあてはまる
国家は存在しなかったとみてよい。東南アジアにおいては，敵対関係にある場
合を除き，国家間の交渉に際しては，多くの場合名目上の主従関係が設定され
た。域内大国であったベトナム，シャム，ビルマは，周辺の小国に対しては宗
主権を主張する一方，19 世紀末まで形式上は中華帝国の朝貢国であり続けた。
最盛期のマラッカ王国も同様である。また現在のマレーシアを構成する諸州の
うち，マレー半島北部のスルタン国はシャムに名目上服属していた。

　それぞれの国内も，中央集権行政ではなく大国と地方国との重層的な主従関
係によって構成されていた。現在のタイ北部には 20 世紀初頭までシャム王朝
に服属するランナー王国（チェンマイ王国など）が存在し，ビルマ北部のシャン
州には，ビルマ王の宗主権を認めるシャン人の土侯たちが自ら王を名乗り，統
治を行っていた。土侯たちの一部は清朝にも服属していた。このように，中心
から末端に至るまで，さまざまなレベルで王や王国を名乗る単位が重層的に存
在し，それぞれが個別の主従関係によって結びついていたのが前近代東南アジ
ア国家の特徴である。

　主権は重層的であったばかりではない。それはしばしば重複した。ラオスや
カンボジアは独立国，シャムの保護国，ベトナムの保護国のすべてでありえた
のである。現在は主権国家の一部になっている地方の多くも，近代以前はそれ
ぞれ国を名乗っており，しかも周辺の複数の大国に服属していた（トンチャイ
2003）。本章の扉に掲げた図は，そうした前近代国際関係を，主にシャムとそ
の周辺諸国について示したものである。ここでとりあげた国名はあくまで一部
であり，実際には無数の小国群が，この複雑な国際関係を構成していた。

6 ● **CHAPTER 1**　国民国家以前の東南アジア

国境と国際関係

　前近代の世界は，今日の我々が考えるような国境線によって厳密に主権の領域が区切られていたわけではなかった。この点は東南アジアにおいて特にあてはまる。上に述べたように，耕し手のいないジャングルに線を引いてまで取り合う必要がなかったからである。また，小国が複数の大国と主従関係を持つことが常態化していたため，大国の勢力圏は互いに重なる傾向にあった。

　そもそも東南アジアの伝統的国家は，外縁ではなく中心によって規定される性格を持っていた。首都は国家そのものと同一視され，王宮は首都そのものと同一視され，王その人が王宮そのものと同一視された。現在のように，国家は地図の輪郭で表現されるのではない。首都，王宮，国王は，それ自体が国家の究極的な表現であった（アンダーソン 1995；ハイネ＝ゲルデルン 1972）。したがって，王宮からはるかに離れた辺境というのは，国家にとって重要な価値を持たなかった。無人島や無人のジャングルの線引きをめぐって流血の衝突が行われるというのは，きわめて近代的な慣行である。

　東南アジアにおけるこうした国家の特徴は，電球や池の波紋のたとえで説明される場合がある。王の影響力は，電球から発せられる光や，池に投げ込まれた石がつくる波紋のように，中心から周辺に向けて放射され，中心から遠ざかるほどに漸減し最後はどこかで消えてしまうか，あるいは周辺のどこかで別の光や別の波紋と混じりあっていく，というイメージである（Riggs 1966）。

　上に述べたように，前近代東南アジアにおける中心と周辺の関係は，中央集権行政における機能分化した中央‐地方関係ではなく，むしろ大国と小国との国際関係として表現される場合が多い。大国の末端を構成する小国群は，しばしば自ら王を擁して国家を名乗る。つまり大国と小国とはそれぞれ，規模こそ異なるものの形や機能は同じなのである（関本 1987）。

　したがって前近代東南アジアの国際関係は，大国の周囲をそれと本質的には同型の小国群が取り巻き，その周囲を，さらに規模は小さいが同型の国々が取り巻き，という何重もの入れ子構造となる。しかもこの，大国を頂点とする入れ子構造は，それぞれが自己完結的なピラミッドを構成しているわけではない。小国が複数の大国と主従関係を持つことにより，複数の入れ子構造が同時に併

存して相互に影響を与え合うということになるためである。この状況を幾何学的に表現するとマンダラになる。そのため東南アジアの前近代国家システムはマンダラ国家と呼ばれる場合がある（Wolters 1982）。

他者としての王

　近代国家の場合，世襲君主や国家元首などは国民の代表であることが当然の条件とみなされる。それとは逆に，前近代国家においては，支配者は被治者大衆から隔絶しているがゆえに支配者たりうるというのが，洋の東西を問わず普遍的なルールであった。東南アジアにおいても事情は同様である。旧シャム領南部のソンクラーには，かつて華人港市国家が存在した。18世紀に中国から移民してきた一族がシャム宮廷の信任を得て，ソンクラー国主に封じられたというのがそれである。そこでは国主が異民族であることは必ずしも統治の妨げにはならなかった。18世紀の東南アジアは「華人の世紀」ともいわれる。中国本土から押し出された移民が東南アジア各地に入植地をつくり，そのいくつかは国家を名乗って当地の国際関係に参入したためである。ベトナムのメコン・デルタとカンボジアとの辺境域に成立したハティエンや，ボルネオ島に客家移民の起業家たちが設立した蘭芳公司などはその典型例である。またほぼ同時期にシャムにトンブリ朝を創始したタークシン王も，潮州人を父親に持つことで知られる（池端ほか編 2001）。

　東南アジア島嶼部地域のスルタンたちは，実際にはマラッカを統治していない場合ですら，しばしば自らをマラッカ王の後裔と称してその地位を正統化した。そのほかに，自身の王たる資格を，アラブ人の出自であるとか，ムハンマドの子孫であるといった点に求めたケースも多い。

　異民族王の最も極端な例は，サラワク王国にみることができる。19世紀当時のボルネオ島の大国であったブルネイのスルタンは，領内の反乱の平定をイギリス人探検家ジェームズ・ブルックに依頼した。平定に成功したブルックは，ブルネイ王によってサラワク王に封じられ，この「白人ラジャ」の統治するサラワク王国は20世紀半ばまで存続した（内堀 1987）。

　これは王そのものではないが，古くは阿倍仲麻呂が遣唐使として入唐し，現地で昇進して最後は安南都護に任ぜられたという故事がある。安南とはベトナ

ムのことであるから，日本人がベトナムの行政長官になったということになる。近代国家を成り立たせているのが国民（＝民族）の論理だとすれば，前近代国家のそれは文明の論理であったことをこの事例は示している。中華文明の論理からすれば，公職への人材登用の基準は，その人が中国人かベトナム人か日本人かではなく，あくまで第一義的には漢文の古籍に通じていることであった。同様に，イスラーム文明の論理からは，スルタンの正統性として重視されるのは，その人が土着民かどうかではなく，ムハンマドの血統に近いかどうかであった。

前近代東南アジアの民族

こうした事例からわかるように，前近代東南アジアにおいて民族に類した語が用いられる場合でも，その含意は現代のそれと大きく異なっていることが多い。かつてのベトナム宮廷の文献には，中国や漢人という語が出てくるが，ここでの中国や漢人というのは固有名詞ではない点に注意する必要がある。中国とは世界の中心，つまり我が国という意味の一般名詞であり，漢人というのも単に文明人という意味で用いられている。

かつてのシャムにおいては，周辺の山岳民族を，シャムと無関係なスリランカの少数民族の名称（タミル人）で呼んでいた例がある。これは彼らが非仏教徒であったために，仏典の輸入元であるスリランカの用語法に倣い，非仏教徒少数民族をタミル人と呼んだという例である。

民族が文明カテゴリーであるならば，それは当該文明の受容度に応じて変更可能となる。一例を挙げると，かつてのマレー世界には「マレーに入る」という表現が存在した。マレー人とはイスラーム教徒である，という前提のもとで，非ムスリム少数民族は，イスラームに改宗することで機械的にマレー人としての扱いを受けることになったのである。

そのほか，民族に類した呼称が単なる課税カテゴリーとして用いられる場合もある。20世紀以前のシャムでは，シャム人と中国人とはそれぞれ異なった課税体系が適用され，それぞれ相異なる権利義務が設定されていた。そのため，中国出自でも，同化や昇進などによりシャム人と同等の課税方法が適用された場合には法的にはシャム人扱いとなり，シャム人でも中国人としての人頭税を

2 東南アジア前近代国家の特徴 ● 9

Column **❶**-1　華僑と華人

　中国外に住む中国人とその子孫はしばしば華僑ないし華人とも呼ばれる。この2つの語を使い分ける際の1つの基準は，主に移住先社会への同化の度合いによって判断するものである。華僑という語が一時居住者のニュアンスを含むために，現地国籍を取得して居住先社会の十全なメンバーとして参加している人々に言及する際に不適切だとして，そうした人々については華人という語が用いられる場合がある。

　これらの用法についてはそれぞれ一長一短がある。華僑という語が当事者の現地社会への参加意識を反映しない場合があるという指摘は上記のとおりだとして，華人という語もまた近代国民国家特有の用語法としての負荷を含んでいる。近代的国籍概念の成立以前にさかのぼって ethnic Chinese を一律に華人とする用法がある一方で，現地国籍取得者をも華僑に含める用法も存在する。そのため本書では特定の語を一律に適用することはせず，文脈に応じて中国人，華僑，華人，中国系○○人などの語を使用している。

払い，法的に中国人となることで，シャム人には許されない阿片窟などへの出入りが可能になっていた（Kasian 1992）。華僑・華人以外にも，東南アジアの少数民族の民族名には，王からの課税種目の名前がそのまま残っている場合がある。これなども，民族が課税カテゴリーとして扱われた例といえる。

　ただし，このような人間分類のシステムは，近代に入り西欧列強の植民地統治下で大きな変容を被ることになる。特に20世紀になると，統計技術の進展により，植民地の民族別人口統計が整備されるようになる。ここにおいて，本来は可変的だった文明カテゴリーや課税カテゴリーによる人間分類が，近代的な意味での民族を指すものとして固定化していくようになる（アンダーソン2007）。そこから生じてきたのが，後にみるような現代東南アジアにおける国民統合問題や少数民族問題である（⇒第8章）。

10 ●　CHAPTER **1**　国民国家以前の東南アジア

3 東南アジアの植民地化

近世期（16〜18世紀）におけるヨーロッパ列強の東南アジア進出

　15世紀半ば，ポルトガル，スペインをはじめとするヨーロッパ列強諸国が，アジアにおける交易のための通商路を求め，大航海時代の幕開けとなった。ポルトガルはアフリカ，インド洋を経由して中国，日本，東南アジアなどとの交易路を開拓し，拠点となる植民都市を確立してヨーロッパと東方の貿易の独占を図り，イギリス，フランス，オランダもこれに倣った。当初は先行したポルトガルが優勢で，1511年に東南アジアの交易の要であるマラッカを押さえ，香料諸島とも呼ばれたマルク（モルッカ）諸島を支配下に置いたが，やがて17世紀になると，ジャワ島バタヴィア（現在のインドネシアの首都ジャカルタ）に拠点を築いたオランダに香料貿易を奪われ，1641年にはマラッカも押さえられてポルトガルの勢力は衰えた。最後までポルトガル植民地として残ったのは，1975年に独立宣言を行った東ティモールだけである。他方オランダは，交易拠点を確保しながら徐々に東インド諸島の中で支配地域，影響範囲をジャワ，スマトラ，スラウェシなど現在のインドネシアの一部地域に広げていった。イギリスはやや遅れてスマトラ島南西部に拠点を築いたものの，1623年のアンボイナ事件でオランダに敗れて東南アジア海域から駆逐され，18世紀後半期までオランダの優位が続いた（リード 2002a，2002b）。

　他方，スペインは新大陸経由で太平洋からアジアをめざし，16世紀にはフィリピン諸島中北部平地を支配下に置いた。太平洋航路開拓に成功したスペインは，マニラを拠点にアメリカ大陸産の銀と，陶器や絹など中国の産物を交換するガレオン貿易を確立し，オランダの挑戦を退け，宣教師を中心にカトリック宣教とスペイン的な地方統治の形成に力を入れた。その結果フィリピンでは，列強支配が交易拠点にほぼ限定された東南アジアの中では例外的に，広範囲の領域支配が確立していった。

19 世紀における帝国主義的植民地分割

　15 世紀以降に東南アジアに進出したヨーロッパ勢力は，フィリピン以外の地域では海上交易に自らの役割を特化していた。各地に設置された商館や港湾が維持され，商船の往来の安全が確保されればよかったのであり，その意味ではヨーロッパ勢力は，少なくともその進出初期においては，あくまで港市国家を中心とする在来の国際関係に，その 1 アクターとして参加したのであった。しかもヨーロッパ商人の関心が香辛料などの調達にほぼ特化していたため，その進出先はおおむね島嶼部に限られていた（リード 2002a，2002b）。

　しかし 19 世紀になると，いち早く産業革命を成し遂げたイギリスなどを中心に，東南アジアを工業製品の原材料供給基地および製品市場として支配するための本格進出が行われるようになる。そのためヨーロッパ勢力の東南アジアへの関与は，最小限のコストで中継貿易拠点としての港湾のみを維持するというスタイルから，貿易基地の後背地を自ら統治し，開拓し，収奪するという面的統治へと移行していった。この変化により，島嶼部のみならず大陸部東南アジアもまた植民地化の対象となっていった。

　ただしこのことは，列強による東南アジアの地理的分割が順調に進んだことを必ずしも意味しない。島嶼部においては，ナポレオン戦争後のヨーロッパ国際秩序の再編過程に付随して，マラッカ海峡を境にイギリスがマレー半島側を，オランダがスマトラ島側を勢力圏とする棲み分けが成立したが，それをもって東南アジア島嶼部世界がイギリス領とオランダ領に色分けされたわけではなかった。収奪のみを目的とするならば，自ら直接統治するコストを負わずに，現地王侯との提携を通じて行うほうが効率的だったためである。しかし現地の政情不安などにより，そうした間接的な収奪が困難になると，植民地権力は場当たり的な介入を行い，現地王侯を順次保護下に置いていくことになる。こうした場当たり的な介入の結果として，つぎはぎ状に形成されたのがイギリス領マラヤやオランダ領東インドであり，そのためこれら植民地は，直轄領や保護国のほか，東インド会社などの貿易商社が所有する会社領など，本国との法的関係が異なる複数の政治単位を内部に抱え込んでいた（白石 2000）。

　大陸部では，19 世紀にまずデルタ地帯に植民地権力が進出する。イギリス

はコンバウン朝ビルマからエーヤーワデイー（イラワジ）・デルタを，フランスは阮朝ベトナムからメコン・デルタをそれぞれ獲得し，植民地経営に着手した。列強による面的支配が結果的に拡大していくと，19世紀末には面的支配それ自体を目的とする進出が行われるようになる。列強各国の勢力範囲が拡大し隣接するようになると，空白地帯の放置がライバルの勢力圏拡張をもたらすという判断から，各国は相次いで分割線の画定を急ぎ，当時まだ存続していた小国群もまた急速に植民地の版図に組み込まれていく。19世紀末に至るまで，コンバウン朝や阮朝は領土を縮小されつつも存続していたが，最終的に前者はイギリスによって滅亡させられ，後者はフランスの保護国となり，東南アジアの内陸の隅々までが列強によってほぼ分割しつくされるようになった。

　ただし東南アジアの前近代政治システムにおいては，前述のように厳密な国境線の概念は存在せず，主権は重層的に配置されていたため，列強は勢力圏分割の最終段階にあたり面的統治による主権の境界線を自らつくり出す必要に迫られた。たとえば1885年にコンバウン朝ビルマを滅亡させたイギリスは，自らが統治すべきビルマの輪郭を当初は把握しておらず，コンバウン朝の直轄領をまず直轄植民地としたうえで，周辺にあるコンバウン朝の旧朝貢国と個別に保護協定を締結することで，ようやく植民地ビルマの輪郭が完成していった。その結果としてやはり，直轄領や保護国など，法的地位が異なるさまざまな政治単位が植民地ビルマを構成することになったのである。

　列強による植民地分割の中で，シャムのみは英仏の緩衝国として独立を保持した。しかし，隣国がすべて植民地化するなかで列強との国境画定を行ったという意味では，シャムの輪郭そのものが列強による東南アジア分割ゲームの一環として形成されてきたといえる。また，シャム王朝が直轄統治していたのは中部デルタ周辺にとどまり，その周辺は半独立的な地方国によって構成されていた。シャムの近代化は，これら地方国を廃絶してバンコク政府の主権が貫徹する空間をつくり出す，という意味では，同時期における近隣の植民地と同様の経過をたどってきた（トンチャイ 2003）。

4 植民地から国民国家へ

植民地行政が準備したナショナリズム

19世紀の後半以降に急速に進展した植民地化は，かつてない規模で住民や資源の動員を可能にし，それがその後の国家のあり方にも決定的な影響を与えることになった。その過程で，東南アジアにおける従来の政治のあり方と根本的に異なるルールが域外から持ち込まれ，それがのちの独立国のあり方を規定していくことになる。実際に，現在のほとんどの東南アジア国家が，植民地としての支配領域，およびその統治の特徴の多くを継承しているように，東南アジアの脱植民地化は，実質的には植民地権力の継承として行われてきたのである。これは，前近代国家が植民地化され，その後進として独立を回復した大陸部諸国よりも，そうした前身を持たず，植民地化が新たにつくり上げた版図をそのまま継承した島嶼部諸国においていっそう顕著であった。

ではこの，植民地権力によって人工的に線引きされた単位が，どのようにして国民国家としての正統性を獲得していったのか。ここで皮肉なのは，植民地制度の下で整備された教育制度や官吏登用制度が，植民地国家を自らの祖国と考える土着エリートを生み出し，この植民地制度によって育成されたエリートたちが次世代の脱植民地化運動を牽引していく結果になったことである。

この問題を考えるうえでの典型的な事例として，オランダ領東インドが挙げられる。この植民地は過去の諸国家をはるかに超えた広範な版図の下に，きわめて多数の政治・文化・言語の集団を包摂していた。通信・交通網などのネットワークの発達に伴い，教育制度や行政網もまた，植民地首都を頂点とする全国規模のピラミッドを形成することになった。植民地住民たちは，このピラミッドの中で学歴を重ね，官吏として登用された場合はこのピラミッドの中で赴任・転任していくというシステムである。この経験の共有を通じ，植民地住民の間で，前近代国家や民族集団・言語集団の枠を超えた新たな「インドネシア国民」像が生み出されていったのである（アンダーソン 2007）。

Column ❶-2　巡礼圏

　ベネディクト・アンダーソンが 1983 年に出版した『想像の共同体』において導入され，その後近代ナショナリズムの成立過程の解明のために活用されるようになった概念の１つが「巡礼圏」である。

　近代国家の形成過程において，統治の合理化をめざして行政官などの人材を確保するために，首都を中心とした近代教育制度が整備されることで，この制度に乗った有為の青年たちは，植民地化の中で引かれた国境の内部の各地から地方都市を経て首都へと至る教育上の階梯を上がっていく旅の経験を共有した。行政官の配属，転属，昇進においても同様の行政制度の網の中を旅することとなった。とともに，それはその旅の可動範囲が首都を頂点として構築された範囲に限定されることをも意味した。

　近代以前にも存在した，神の下の世界の広がりを体感する旅としての「巡礼」のいわば世俗版として，この教育・行政上の旅もまた，自分たちが統治され動員される世界としての近代国家の空間の広がりの中を中心へと旅していく「巡礼」として捉えられる。そしてそれによって，同じ植民地に暮らすエリートの間で共属感情が形成され，またこの旅を体感した人々の間で，国家の統治領域が「巡礼の旅」と重なって理解されることにより特別な意味を帯びてくる。この中から生み出されてきた知識人たちの文化をめぐる活動，運動が，人工的に切り取られた植民地空間を，そこに暮らす人々にとって代替不可能な祖国として位置づけ直してきたのである。

　そのほかの植民地でも，植民地制度の確立がのちの独立国家を支える人材を育成しつつあった。たとえばフィリピンでは，スペイン領時代の 19 世紀に資本主義化の中で形成されたエリートたちが，アメリカ領となったのちには宗主国が導入した議会制民主主義を巧みに利用しつつ，即時独立を迫る民衆の支持を背に交渉力を高め，植民地当局の圧力と対峙しつつ権力基盤を確立していった（⇒第 3 章❶）。

┃分割統治┃

　もちろん，植民地当局が，植民地体制への反対者を意図的に育成したわけではない。教育や行政の近代化は，支配下の住民に共通の国民意識を涵養するた

めではなく，あくまで統治の効率化のために導入されたものであった。しかし一面では，植民地化過程は，住民の連帯を阻む分断の壁もつくり出してきた。いわゆる分割統治である。

　上述のように東南アジアの植民地化過程は，直轄領，保護領，会社領など，宗主国との法的地位がそれぞれ異なる行政単位がモザイク状に混在する状況を生み出した。これは，イギリスの植民地統治において特に顕著である。イギリス領ビルマが，直轄領であるビルマ人居住区と，イギリスと保護協定を結んだ土侯が統治する少数民族地域に分かれていたほか，イギリス領マラヤもまた，直轄領（旧東インド会社領）としての海峡植民地とイギリス保護下のマレー・スルタン国によって構成されていた。またボルネオ島にはイギリス保護領のブルネイ王国とサラワク王国，およびイギリス北ボルネオ会社領のサバが別個の植民地として存在していた。フランス領インドシナも同様に，ベトナムをコーチシナ直轄植民地，アンナン保護国，トンキン保護領に3分割し，それにラオス保護国，カンボジア保護国を加えた植民地の集合体であった。しかも植民地体制下では，経済開発のために中国やインドから移民労働力が導入され，彼らの一部が商人として定着したため，さらに社会構造を複雑なものにしていた。

　それぞれの植民地には，こうした植民地化過程を反映し，植民地権力との近さが異なる人々がモザイク状に配置される状況がもたらされてきた。比較的早期に植民地環境に適応していち早く地位上昇を遂げた人々，植民地化に最後まで抵抗して国を滅ぼされ直轄統治下に置かれた人々，宗主国の保護下で伝統的特権を保障されたスルタンや土侯，植民地体制の受益者として経済的成功を成し遂げた中国系，インド系の商人などが，それぞれ異なる法的地位のもとに，それぞれ異なる回路を通じて植民地制度に結びつけられていたのである。20世紀前半の東南アジアにおいては，植民地住民の間での同胞意識の形成とその分断が同時に進行していたといえる。

脱植民地化の流れと新興国民国家の宿題

　列強による世界規模の帝国主義的支配は，第1次世界大戦の終結とヨーロッパの疲弊，そしてソビエト連邦の樹立と共産主義勢力のアジアにおける影響力の拡大によって，変容の時期を迎える。東南アジアにおいても，現地エリー

トの勃興やコミンテルンが媒介する革命思想の波及により，1920〜30年代にナショナリズム運動が各地で発生するようになる。さらに第2次世界大戦期には，東南アジア全域が，進駐，同盟，軍政などさまざまな形態で日本軍の支配下に置かれる。これによって欧米列強の統治機構が崩壊し，さらに終戦に伴う日本軍の降伏により権力の空白状態が生み出される。日本との協力によって政治基盤を確立したエリートや，抗日活動を通じて大衆の支持基盤を確保した運動家などが政治の表舞台に登場し，戦後の東南アジアは脱植民地化に向かっていく。しかしその過程で，植民地時代の負の遺産もまた，民族間の反目や地域間対立という形で表面化していくことになる。同胞意識の形成と分断の克服は，独立以後の各国の課題として引き継がれていく。

　本章の冒頭でみたように，東南アジアの伝統的国家モデルは，近代国家のそれとほとんど正反対の特徴を有していた。前近代から近代への移行に際し，国家モデルが大きな転換を遂げたこと自体は世界史的な現象であって東南アジアに固有のものではない。しかし東南アジアではこの転換が，植民地化を通じて，つまり外から人為的かつ強制的に持ち込まれた点が大きな特徴である。この点において東南アジアは，他地域の新興諸国と経験を共有するが，東南アジアの場合，現時点ではいまだにいわゆる失敗国家を生み出していない。近代国家という，植民地権力によって外から与えられた新たなイディオムを内面化しつつ自らのものとして使いこなしていく作業に，東南アジアの国々はある程度成功してきたということなのだろう。もちろんそうした文化的な接ぎ木は，今日に至るまで大きな問題や論争を引き起こしながら継続している，現在進行中の試みである。そこでまず，次章以降の第Ⅰ部各章では，東南アジア各国がそれぞれ，どのような問題に直面しながらどのように国家を建設し，そこではどのような政治が展開されてきたのかをみてみることにしよう。

読 書 案 内　　　　　　　　　　　　　　　　　　　　　　　　　　**Bookguide ●**

　A・リード（平野秀秋・田中優子訳）（2002）『大航海時代の東南アジアⅠ・
　　Ⅱ』法政大学出版局。
　　⇒植民地化以前の東南アジアが後進的で停滞した社会だという固定観念
　　に対して史実をもとに反証を加え，近代以前の東南アジアがダイナミッ

クな活力に満ちた世界であったことを描き出した好著。全 2 冊。

白石隆（2000）『海の帝国――アジアをどう考えるか』中央公論新社。
⇒東南アジアにおける近代の始まりを，19 世紀前半のイギリスによるシ
　ンガポールの獲得に求め，パクス・ブリタニカの下で東南アジア世界に
　どのような秩序がもたらされ，それが 20 世紀の独立国家にどのように
　引き継がれていったのかをわかりやすく解説。

B・アンダーソン／白石隆・白石さや訳（2007）『定本 想像の共同体――ナ
　ショナリズムの起源と流行』書籍工房早山。
⇒近代ナショナリズム研究の必読書。著者は東南アジア政治が専門なの
　で，特に東南アジアに関する記述が充実している。東南アジアの近現代
　政治を世界史的な視野で考えることを可能にしてくれる。

J・C・スコット／佐藤仁監訳（2013）『ゾミア――脱国家の世界史』みすず
　書房。
⇒東南アジア大陸部の山地社会を，国家権力からの逃亡者の空間として
　位置づけ，国家の周縁に生きる者の視点から東南アジアの国家や政治の
　意味を問い直す斬新な試み。

引用・参考文献　　　　　　　　　　　　　　　　　　　**References ●**

アンダーソン，B. ／中島成久訳（1995）『言葉と権力――インドネシアの政治文化探求』
　日本エディタースクール出版部。
アンダーソン，B. ／白石隆・白石さや訳（2007）『定本 想像の共同体――ナショナリズ
　ムの起源と流行』書籍工房早山。
池端雪浦編（1999）『東南アジア史 II　島嶼部』山川出版社。
石井米雄・桜井由躬雄編（1999）『東南アジア史 I　大陸部』山川出版社。
内堀基光（1987）「国家と部族社会――サラワク・イバンの経験」伊藤亜人・関本照夫・
　船曳建夫編『国家と文明への過程』（現代の社会人類学 3）東京大学出版会，57-82。
池端雪浦・石井米雄・石澤良昭・加納啓良・後藤乾一・斎藤照子・桜井由躬雄・末廣昭・
　山本達郎編（2001）『岩波講座 東南アジア史 4　東南アジア近世国家群の展開』岩波
　書店。
白石隆（2000）『海の帝国――アジアをどう考えるか』中央公論新社。
関本照夫（1987）「東南アジア的王権の構造」伊藤亜人・関本照夫・船曳建夫編『国家と
　文明への過程』（現代の社会人類学 3）東京大学出版会：3-34。
トンチャイ，W. ／石井米雄訳（2003）『地図がつくったタイ――国民国家誕生の歴史』
　明石書店。
ハイネ＝ゲルデルン，R. ／大林太良訳（1972）「東南アジアにおける国家と王権の観念」

18 ●　**CHAPTER 1**　国民国家以前の東南アジア

大林太良編『神話・社会・世界観』角川書店：263-290。

リード，A.／平野秀秋・田中優子訳（2002a）『大航海時代の東南アジア I ——貿易風の下で』法政大学出版局。

リード，A.／平野秀秋・田中優子訳（2002b）『大航海時代の東南アジア II ——拡張と危機』法政大学出版局。

Kasian Tejapira（1992）"Pigtail: A Pre-History of Chineseness in Siam," *Sojourn*, 7（1）: 95-122.

Riggs, Fred W.（1966）*Thailand: The Modernization of a Bureaucratic Polity*, East-West Center Press.

Wolters, O. W.（1982）*History, Culture, and Region in Southeast Asian Perspectives*, Institute of Southeast Asian Studies.

Wyatt, David K.（1984）*Thailand: A Short History*, Yale University Press.

第2章

マレーシア，シンガポール，ブルネイ

INTRODUCTION

　イスラーム王権が並存するマレー世界にイギリスがやってきて，海運の要衝マラッカ海峡を掌握し始めたのは，18世紀後半のことである。イギリスの関心が国際貿易港の支配から内陸部の資源開発へと広がるなかで，今日のマレーシア，シンガポール，ブルネイの基礎となる植民地国家ができあがった。今日，この3カ国は，比較的高い1人当たり所得や政治体制の安定性によって特徴づけられているが，それぞれ1つの国家としてまとまる道程は，必ずしも平坦なものではなかった。この章では，マレーシア，シンガポール，ブルネイにおける植民地国家の成立，独立前後の国境をめぐる紛争，政治・経済体制の構築，分配や政治のルールをめぐる国内対立と今後の課題について述べる。

KEYWORDS

一党優位体制　　国民戦線　　人民行動党　　ブミプトラ優遇政策　　レフォルマシ

マレーシア，シンガポール，ブルネイ近現代史年表

年	事　項
1786	東インド会社，クダ王国からペナン割譲
1819	東インド会社，ジョホール王国からシンガポール割譲
1824	英蘭条約
1826	海峡植民地成立
1841	イギリス人ブルックを王とするサラワク王国成立
1878	イギリス北ボルネオ会社，北ボルネオ支配確立
1896	連合マレー諸州成立
1909	非連合マレー諸州成立
1942	日本軍による統治（～1945年）
1957	マラヤ連邦独立
1963	マレーシア形成
1965	シンガポール分離独立
1969	5.13事件（マレーシア）
1984	ブルネイ・ダルサラーム国独立
1998	レフォルマシ運動（マレーシア）
2008	国民戦線（BN），下院議会における3分の2の安定多数喪失（マレーシア）
2018	選挙による政権交代（マレーシア）

1　植民地によってつくられた国家

前近代国家

　世界地図にマレーシアとシンガポールの国境線が引かれたのは1965年，ブルネイが国家になったのは1984年のことである。この比較的新しい国々の形は，イギリスが東アジアにおいて国際貿易体制を築き上げる19世紀以降，ぼんやりと浮かび上がり，第2次世界大戦を経て国民国家建設への胎動が始まるなかで，はっきりとした輪郭を伴って世界地図に描かれるに至った。とはい

え，国民国家建設をめざす現地の人々の頭の中に描かれていた国境線は，必ず
しも今日のそれと一致していたわけではない。実際には，これらの国の形が確
定されるまでに，政治共同体の境界をめぐる国内の政治闘争や隣国との対立が
生じた。というのも，マレーシア，シンガポール，ブルネイが，それぞれ1
つの国民国家としてまとまる根拠は，それほど明白ではなかったからである。

　イギリスによる植民地支配に先立つ15世紀から17世紀にかけて，この地
域には，季節風を利用した東西航路の要衝を中心に，いくつかの王国が点在し
ていた。なかでもマラッカ王国は，港湾の整備や低い関税率，中国との朝貢関
係や国王のイスラームへの改宗によって，中国やインド，ジャワ，中東などの
商人を引きつけ，15世紀には国際的な中継港として隆盛を極めた。マラッカ
王国の版図は，最盛期にはマレー半島の中部から南部とスマトラ島の一部に及
び，王国で使用されていたマレー語やイスラームは，交易ネットワークを通じ
て東南アジア島嶼部に広く行き渡った。1511年，香辛料貿易の独占をめざす
ポルトガルによってマラッカが占領されたあとは，ボルネオ島のブルネイ王国，
スマトラ島のアチェ王国，マレー半島南端からスマトラ島の一部を支配したジ
ョホール王国，半島部東海岸のパタニ王国などが交易を活発化させた（弘末
2004）。

▌イギリスによる植民地統治▐

　18世紀になると，この地域にイギリスがやって来る。イギリス東インド会
社は，1786年にマラッカ海峡のペナンをクダ王国から，1819年には，シンガ
ポールをジョホール王国から，それぞれ条約にもとづく割譲によって手に入れ
た。さらに，マラッカ海峡をイギリスとオランダの勢力圏の境界と定めた英蘭
条約（1824年）によってマラッカを支配したイギリスは，1826年にこれら3
つの港をイギリス直轄の海峡植民地とし，自由貿易港とすることで，国際貿易
の拠点とした。

　海峡植民地は，貿易航路の要衝を押さえる「点」の支配だったが，19世紀
半ばにマレー半島のスランゴールやペラでスズ鉱山開発が本格化したことで，
イギリスの植民地支配は，徐々に「面」の支配へと変容していく。イギリスの
民間企業，華人の労働者や商人たちが半島部に流入する一方で，経済利権をめ

22 ● CHAPTER 2　マレーシア，シンガポール，ブルネイ

ぐるマレー王族間の紛争や華人の結社抗争が激しさを増したことが，その背景にある。不安定な状況での経済活動を強いられた海峡植民地の華人やイギリス人のビジネスマンは，イギリス政府に植民地支配の拡大を求めた。これを受けて，イギリスは1870年代以降，各地のスルタンとの間に条約を結び，イギリス植民地政府が各州の長であるスルタンに助言をするという形で，間接統治を始めた。

　1896年には半島部の4つの州が「連合マレー諸州」としてまとめられイギリスの保護下に入り，首都がクアラルンプールに置かれた。さらに，スペインやドイツ，アメリカなどによるマレー半島北東部への進出を阻むため，イギリスは1909年に，マレー半島の残りの5つの州を「非連合マレー諸州」として緩やかにまとめ，保護領とした。こうして，半島部がイギリスによる直接，間接的支配の下に入り，20世紀には鉄道や通信，司法などが集権的に管理されるようになった。

　他方で，ボルネオ島では，東インド会社社員であったジェームズ・ブルックが，ブルネイ王国の亡命王族や地方首長による反乱を鎮圧した報酬として，1841年にブルネイ王によりサラワク王位を与えられた。また，ブルネイ王国とスールー王国からアメリカやオーストラリアのビジネスマンらに譲渡されていたサバ（当時の呼称は「北ボルネオ」）にも，1878年にイギリス人駐在官が置かれ，この翌年，イギリスはサラワク王国，ブルネイ王国，北ボルネオを保護領とした。ブルネイ王国では，1899年から近海での油田開発が始まり，1929年に大規模な油田が発見され，その収入は，オランダとイギリスのブルネイ・シェルペトロリアム社とブルネイのスルタンとの間で折半された（Andaya and Andaya 2001; SarDesai 1997）。

　こうして，海峡植民地，連合マレー諸州，非連合マレー諸州，サラワク王国，ブルネイ王国，北ボルネオがそれぞれイギリス統治の下に置かれた。さらに，海峡植民地の知事が連合マレー諸州とボルネオの保護領の高等弁務官も兼ねることで，現在のマレーシア，シンガポール，ブルネイに相当する地域が，緩やかにまとめ上げられていったのである。

世界経済への統合と多民族社会の生成

　イギリスによる植民地支配の広がりと並行して，この地域は一次産品供給地として世界経済に統合されていく。19世紀半ば以降のヨーロッパやアメリカにおける缶詰需要の増加と，20世紀以降の自動車産業の興りを背景として，マラヤではスズ鉱山やゴム農園が拡大し，雇用やビジネスの機会を求めて，中国とインドから移民が流入した。スズ鉱山，港湾，加工業，商業部門では華人が活躍し，インド人は農園労働者や管理職，金融業，鉄道建設事業などに従事するようになった。

　他方でイギリス植民地政府は，マレー語を話し，イスラームを実践する人々を「マレー人」としてくくり，彼らが保有する農地が鉱山やプランテーションに転用されぬよう保護した。また，公務員の育成を目的として，マレー人のための教育機関を設立した。こうした措置は，食糧や現地行政官の供給確保という目的だけでなく，公式の支配者であるマレー人スルタンの面目や利害にも配慮したものだった（Means 1972）。このような政策の結果，鉱山利権を持つ王族などを除けば，マレー人の経済活動は主に公務員か農業に限られた。こうして経済セクターごとの民族の棲み分けができあがり，複合社会（⇒第8章 ⑥）がつくられた。

　経済成長に伴い，多民族社会は急速に拡大した。スズやゴム，米の一大輸出港となったシンガポールにおいては，海峡植民地成立時の人口は約1万人で，その6割がマレー人だった。しかし，港湾労働者や商人として華人が移住した結果，1860年までに，シンガポールの人口は5万人の華人を含む8万人に膨れ上がった（田村 2000）。こうした状況を反映して，海峡植民地では，人口はヨーロッパ人，マレー人，中国人，インド人といった民族別カテゴリーで把握され，各民族の代表などから成る立法議会が設置された。また，連合マレー諸州においても，スルタンの諮問機関として州務委員会がつくられ，各民族の代表が出席するようになった。

　シンガポールの名門ラッフルズ・カレッジをはじめとする英語を教授言語とする高等教育機関もつくられたが，一部のエリート層を除けば，各民族はもっぱらそれぞれの母語で教育を受けた。こうした背景もあり，20世紀にナショ

ナリズムの時代がやってきたとき，マラヤのナショナリズムは，マレー語学校で教育を受けた若者による青年マレー同盟や，華人を中心としたマラヤ共産党によって率いられることになった。

民族ごとのナショナリズム運動は，日本軍政の下でも持続した。1941年12月の日本軍によるマレー半島侵攻を受けて，イギリスはマラヤ共産党員を釈放し，軍人訓練を施して，人民抗日軍を形成した。これに対して日本軍は，イギリス政府により投獄されていた青年マレー同盟の幹部を釈放し，現地の協力者として重用する一方で，反日分子と疑われる華人を次々と粛清した。シンガポールでの粛清により命を失った華人は，5000人とも5万人ともいわれ，このような日本軍政は，独立後の民族関係悪化の一因となったともいわれている。

国民国家建設をめぐる闘争

マラヤ，シンガポールにおける優位政党の形成

日本軍による侵攻，占領という苦い経験を経て，単一国家建設の必要性を痛感したイギリスは，1946年に半島部の11州をマラヤ連合として再編することを提案した。この新たな統治枠組みは，立法，行政，司法の集権化，スルタンの権限縮小，華人やインド人に対する柔軟な市民権の交付，公務員としての登用も含むあらゆる分野におけるすべての民族の平等な権利を定めていた。しかし，植民地期に導入されていたマレー人に対するさまざまな措置（「マレー人の特別な地位」）やイギリスの間接統治のもとで温存されていたスルタンの主権が侵されたと考えたマレー人官僚たちが，統一マレー人国民組織（UMNO）を結成し，連合案に反対した。マラヤ連合はいったん発足したものの，このような反対のために期待どおりに機能しなかった。

1948年1月，イギリス政府はマラヤ連合を廃止し，11州から成るマラヤ連邦を成立させた。マラヤ連邦は，ペナンとマラッカを除く9州のスルタンから選ばれる国王を行政の長とする立憲君主制を定め，マレー人の特別な地位やスルタンの主権を保障した。また，非マレー人の市民権取得についても，居住

歴やマレー語と英語能力について，マラヤ連合よりも厳しい条件が課せられることになった。

　もちろん，このような展開については，華人からの不満が募った。こうした不満を背景に，華人を主体とするマラヤ共産党は1948年に武装闘争路線を採択し，ストライキ，イギリス人資本家殺害，農園，鉱山，鉄道，商業地区，警察署への攻撃を開始した。これに対応するため，イギリス政府は1948年に非常事態を宣言し，現地警察やコモンウェルスの軍隊を用いて，マラヤ半島における共産党掃討を進める一方で，華人エリートを中心とするマラヤ華人協会（MCA，のち，マレーシア華人協会）の結成と，UMNOとMCAによる政党連合である連盟党の結成を後押しし，1952年のクアラルンプール市議会選挙での同党の勝利をお膳立てした。さらに，1953年に行われた連邦議会選挙では，この2党にマラヤインド人会議（MIC，のち，マレーシアインド人会議）が加わり圧勝し，3党からなる連盟党が独立交渉の主な主体となった。

　連盟党が重要な役割を果たして策定されたマラヤ連邦憲法は，(1)治安維持目的のために個人の自由を制限する行政の強い権限を定め，(2)民族ごとに異なる権利を保障する，という2つの特徴を持つことになった。たとえば，言語については，マレー語を国語としつつも，独立後10年間は英語が公用語として使用され，また，華語（中国語）やタミル語の非公用目的での使用や教授が保障された。さらに，マレー人の特別な地位は保障されるが，これが他の民族の正当な利益を損なわずに実施されるべきことも明記された。市民権についても，属地主義を主張するMCAやMICの案を基礎としつつも，市民権取得に際して必要とされる居住期間を長く設けることで，UMNOの合意も取り付けた。このような憲法の下，マレー半島の11州はマラヤ連邦として1957年に独立し，連盟党が政権を担った。

　他方で，イギリス自治領の地位にとどまっていたシンガポールでは，1954年にリー・クアンユーをはじめとする英語を話すイギリス留学組の華人エリートが，人民行動党（PAP）を結成した。もっとも，シンガポールでも，もっぱら華語を話す港湾労働者や失業者を中心に，マラヤ共産党への支持が広まっていた。大衆レベルの支持基盤が弱かったPAPは，労働組合や左派リーダーの取り込みを通じて支持を増やし，1959年には工業化や公営住宅計画を訴えて

26 ● CHAPTER 2　マレーシア，シンガポール，ブルネイ

立法議会選挙で圧勝した。PAP は，共産主義勢力をはじめとする政敵を，国内治安法によって逮捕し，権力基盤を確固たるものとしていった。

マレーシアの形成とシンガポールの分離独立

　非常事態は 1960 年に終結した。その翌年から，マラヤ，サラワク，北ボルネオ，ブルネイ，シンガポールから成る「マレーシア」の形成が議論されるようになった。当時，シンガポールは国土も人口も国家を形成するには小さすぎると考えられていた。しかも，海峡植民地以来の中継貿易に依存した経済構造の中で，シンガポールは大量の失業者を抱えており，マラヤやイギリスのリーダーは，シンガポールの共産化を懸念していた。

　とはいえ，マラヤのマレー人リーダーにとって，シンガポールとの合併には不安もあった。UMNO からみれば，華人人口が 9 割以上を占めるシンガポールとの合併は，マレー人比率の低下につながる。このような事態を避けるために，UMNO は，マレー人と同じ先住民族（「ブミプトラ」と呼ばれる）を多く抱える北ボルネオとサラワクを，シンガポールと同時に合併することをめざした。

　シンガポールは，自由貿易港の維持，教育や労働政策，財政における高度な自治を条件に，マレーシアへの加入に合意した。当初マラヤによる支配を懸念していたサラワクと北ボルネオも，入国管理権限の掌握，英語の公用語としての使用，先住民族に対する半島部マレー人と同等の地位の付与，連邦政府による追加財政支出などを条件にこの案をのみ，サラワク州，サバ州としてマレーシアに加わることになった。こうして，1963 年に，マラヤ，シンガポール，サラワク，サバから成るマレーシアが形成された。

　他方で，ブルネイはマレーシアには加わらないと決定した。1962 年に行われた選挙によって立法議会の民選議席のすべてを掌握した左派ブルネイ人民党（PRB）は，イギリスにサバおよびサラワクの返還を求め，この 2 つの地域とブルネイから成る「北ボルネオ連邦」という国家を形成しようと試みた。しかし，これをブルネイ国王が阻止し，議会の開催を延期すると，PRB による反乱が起こった（アザハリの乱）。一方の国王も，マレーシアの一部になれば石油収入を連邦政府と分有しなければならないことや，マレー半島のスルタンと同等の地位に甘んじることになることを嫌い，マレーシア提案を拒否し，1984

2　国民国家建設をめぐる闘争　● **27**

年の独立までイギリスの保護領の地位にとどまることを選択した。

　PRBの反乱は，インドネシアによる介入の契機にもなった。マレーシアの形成をイギリスによる「新植民地主義」として反対したインドネシアは，1963年に「対決（コンフロンタシ）」を宣言し，武力攻撃を開始した（⇒第4章②）。また，フィリピンも，サバはスールー王国のスルタンがイギリスの会社に賃貸していたものであり，マレーシアの一部となるべき正統性がないと主張し，対決姿勢を明確にした（⇒第13章①）。このような対立は，インドネシアとフィリピンでそれぞれスハルト政権，マルコス政権が成立するまで続いた（Andaya and Andaya 2001）。

　マレーシアという新たな国家への挑戦は，国内でも起こった。1964年に行われた連邦議会選挙において，マレー半島の非マレー人票の獲得をめざすPAPが「マレーシア人のマレーシア」というスローガンを掲げ，マレー人の特別の地位の廃止や，華語やタミル語の公用語化を主張した。これは，連盟党による独立憲法への真っ向からの挑戦だった。民族意識は高揚し，シンガポールでは，同年7月から9月にかけて，PAPによるマレー人の冷遇や，連盟党によるシンガポール軽視などを不満の淵源とするマレー人と華人の衝突が起こった（金子 2001）。

　このような事態に直面した連盟党は，1965年に連邦議会においてシンガポール追放を決議し，翌日にはこれに対抗してシンガポールが分離独立を宣言した。こうして，今日のマレーシアとシンガポールという国家が，それぞれつくられたのである。

　マレーシア

▶ 一党優位体制とその終焉

マレーシアにおける国民戦線体制の成立と経済開発

　シンガポールの分離独立後も，マレー半島では民族間の権利をめぐる対立が続いた。とりわけ，マレー人の多い農村部では，華人が独立によって市民権を得た一方で，マレー人の経済的福祉はまったく向上していないと主張するマラ

ヤ・イスラーム党（PMIP, のちに PAS）が支持を伸ばした。他方で都市部では，自分たちの経済的な地位が向上しないのは，マレー人の特別な地位のせいであると考える下層華人有権者が，民主行動党（DAP）をはじめとする多民族政党を支援した。各民族の下層有権者の不満を背景に，これらの野党は 1969 年下院議会選挙で大きく得票を伸ばした。その結果，下院議会選挙における連盟党の獲得議席数は，1964 年の 89 議席（98 議席中）から，66 議席（121 議席中）まで減少した。

　同年 5 月，UMNO 党員と野党の祝勝パレードとが衝突したのをきっかけに，首都クアラルンプールで暴動が起き，186 名の死者が出た（5.13 事件）。この暴動を受けて非常事態が宣言され，議会が停止した。連盟党と警察，軍から成る暫定政府は，この暴動は人種暴動であり，原因はマレー人と非マレー人の経済格差とそれに由来するマレー人の不安感にあったとする公式見解を発表した。この見解にもとづいて，1970 年，貧困撲滅およびブミプトラと非ブミプトラの経済格差是正を目的とする「新経済政策（NEP）」が策定され，翌年には国語や公用語，市民権，マレー人およびその他のブミプトラの特別の地位に関する異議申し立てを禁じる憲法改正が行われた。

　1973 年には，この憲法改正に賛成した旧野党と連盟党から成る拡大版与党連合の国民戦線（BN）が成立した。BN は，選挙区の操作や，財政配分，開発プロジェクトの実施を通じて，選挙で勝ち続ける仕組みをつくり上げ，憲法改正に必要な下院の 3 分の 2 の安定多数を維持した。また，1970 年代末から 1980 年代にかけて，人権団体やイスラーム改革団体をはじめとする NGO（非政府組織）やメディア，裁判所が活発化し，政府による開発プロジェクトなどに反対するようになると，BN は議会での圧倒的な多数を利用して，結社の自由や言論の自由，知る権利を法律により制限し，また，裁判所人事にも介入し，批判者を黙らせた。

　もっとも，抑圧のみによってマレーシアの政治的安定を語るのは不十分である。実際には，選挙を通じて表明される有権者の不満に応える政策を実施し，また，法律によって市民的・政治的自由の制限をしつつも，野党や NGO にも一定の異議申し立ての空間を保障するといった方法で，マレーシア政府は反対派の拡大を抑制することに成功した（Crouch 1996；鈴木 2010）。

政治的な安定を背景に，1980年代半ば以降，BNはマハティール・モハマド政権の下で，大規模インフラ整備や国産自動車をはじめとする重工業化，外資主導の輸出志向型工業化を進めた（⇒Column❿-2）。この結果，マレーシアは半導体や家電の一大生産拠点となり，1997年にかけて高度経済成長を実現した。また，マハティール政権は，民間セクターの活性化とマレー人の経済的地位向上をめざし，国営企業の民営化や政府財政による開発プロジェクトの民間委託を進めた。こうしたプロジェクトは，実際にはUMNOをはじめとするBNとのつながりのあるビジネスマンに譲渡され，利権分配や汚職の温床となっていった（Gomez and Jomo 1999）。

アジア通貨危機と新しい政治のはじまり

　1997〜98年のアジア通貨危機は，マレーシア政治に大きな変化をもたらした。通貨危機による通貨と株価の大幅な下落をきっかけに，UMNO内部の政治対立が表面化したのである。自身とのつながりの深い企業を，金利の据え置きや資本移動規制，公的資金注入によって救済しようとするマハティールに対して，アンワール・イブラヒム財務大臣は，財政の引き締めや，金利引き上げなどの国際通貨基金（IMF）方式の処方箋を好んだ。さらに，党内利権の分配において後塵を拝していたアンワールが，UMNO内部のパトロン・クライアント関係や汚職を問題視し，マハティールのUMNO党首としての地位に挑戦するようになったことで，両者の対決は決定的となった。

　マハティールは，アンワールの大臣更迭，UMNO党籍剥奪，さらには「異常性行為」と汚職容疑での起訴によって応酬した。これが，アンワール支持者のみならず，人権意識の高い若年層や都市中間層を刺激し，1998年9月に，改革を叫ぶ数万人規模のデモがクアラルンプールをはじめとする諸都市で起こった。この運動は，レフォルマシ（改革）運動と呼ばれる。

　レフォルマシ運動は，政治の自由化や民主化，司法の独立，富の平等な分配，反汚職，反クローニズム（反縁故主義）といったスローガンを掲げた。この運動は直接的な政権交代にはつながらなかったものの，人権NGO，イスラーム改革団体，野党の協力を促進したという意味で，のちのマレーシア政治に大きな影響を与えるものとなった（Weiss 2005）。とりわけ，アンワールが率いる国

民公正党（PKN，のちに国民正義党：PKR）を結節点として，これまで世俗主義とイスラーム主義の対立から持続的な選挙協力を行うことができなかったDAPとPASとの選挙協力が実現したことは，画期的であった。

二大政党制へ

マハティールが2003年10月に引退すると，政治の自由化への期待が高まった。都市部の中・上層や若者，弁護士らは，ブミプトラ優遇政策の見直しや，最大で9倍にものぼる1票の格差や幽霊投票者などの難点をはらむ選挙制度の改革，司法の独立の回復などを求める社会運動を展開し，街頭デモが頻発するようになった。しかし，BN政府の反応は鈍く，さらに，金権政治の蔓延を象徴するような閣僚の汚職問題が次々と明るみにでるなかで，若年層や都市中・上層，非ブミプトラ有権者，そして低賃金に憤る労働者がBNを見限っていった。レフォルマシ運動をきっかけとしてつくられた野党協力がこれらの不満をすくい上げた結果，2008年選挙では，BNの得票率は前回の63.9%から51.4%まで落ち込み，結成以来初めて下院議会の3分の2の安定多数を失った。

レフォルマシ運動以降重要性を増した自由や平等，グッド・ガバナンス（よい統治）といった原理を軸とした野党連合の勢力拡大は，民族間の権力分有メカニズムとして長期政権を担ってきたBNによる一党優位体制を動揺させた。これ以降のマレーシア政治は，二大政党制として理解するのが妥当である（中村 2015, 2018；山本編 2008）。

2009年4月に首相に就任したナジブ・ラザクは，BNの支持回復をめざし，「新経済モデル（NEM）」の実現を謳った。NEMは，低賃金の優位を活かした輸出志向型工業が行き詰まり，マレーシアが「中所得国の罠」（⇒第10章②）にはまっているという認識を示したうえで，2020年までの高所得国家入りの処方箋を提示している。新たな成長産業の育成や民間セクターの活性化などと並び，BNに対する不満の淵源となっていたブミプトラ優遇政策や低賃金労働の見直しを宣言したという意味で，NEMはマレーシアの政治経済問題に抜本的にアプローチする文書だった。

しかし，ブミプトラ優遇政策の是正に対するUMNO内部からの抵抗や，

低賃金に依存する企業の不賛同のために NEM に従った改革は十分に進まず，BN への支持も回復しなかった。BN は公的扶助や農村部インフラ事業によって，所得水準の低い農村部のマレー人や，サバ州，サラワク州のブミプトラからの支持を固めようとした。他方で，汚職の一掃や，より自由な政治空間，民族的差別のない経済や社会を求める都市部の中・上層有権者，華人，若年層は，野党支持や街頭デモなどを通じて，政権交代への圧力を強めていった。

2008 年選挙を契機に人民連盟（PR）を形成し，選挙や州政府運営での協力を深化させていった野党は，このような都市部有権者の支持を固め，2013 年総選挙では 50.9% の得票率を得た。もっとも，最大で 9 倍もの 1 票の格差のある小選挙区制は，有権者数の多い（1 票の重みの小さい）都市部選挙区で強い PR よりも，有権者数の少ない（1 票の重みの大きい）農村部選挙区を握る BN に有利に働き，議席数では BN（133 議席）が PR（89 議席）を上回ったために，連邦レベルでの政権交代には至らなかった。

PR は，自由や反汚職といった争点でつながっていても，根っこでは世俗主義とイスラーム主義という原理レベルの違いを抱えていた。2015 年，イスラーム刑法の実施をめざす PAS と DAP の対立から PR は瓦解し，PAS を離党した穏健派（国家信託党）と PKR，DAP から成る希望連盟（PH）が結成された。このような経緯から，野党の勢力は後退したかにみえたが，ナジブ首相のスキャンダルによって，政党政治は大きく変化した。

2015 年，ナジブを経営諮問委員会の長にすえる政府系投資会社ワン・マレーシア開発公社（1MDB）の関連会社からナジブ個人の銀行口座への巨額の不正送金疑惑が明るみに出ると，野党や市民社会のみならず，与党内からも批判が噴出し，ナジブの支持率は大幅に下落した。しかも，党内の批判者に対して，ナジブが大臣の更迭や党籍の剥奪によって応酬した結果，UMNO を離党したグループは，同様に 1MDB 問題を追及してきたマハティール元首相とともに 2016 年にマレーシア統一プリブミ党（PPBM）を結成し，翌年に PH に加入した。

マレー人リーダーとしてのカリスマ性を持つマハティールの PH への加入は，野党が農村部マレー人選挙区に浸透することを可能にした。その結果，野党に対して不利な選挙区変更や，PPBM の非合法化といった政府の戦略にもかか

わらず，2018年5月に行われた総選挙において，PHは48.3％の得票率を得て113議席を獲得し，BN（得票率33.8％，79議席）を下野させることに成功した。こうして，マレーシアの一党優位体制は終焉を迎えた。

マレーシアは，選挙によって平和裡に政権交代を実現した。再び首相となったマハティールは，法の支配の回復や汚職の撲滅，労働者への分配状況の改善などを喫緊の課題とし，目下，ナジブ前首相による汚職スキャンダルの究明に尽力している。しかし，運転手が変わっても，乗り物そのものは変わらないという可能性もないわけではない。

政権をさまざまな批判から守ってきた自由を制限する法律が撤廃され，自由民主主義体制が実現するのか。民族間の平等や経済成長の足かせとなっているブミプトラ優遇政策の改革は進むのか。長期政権の安定性に寄与してきた利権分配の慣行は一掃されるのか。こうした構造的な課題が解決されなければ，政権が変わっても，BNのもとでつくられたシステム自体は持続する可能性がある。

4 シンガポール

▶ 一党優位体制の応答性と経済成長

都市国家シンガポールの生き残りに向けて

シンガポールでは独立以来の一党優位体制が続いている。マレーシアのBNとは異なり，シンガポールで政権を担うPAPは強固な支持基盤を維持し続けている。

1965年の独立により，シンガポールは共和制の議会制民主主義国家となった。マレーシアだけでなく，マレーシア形成に反対していたインドネシアとの不和にも直面しながら，食糧や飲み水を自給できない小さな独立国家を存続させていくため，PAPは，「生存のための政治」を国是とし，多文化主義，能力主義，国民の国家への貢献，マスメディアの制御といった，今日まで続く一連の原則を打ち立てた。

マレー語を国語・公用語と定めマレー人も含むブミプトラの特別な地位を憲

法で保障することで，民族間の経済格差是正を政策の根幹に据えたマレーシアとは異なり，シンガポールは多文化主義を掲げている。シンガポールの憲法は，英語，華語，マレー語，タミル語を公用語と定め，教育の現場では，それぞれの母語の教育も重視しつつ，中立的かつ「国際語であり科学技術の言語」である英語を第一言語とする二重言語政策が長らくとられてきた（田村 2013）。また，憲法 12 条「市民に対する平等の保護」では，「宗教，種族，出自，出身地にもとづくシンガポール市民の差別」が禁止された。この規定は，ブミプトラの特別な地位を保障するマレーシア憲法 153 条と対照的である。他方で，多数派である華人が政治権力を独占しているという批判を回避するため，1970 年には，少数民族の権利を侵害しうる議会立法に関して政府に助言することを目的とした「少数派の権利に関する大統領審議会」が設置された。

個人の自由については，治安の維持や対外関係，議会の地位の保護など幅広い根拠にもとづき，議会が自由を制限する権限が定められている。これにもとづき PAP は，言論，結社，出版の自由を制限する法律をつくり，反対勢力を弱体化させてきた。とりわけ，独立前後から 1980 年頃にかけては，華人大衆から支持されていた社会主義戦線や労働組合を弱体化させ，華語新聞の廃刊や華語を教授語とする大学の廃止を進めた。これ以降も PAP は，議会立法による反対派の逮捕や，名誉毀損裁判による野党議員の資格剥奪を続けている。

さらに，PAP は選挙制度の操作により，自らの優位を確固たるものとしてきた。たとえば，グループ選挙区の導入（1988 年）がこの典型例である。この制度は，政党が，マレー人やインド人などの少数派民族の代表を含む複数人のグループを形成して立候補し，最大得票政党がその選挙区の議席すべてを獲得するというもので，資金力や人材の不足する野党にとって不利となる。

高度経済成長と政治的安定

ただし，PAP による政治的安定は，単に抑圧や選挙制度のデザインのみによるものではない。巧みな経済成長戦略と分配戦略，エリートの凝集性の高さ，国民の要求への高い応答性が長期政権を支えている。

とりわけ，シンガポールの経済成長には目をみはるものがある。PAP 政府は，1961 年に経済計画を策定する経済開発庁を設置した。1966 年には土地収

用法を制定し，工業用地を整備し，税金の優遇や，効率的な行政，充実したインフラを材料に外国資本を誘致し，輸出志向型工業化を進めた。1960年頃には原材料の中継貿易と軽工業を主な生業としていたシンガポールは，1960年代のうちに早くも半導体や家電の生産地へと成長し，韓国，台湾，香港とともに新興工業経済地域（NIES）と呼ばれるようになった。

　マレーシアやタイにおいて1980年代に本格的な工業化が始まると，シンガポールは，技術力や高度な知識を持つ労働者，資本力で勝負する経済への移行をめざし，コンピュータや石油化学産業，金融業に力を入れるとともに，外国人の高度人材を受け入れるようになった。1990年代にはコンピュータ，情報通信，研究開発，2000年代以降になると，金融や医療をはじめとするサービス業やバイオテクノロジーなどがシンガポール経済の牽引役となった（岩崎2013）。

　このような成長戦略により，シンガポールは持続的な高度経済成長を遂げ，1960年には3389米ドルだった1人当たり実質GDPは，今日では5万5000米ドルを超え，日本のそれを凌駕している。さらに，このような主要産業の変化にあわせて，教育機関への手厚い補助金により，国内外から必要な人材を集め，また，強制積立制度（中央積立基金）を元手とした持ち家の購入を可能にするなど，労働者の質向上や福祉充実にも抜かりない。

　このように産業構造を華麗に変えていくことが可能となった背景には，一党優位体制の下で，経済政策への反対が少ないことが指摘できる。前項で述べたような抑圧的な政治の仕組みに加えて，PAPは，経歴に類似性を持つ，リー・クアンユーとその家族からのパトロネージに浴する華人エリートの緊密なネットワークを再生産し続けることで，支配集団の団結を維持し，円滑な政策立案と実施を実現した（Barr 2014）。

　さらに，PAPは，国民の声を吸い上げる政治の仕組みづくりにも余念がない。たとえば，1968年から1986年にかけて，国会議席のほとんどをPAPが掌握していることについて批判が起こると，1985年には，市民の不満を受け付けるフィードバック・ユニットの設置，1986年には労働組合，学術研究者，専門家，財界，女性，社会団体，少数民族団体，若者などの代表に対して国会議席を与える任命議員制度もつくられた。任命議員は，現在では国会議員の約

1割を占め，華人エリート中心のPAPが，多様な国民の意見を聞く機会を提供している（Mauzy and Milne 2002；Rodan 2009）。

グローバル化への不満と応答性

1990年に独立の父リー・クアンユー首相は引退したが，その後もPAPによる安定的な統治が続き，2004年以降は，息子のリー・シェンロンが首相を務めている。

2011年国会選挙は，PAPの応答性を示す好例といえる。この選挙では，PAPの得票率は独立以来最低の60.1％へと落ち込み，PAPは87の民選議席のうち6議席を野党労働者党に奪われた。この背景には，1つのグループ選挙区に人材を集中させる野党の選挙戦略だけでなく，2000年代以降の外国人労働者の増加による市民の雇用機会の減少や，住宅価格や生活費の高騰，上級管理職と中間管理職以下の賃金格差，公務員の高い給与といった問題に対する中・下層市民の不満があった。国外から人材，資本，技術を積極的に受け入れ，能力主義にもとづきエリートに高い報酬を与えることでグローバル経済における競争に打ち勝とうとするPAPの成長戦略に対して，シンガポール人有権者が異議を申し立てたのである。

なかでも，外国人労働者の問題は大きな争点だった。次々と立ち上がる新産業を支えるために，PAPは優秀な外国人労働者に対して柔軟に労働許可証や永住権を交付してきた。また，建築現場や家事労働，飲食店などの分野にも，外国人労働者を迎え入れた。その結果，2010年頃までに外国人労働者の全労働者に占める割合は約4割にも達していた（シンガポール統計局ホームページ）。こうした外国人労働者の増加は，シンガポール人の雇用機会に影響し，また，住宅費の上昇や交通渋滞といった住環境の悪化をもたらしているという意識が，市民の間に広まっていった。

このような不満が表明された2011年選挙を受け，PAPは，全労働者に占める外国人比率の3割への引き下げや，非高度人材に対する労働許可証の発行制限を発表し，管理職や専門職などの高度人材に関しては，シンガポール人にも求人を行うことを企業に義務づけた。さらに，賃金格差についても，政府，労働者代表，経営者代表から成る全国賃金評議会が賃上げを勧告しただけでな

く，中央積立基金の雇用者負担の増額を決定し，労働者の利益に配慮した。

　このような政府によるすばやい対応も手伝って，2015年に行われた選挙では，PAPの得票率は69.9%まで回復した。こうして，PAPによる抑圧と応答を軸にした政治的安定と，経済成長，分配政策の歯車は，現在でも回り続けているのである。

　しかし，経済成長の恩恵にあずかることのできないシンガポール人たちが，エリート支配への不満を募らせていることも看過できない。シンガポールは，高度にグローバル化した競争的な経済を維持しつつ，市民の福祉も実現し，さらにエリート政治を脱して民主的な統治を広げていくという難しい舵取りを迫られている。

⑤　潤沢な石油収入に支えられるブルネイの非民主制

　ブルネイは，1959年にイギリスから内政の自治を与えられた。政治的権力がスルタンに集中していることに不満を持つPRBは，即時独立と人民主権をめざして1962年選挙を戦い，33議席で構成される議会のうちの16の民選議席すべての獲得に成功した。しかし，PRBはイギリスとの関係維持を重視した国王と対立し，フィリピンやインドネシアからの支援を受けてアザハリの乱を起こした。この反乱はイギリス軍によって直ちに鎮圧されたものの，これを契機に非常事態が宣言された。

　議会制民主主義の立憲君主国家としての独立を促すイギリスに対して，ブルネイ王室はイスラームを軸とするスルタンによる絶対君主制の確立をめざし，1984年にブルネイ・ダルサラーム国が成立した。独立後の政治体制は，形式上，立憲君主制となっているものの，ハッサナル・ボルキア国王（1967年〜）が首相，国防相，外務貿易相，警察および軍隊の司令官などの要職を兼任し，行政権を握っている。

　立法機関の立法評議会は，独立から20年間にわたり停止されていた。しかし，インドネシアとマレーシアのレフォルマシ運動（⇒本章③，第4章③）の影響を受けて，ブルネイ政府は上からの「改革」を行う。2004年には，議会が

再開し，憲法改正によって一部議員の公選制が決定した。しかし，いまだに選挙は実施されておらず，議員はすべて国王の任命によるうえに，議会の権限はきわめて限られている。さらに，民主的な議会の設立を求める政党は次々と非合法化され，2017年時点での合法政党はスルタンに忠誠を誓う国家開発党（NDP）のみとなっている。概して，ブルネイの「改革」は限定的なものといえるだろう（金子 2018）。

　このような政治体制が安定している背景には，GDPの約6割を占める石油・天然ガス収入によって国家財政が支えられており，国民の租税負担はなく，公共支出による高い福祉が実現しているという事情もある。ただし，ブルネイ政府は，近年の石油価格の下落に伴い，石油やガスに依存した経済を多様化させる必要を痛感している。このため，2016年，国王は石油化学などの下流部門への外国投資奨励や中小企業促進をはじめとした経済改革を掲げた。しかし，ブルネイが原油依存の産業構造を転換させることができるのか，また，産業構造や財政のあり方が変わったときに，現在のような事実上の独裁を持続させることができるのかという点において，見通しは明瞭ではない。

読書案内 ┃ **Bookguide** ●

田村慶子（2000）『シンガポールの国家建設——ナショナリズム，エスニシティ，ジェンダー』明石書店。
⇒植民地期から独立期，独立後にかけての政治史の基本書。具体的な資料や事実が豊富で，初学者でもわかりやすい。

中村正志（2015）『パワーシェアリング——多民族国家マレーシアの経験』東京大学出版会。
⇒マレーシアの与党連合による政治的安定の条件を探る好著。民族政党連合の理論の本としても，マレーシア政治史の本としても読みごたえがある。

引用・参考文献 ┃ **References** ●

岩崎育夫（2013）『物語 シンガポールの歴史——エリート開発主義国家の200年』中央公論新社。
金子芳樹（2001）『マレーシアの政治とエスニシティ——華人政治と国民統合』晃洋書房。

金子芳樹（2018）「ブルネイ——現代における絶対君主制国家の安定と改革」清水一史・田村慶子・横山豪志編著『東南アジア現代政治入門〔改訂版〕』ミネルヴァ書房：31-253。

シンガポール統計局ホームページ　http://www.singstat.gov.sg/

鈴木絢女（2010）『〈民主政治〉の自由と秩序——マレーシア政治体制論の再構築』京都大学学術出版会。

田村慶子（2000）『シンガポールの国家建設——ナショナリズム，エスニシティ，ジェンダー』明石書店。

田村慶子（2013）『多民族国家シンガポールの政治と言語——「消滅」した南洋大学の25年』明石書店。

中村正志（2015）『パワーシェアリング——多民族国家マレーシアの経験』東京大学出版会。

中村正志編（2018）『ポスト・マハティール時代のマレーシア——政治と経済はどう変わったか』アジア経済研究所。

弘末雅士（2004）『東南アジアの港市世界——地域社会の形成と世界秩序』岩波書店。

山本博之編（2008）『「民族の政治」は終わったのか？—— 2008年マレーシア総選挙の現地報告と分析』（JAMSディスカッションペーパー第1号）日本マレーシア研究会。

Andaya, Barbara Watson and Leonard Y. Andaya（2001）*A History of Malaysia*, 2nd ed., Palgrave.

Barr, Michael D.（2014）*The Ruling Elite of Singapore: Networks of Power and Influence*, I. B. Tauris.

Crouch, Harold（1996）*Government and Society in Malaysia*, Cornell University Press.

Gomez, Edmund Terence and K. S. Jomo（1999）*Malaysia's Political Economy: Politics, Patronage and Profits*, 2nd ed., Cambridge University Press.

Mauzy, Diane K. and R. S. Milne（2002）*Singapore Politics Under the People's Action Party*, Routledge.

Means, Gordon（1972）"'Special Rights' as a Strategy for Development: The Case of Malaysia," *Comparative Politics*, 5(1): 29-61.

Rodan, Gary（2009）"New Models of Political Participation and Singapore's Nominated Members of Parliament," *Government and Opposition*, 44(4): 438-462.

SarDesai, D. R.（1997）*Southeast Asia: Past & President*, 4th ed., Westview.

Weiss, Meredith（2005）*Protest and Possibilities: Civil Society and Coalitions for Political Change in Malaysia*, Stanford University Press.

CHAPTER

第3章

フィリピン

INTRODUCTION

　スペインによる300余年の支配，アメリカによる40年の支配，日本による3年の支配を経て1946年に独立したフィリピンは，19世紀末に他国に先駆けて独立戦争を闘い，すでに植民地下で代議制民主主義を発達させていた。しかし独立後は経済発展に行き詰まり，一握りのエリートによる支配への批判も高まった。1972年には戒厳令により議会は停止した。その権威主義体制が腐敗し，人権侵害が横行，経済が停滞したとき人々は立ち上がり，1986年には民衆蜂起による民主化を成し遂げた。紆余曲折の中で発展を模索するフィリピンの政治を振り返る。

KEYWORDS

恩恵的同化　　戒厳令体制　　弾劾裁判　　ピープルパワー革命／エドサ革命　　ポーク
バレル

フィリピン近現代史年表

年	事　項
1565	スペインのレガスピ艦隊によるフィリピン植民開始
1834	マニラ開港
1872	カビテ蜂起と3司祭の処刑
1896	独立戦争開始，リサール処刑
1898	米西戦争，マロロス共和国（フィリピン独立政府）樹立
1902	アメリカによる民政開始
1935	自治政府（コモンウェルス政府）樹立
1942	日本軍政（～1945），フクの反乱（～1954）
1946	独立
1968	共産党再建，モロ民族解放戦線の結成
1972	マルコス大統領による戒厳令発布
1983	アキノ元上院議員暗殺
1986	ピープルパワー革命による民主化（エドサ1）
2001	弾劾裁判中のエストラーダ大統領の辞職（エドサ2）
2012	バンサモロ和平枠組み合意

1　植民地統治下のフィリピン

ナショナリズム勃興と19世紀末の独立戦争

　フィリピン諸島中北部の平地は16世紀以来のスペインによる植民地支配下でキリスト教化が進められ，まちづくりや文化にスペイン統治の影響が浸透していった。植民地当局は中国とメキシコを結ぶガレオン貿易の中継貿易を重視し，首都マニラおよび主要都市において，造船，労役，流通，徴税などの管理を中心とした統治を行い，地方の監督は宣教師／修道会士に委ねた。修道会士は現地諸語による宣教活動を軸に植民地権力の名代となり，地方のカトリック

1　植民地統治下のフィリピン　● 41

化を進めるとともに土地の集積によって地方支配を強め，配下の現地人名士（プリンシパーレス）と共に，庶民と植民地当局を媒介する存在として強い影響力を持った（⇒第1，8章；Abinales 2005）。

　東南アジアでは珍しいこうしたヨーロッパ近世封建主義的な支配は，やがて変容を強いられる。まず，18世紀後半以降，イギリスの世界的な経済上の覇権にフィリピン経済が包摂された。マニラが自由貿易港となり，主にイギリス資本と結んだ華人系商人の活動が広がった。砂糖，タバコ，マニラ麻など世界市場向けの輸出商品を生産するプランテーションの大規模開発が進み，主食のコメの需要の増大とともに各地に貨幣経済が浸透し，華人系を中心とした新興地主や商人，在地の小教区司祭層などの新たなエリート層が生まれた。また都市における流通や情報，教育など新たな産業が活況を呈し，都市庶民層，中間層の形成も進んだ。他方で，地方の農漁村の庶民の暮らしは貨幣経済の浸透により世界経済の変動に左右される不安定なものとなり，社会不安を背景に土着のキリスト教運動にもとづく終末論的な反乱運動が頻発するようになった（池端 1999）。

　また，スペイン植民地当局の統治も変化した。まず，19世紀前半のラテンアメリカで，それまでその多くの地域を植民地にしていたスペインから多くの国が独立した。そのためフィリピンは数少ないスペイン植民地の1つとして重要性が高まった。特にメキシコの独立，運輸・通信技術の発達によって，フィリピンは修道会に主に依存する従来の支配を残しつつも，スペインの世俗権力による直接支配が強まった。これがフィリピンの社会経済的な変化とあいまって緊張を高めた。特にスペインから派遣される植民地官僚や聖職者の増大は，フィリピンで育ちつつあった新たな勢力と地位をめぐる争いを引き起こした。また産業革命や近代化に後れをとったスペインは，フィリピンにおける近代的植民地統治の強化に取り組んだが，スペイン本国における自由主義者と保守主義者の対立と政情不安がフィリピン国内の統治にも持ち込まれて一貫した政策をとれず，社会不安も絡んで政治的な不安定がもたらされた（アンダーソン 2012）。

　社会変化の中での受益者層の影響力が強まり，不安定な植民地統治との間で衝突を繰り返すこととなる。教会の現地出身聖職者の地位の保全をめぐる争い

に端を発した改革運動が，1872年のルソン島カビテでの蜂起を口実として大規模な弾圧を受けた。これ以降，当局は一貫して改革運動に対する強硬策をとる。ヨーロッパの近代自由主義思想の影響を受けた「開明的知識人」（イルストラード）と呼ばれた人たちは，スペインによるフィリピン統治の改革要求を軸とした「プロパガンダ運動」を主にヨーロッパ在住のフィリピン出身者を中心に展開した。しかし成果を出せず，指導者の1人ホセ・リサールはその行き詰まりを打開すべく1892年に帰国し，運動を展開したが間もなく逮捕され，1896年に処刑された。

こうして19世紀後半の改革運動に対する容赦ない弾圧は運動の急進化を生み，またその主体もエリート知識人中心から，現地人行政官や都市労働者層，および地方の窮乏化した不満分子へと移った。反スペイン革命をめざした秘密結社カティプーナンは，その露見と弾圧の開始を契機として独立反乱を1896年に始めた。反乱勢力は軍事的にはスペインに劣るものの，社会不安が増大するなかで変革を望んだ大衆を広範に巻き込むことに成功した。翌年にはエミリオ・アギナルドを中心とした指導者層はスペインと休戦協定を結んで香港へ亡命したが，地方の反乱諸勢力による反スペイン闘争は止むことがなかった。

1898年には，キューバにおけるアメリカとスペインの戦争がフィリピンに飛び火する。アメリカは香港の亡命政府を支援したが，他方でフィリピンを，アジアにおける帝国主義的競争の戦略拠点とすべく狙いを定めていた（Go 2003）。劣勢となったスペインはアメリカにフィリピンを譲渡し，他方フィリピン独立軍は勢力を拡大，マロロスに議会と共和国政府を樹立し，初めての近代憲法（マロロス憲法）を定めた。1899年にはフィリピンの植民地化をもくろむアメリカと独立政府側との関係が悪化し，フィリピン＝アメリカ戦争に至った（池端 1987）。

▍20世紀前半のアメリカによる統治 ▍

軍事力で圧倒するアメリカに，フィリピン側も激しく抗戦した（イレート 2005）。数年でこの「反乱」を鎮圧するものの，フィリピンのエリート層を懐柔し，またアメリカの正当性を内外に訴えるために，アメリカは，フィリピンの独立は時期尚早であり，アメリカの庇護・指導の下で民主制度，教育制度の

1　植民地統治下のフィリピン　●43

確立や社会経済の近代化を進めたうえで，将来準備の整った段階で独立させるべきである，とする「恩恵的同化」の理念を掲げた植民地統治を進めた。この時代にもたらされた代議制民主主義の制度，近代法体系，首都を中心とした近代的な官僚制は，現在に至るフィリピンの政治体制の基礎を形づくることとなった。また 19 世紀にはイギリス中心の自由貿易圏に包摂されていたフィリピンは，アメリカとの排他的な経済関係の中に囲い込まれ，1980 年代にまで及ぶ，アメリカに経済および軍事において全面的に依拠した特殊関係が形づくられていった（中野 2007）。

　アメリカは英語による公教育の導入に力を入れ，公立の初等・中等教育の拡充と国立フィリピン大学やアメリカへの国費留学などを通じた植民地統治を支える人材の養成を推進した。アメリカ人総督による統治下，行政機構の整備も進められた。同時に，既存の現地人エリートの取り込み，自治の推進，アメリカ流の民主主義の導入，といった背景が重なり，民選の議会や知事，市長の導入も進んだため，東南アジアの多くの植民地でみられたように行政官僚がのちの独立国家の中心を担うのではなく，民選の議会政治家が大きな指導力を持つようになった。国会議員が予算や法制に強い影響力を発揮し，上院，大統領も続き，東南アジアでは珍しい民選政治家の行政官僚に対する優位，という特徴が形づくられていった。そして地主エリートの国会への進出が，その後のフィリピンにおけるエリート支配の形をつくっていった（Abinales 2005）。カトリック教会との厳しい交渉を経て政教分離原則が確立したのも，宗教が政治と強い関わりを持ってきた東南アジア諸国の中では独特ともいえる（⇒第 1 章）。

　あわせて，スペイン時代に領有されなかったフィリピン諸島の山岳地および南西部の統合が進められた。スペインの支配を退けつつ低地住民とも関係を保ち，逃亡や抵抗の地ともなってきたルソン島北部のコルディリェラ地域は，アメリカの到来により，その支配下に入った。避暑地としてバギオが開発され，首都マニラからの道路建設が進められるとともに植民地統治が本格化した。また，かつて東南アジア島嶼部東部の交易圏の要として栄えたスールー，マギンダナオなどのイスラム国家の存在した南部地域も 20 世紀初めにはアメリカの支配下に置かれた。イスラム教徒住民にはフィリピンへの統合に対する反発が強く，当局も当初は独自の軍政を敷いていたが，フィリピン人政治家の要求に

応えて政治統合を進めた。特に移住促進政策によりキリスト教地域からの入植が進み、原住民と入植者の間の衝突が頻発するようになっていった（⇒第8章；川島 2012）。

1935年には憲法施行後10年後の独立に向けた準備政府として「コモンウェルス政府」が樹立され、マヌエル・ケソンが初代大統領（1935〜44年）となった。1935年憲法は、大統領が4年任期で再選は1回に制限されるなど、アメリカ憲法の影響を強く受けたものであり、1972年の戒厳令まで数度の改正を経つつフィリピンの民主主義体制の土台を形づくった。ケソンは一方でアメリカとの政治、経済、安全保障などの特殊関係を維持し、勢力を伸長しつつあった日本をけん制しながら、他方で日本との関係改善や産業振興策を通じてアメリカからの一定程度の自立を図った。また、1930年代の不況に伴う農村不安の中から、社会主義と結びついた争議、運動、反乱が頻発するようになる。それは一部エリートが庶民の不満を抑圧しながら繁栄する社会の矛盾を示していた（Kerkvliet 1977）。

独立後の紆余曲折

1946年に独立、代議制民主主義

1941年末にアジア太平洋戦争が勃発し、翌年にはフィリピンは日本軍政下に置かれることとなった。少数の反米親日ナショナリストは日本の侵攻を歓迎したが、軍政に動員されたのは主に既存の親米政治エリート層であった。彼らは一方で日本への協力姿勢をみせつつ、他方でアメリカの指揮下にあるゲリラとも通じていることが多かった。アメリカ軍系のゲリラ（USAFFEゲリラ）のみならず、中部ルソン地域の農民を中核とする左派ゲリラであるフクバラハップ（抗日人民軍、フク団）による抵抗も加わって治安が悪化した。連合軍による激しい反攻によって、フィリピンは日米の主戦場の1つとなり、国土が荒廃し100万人を超える国民が犠牲となった。また秩序の崩壊に伴う治安の悪化、ゲリラ間の対立や対日協力者への怨嗟などの深刻な社会対立も生じた。

戦後，一方では対日協力者への処遇の問題や 1930 年代に解決しきれなかっ
た社会不安の再燃と，他方ではアメリカへの依存を余儀なくされた状況の下，
冷戦の始まりも絡み，1946 年の独立は困難な船出となった。アメリカの復興
支援の見返りとしてのアメリカ人に対し開発に関する特権を付与するなどの施
策のため，憲法の改正を余儀なくされたマヌエル・ロハス政権（1946〜48 年）
は，左派の国会議員の議席を無効とすることで国会の 4 分の 3 の賛成を確保
した。これに反発した左派勢力が，戦後の地主による弾圧の強化や対日協力者
への恩赦に対する不満を抱えた中部ルソン地域の農民と共に 1946 年に「フク
の反乱」を起こした。ロハスのあとを受けたエルピディオ・キリノ政権（1948
〜53 年）はその懐柔を図るも親米右派の反発を受け，強権化による乗り切りを
図ったが，汚職が深刻化した。これに危機感を持ったアメリカは社会開発面で
の懐柔と軍事面での弾圧の両面で介入し，反乱鎮圧作戦を指揮して庶民の人気
を集めたラモン・マグサイサイを支持し，キリノの追い落としを図った（中
野 2007）。1953 年の総選挙においてアメリカ，カトリック教会，軍人会など
の支援を受けた選挙監視キャンペーンは実質的に，選挙不正を起こしかねない
政府と対照的にクリーンであることをアピールしたマグサイサイの選挙キャン
ペーンそのものとなった（Hedman 2005）。マグサイサイは圧勝し，大統領
（1953〜57 年）として農地改革などの施策の導入によって農民層の不安緩和に
成果を挙げ，大規模な軍事作戦により反乱勢力を鎮圧した（Kerkvliet 1977）。

　これをもって独立当初の政治不安は一段落し，戦後エリート政治の基本的な
枠組みとして，二大政党制が安定的に機能するようになった。つまり，予算配
分に関する強い権限を持つ大統領が政府与党の議員や地方政治家に有利に利益
を差配し，こうした利権から疎外されたり，配分に不満を抱いたり，次期選挙
に向け対抗勢力としての野心を抱いたり，与党政治家と対立を抱えたりするこ
とになった政治家たちが，次期大統領選挙に向けて将来のより有利な利益分配
をめざして野党第一党に糾合し，次期大統領最有力候補と目される政治家を担
ぐ，という二大政党制のパターンが生まれ，これが国民党，自由党の二大政党
以外の活動に制約を課す法制によって維持された（ワーフェル 1997）。選挙の
際には，この枠組みの下，二大政党の傘下にあるエリート政治家たちが，地元
における伝統的なパトロン・クライアント関係を動員しつつ，さらに金銭授受

を伴う選挙マシーンによって支持調達を図ることで競い合う形が確立していった。

カルロス・ガルシア政権（1957〜61年）は特に経済ナショナリズムを旗印に，軽工業の自給化をめざす輸入代替工業化政策を推し進めた。これにより一定の都市化，工業化が進展するが，やがて限界に直面し，次のディオスダード・マカパガル政権（1961〜65年）以降，自由経済にもとづく輸出志向型工業化に徐々に転じていった。

1960年代には都市化の進展に伴う社会経済的な変容，輸入代替工業化政策による経済発展の限界，社会不安の高揚に加えて，ベトナム反戦，世界的な学生運動の高揚の影響による改革・革命主義の動きが活発化する。農村社会の窮乏化も深刻であり，従来の政治の調整メカニズムの限界が露呈しつつあった。また農村の貧困対策の一環としてフィリピン中部のビサヤ諸島から人口希薄地域であるミンダナオへの移住が進み，ミンダナオでは元は多数派であったイスラーム教徒が少数派に転ずるとともに，土地をめぐる紛争が多発し，社会不安が深刻化しつつあった。

1965年の大統領選に当選したフェルディナンド・マルコスは，中央集権体制の大幅な強化による秩序回復と計画的な開発政策の遂行を組み合わせた「開発独裁」的な志向を明らかにしていった。政治の行き詰まりを超えようとする急進的な社会運動と強権的な政府は，共に新しい社会を目標として掲げつつ，その緊張は高まった。一方では改革に対する伝統勢力による議会を通じたさまざまな抵抗，他方では1969年の大統領選挙での不正疑惑，ベトナム戦争への関与に対する批判，毛沢東派共産党の活発化と世界的な学生運動の高揚の影響による街頭デモが活発化した。大統領の3選を禁じる憲法の改正をめざしていたマルコスだが，支持はかげり，1971年の選挙では与党は苦戦した（伊藤 2011）。

こうしたなか，マルコスは治安の悪化への対処を大義名分とし，1972年9月に戒厳令を発布することで，長期にわたる権威主義的な支配へと歩を進めていった。翌1973年には大統領に権限を集中させる憲法改正を行った。

1972 年戒厳令体制

　マルコスによる戒厳令以降 1986 年の民主化までの体制は，戦後エリート民主主義政治を中断させ，中央集権による強権的な政治，経済運営，治安政策を生んだ（浅野 1992）。

　政治面では，1973 年憲法によって大統領令に強い法的な根拠が与えられたため，大統領の意向が議会の干渉なく直接的に政策に反映された。特に地方政治家を大統領が直接任命することで地方エリートの牙城を崩し，中央政府による，より直接的な掌握をめざした。しかし，取り巻きを中心とした大統領派閥によるプロジェクトを場当たり的に乱発するような政治決定の仕方が，次第に蔓延していった。

　経済運営については，経済官僚（テクノクラート）主導の積極的な外資導入による輸出志向型工業化を推進したものの，次第に取り巻きによる腐敗が増大し（いわゆる「クローニズム」，⇒第 10 章），汚職が経済政策の均衡をむしばんでいった。輸出志向型工業化と産業転換は一定程度進められたが，次第にフィリピン経済への国際的な信頼は著しく損なわれていった。

　治安政策に関しては，当初は国軍の拡充により劇的な改善がもたらされた。しかし鎮圧，弾圧に依拠し，社会不安に対する十分な対応が伴わず，民族対立が絡む紛争の泥沼化や政府に批判的な政治家・活動家に対する人権侵害が深刻化した。教会や人権団体による告発と国際社会の批判の中で，人権問題は政権の正当性を傷つけるものとなっていった。また政治エリートたちはこれまで地元の社会不安を慈善と暴力の組み合わせで抑え込んできたが，議会の停止や地方自治体の長の中央政府による任命や私兵の解体政策などによって彼らの影響力が抑えられた。他方で政府には社会不安に対して場当たり的な弾圧以上のことができずに秩序の空白が生じ，これを埋めるように共産党ゲリラ勢力が拡大した。また国軍の利権の拡大と大統領の縁故者に偏った人事は，軍内部に深刻な亀裂をもたらした（⇒第 9 章 ③）。

　自治要求の高まったコルディリェラやミンダナオおよびスールー諸島ではマルコス政権による強権で自治要求を抑え込もうとするマルコス政権への反発が高まり，戒厳令を契機に分離独立紛争へと至った。内戦は数年でいったん沈静

Column ❸-1　フィリピンの政治におけるカトリック教会の役割

　フィリピンでカトリック教会が政治に関わるにはさまざまな制約がある。19世紀以降の資本主義と近代化により，社会の仕組みの多くが宗教と切り離されて発達してきた。20世紀初頭にはアメリカが政教分離原則を導入，教会の政治への直接関与が排除された。聖職者が政治家を兼ねることは教会法で禁じられている。それでも教会の政治関与は無視できない（宮脇 2016）。

　議員や大統領個々人の権限が強いフィリピンの政治においては，政治家の個人的資質に関心が集まりやすい。道徳的権威を広く認められた教会は，汚職・不正の蔓延が問題となるなかで，その局外から政治家の資質を問い直し，改革を求めてきた。教会は国民の大多数を傘下に収め，聖職者は一元的に組織されている。教会は国民の期待を背に，行き詰まりや不祥事に直面する政治に対し，道徳を要求しつつ政治に関与している。

　この権威は人々の篤い信心に支えられている。1986年のピープルパワー革命はまさに，その信心と教会の指導が共振した出来事でもあった。シン枢機卿の訴えに応じて，大衆が聖像やロザリオを手に街頭に繰り出し，無血革命に至った。教会指導者の呼びかけと信心深い人々の呼応，それはフィリピンの民主主義政治が受難を超えて復活した出来事として伝説化した。1987年憲法も離婚の禁止を始め，教会の意向に沿った内容となった。教会は選挙監視，声明の発信などを通じて人々に働きかけ，政治への関与を深めていった。

　聖職者当たりの信徒数は約1万人と多く，教会の働きかけは届きにくい。人々に届くことを狙って教会指導者がニュースになる政治的な声明を積極的に出す，という面もある。教会の政治への関与は，ある程度不偏不党の権威あるものとして信頼を得てきた。しかし，近年の家族計画推進法案に対する避妊に反対する教説に固執した教会のキャンペーンには人々の異論も多く，教会が声を上げるほどに人々は離反しかねない。

　教会の政治関与は人々を教会につなぐ面も離反させる面もある。その微妙な舵取りの中で，教会は課題山積のフィリピン政治に改革を働きかけ続けている。

化はしたが和平には至らず，不満を突く形で共産党の活動がこれらの地域で急速に広がっていった（Abinales 2005）（⇒第8章⑤）。また政府から疎外された政治エリート，ビジネス界，大学，教会などの関係者は，将来の国づくりに向けて市民運動のネットワークの構築を進めていった。特に，カトリック教会は現

代化の方針を定めた 1965 年以降，次第に社会問題への関わりを深めつつあったが，戒厳令以降，政治・社会問題に取り組む体制を次第に整えるようになった。

1983 年のアキノ暗殺と民主化

マルコス政権による人権侵害に対する批判の増大に始まった政権の正当性の問題は，農地改革などの社会政策の停滞，第 2 次石油ショックを契機とした国営企業の破たんに端を発する経済不安によって深刻化し，1983 年のベニグノ・アキノ元上院議員暗殺による国際的な信用喪失で決定的となった。戒厳令前に次期大統領最有力としてマルコスに危険視されていた大物政治家アキノは，戒厳令により逮捕された後アメリカに亡命し，在外フィリピン人の野党指導者として知られていた。暗殺を警告されるなか，危険を押して帰国した直後，空港で海外のメディア関係者の眼前で暗殺された。大統領側はこれを共産主義者の仕業としたが，人々は大統領あるいはその周辺が関与していると信じた。これが世界中に大きく報じられ，非難を招いたこともあり，フィリピンの経済危機と対外債務危機は深刻化し，マルコス大統領の健康問題とあいまって政権の正当性は大きく損なわれた。またアキノの葬儀には 100 万人ともいわれる人々が大挙して押し寄せ，それ以降，教会や市民運動による事件の真相究明や民主化を求める運動が活発化した。

国内外の厳しい批判を背景として 1986 年 2 月に繰り上げ実施された大統領選挙に，ベニグノの未亡人コラソン・アキノが野党統一候補として立った。カトリック教会やビジネス界を中心に組織された民間選挙監視団や海外を含めたメディアの眼前で，有権者への執拗な脅迫や投票箱の強奪などの露骨な選挙妨害，選挙集計の不正操作などあらゆる種類の選挙不正が横行した。マルコス，アキノ両陣営とも当選を宣言し，膠着状態となるなかで，体制に不満を持つ軍内の改革派勢力のクーデタ計画が露見，鎮圧部隊が迫るなか，追い詰められた彼らは最後の頼みの綱としてカトリック教会のマニラ大司教ハイメ・シンに，アキノ支持を表明したうえで支援を要請し，これを受けてアキノと親しいシンは独断でラジオを通じ，政府への非暴力抵抗を国民に呼びかける賭けに出た。これに応えて大規模な蜂起が起こり，マルコスは家族や側近とともに亡命し，

50 ● **CHAPTER 3** フィリピン

体制は崩壊，アキノは大統領として政治や経済の再建に取り組むこととなった。

　1986年2月の民主化政変は，ほぼ無血の大規模デモによって独裁政権を崩壊させた記念すべき出来事となり，「ピープルパワー革命」あるいは主要舞台となった通りの名を冠して「エドサ革命」，さらには単に「エドサ」と呼ばれるようになった。

3　民主制度の安定への模索

▎民主体制の再構築と生き残り▎

　政変によって発足したコラソン・アキノ政権（1986〜92年）の最重要課題は民主主義の定着，国民和解，および経済再建であった。

　共産党を除く反マルコス勢力を糾合し，マルコスから離反した軍の一部関係者を加えた寄り合い所帯から始まったアキノ政権の政権運営は不安定で，たび重なる閣内対立とクーデタ未遂によって脅かされた。西側諸国の支援の下で進められた経済再建は，政権運営や治安の不安定，経済政策の弱さもあり，政権の後半期には低迷し，自然災害，特に1991年のピナツボ火山大噴火が追い打ちをかけた。

　アキノは6年の任期を全うすることに力を注ぎ，伝統的なエリート主義を中軸としつつ，軍改革派の支持を加えて乗り切った。共産党やイスラーム分離独立勢力との和平は成らなかったが，民主化の中で武装闘争路線を放棄する活動家が相次ぎ，対共産主義の軍事作戦の成果もあり，運動組織内の分裂もあって反政府勢力の脅威は弱まった。また南部ミンダナオ西部およびスールー諸島のムスリム・ミンダナオ自治地域が定められた。

　こうしたなかで成立した1987年憲法は，アメリカ型自由民主主義の原則に立ちつつ，市民参加や社会改革，地方自治の拡大，人権保障，司法の独立などの改革主義的な諸点を盛り込んだ。3年ごとに統一選挙が実施され，大統領および副大統領（6年任期），上下院議員（上院は6年任期で半数ずつ改選），州知事，州会議員，市長，市会議員を選出する。下院については，周辺的な社会集団を

3　民主制度の安定への模索　● 51

代表する政党を選挙管理委員会が認定して行う「政党リスト制」からの当選者も少数加えられている。大統領の任期はマルコス長期政権への反省を踏まえ，1期6年で再選なしとされた。また大統領の非常時立法権が廃止され，大統領の親族が政府の要職に就くことが禁じられるなど，権力の集中を回避する規定が置かれている。戒厳令の発布には範囲と期間が限定され，国会による承認を必要とするようになった。

とはいえ大統領は広範な人事権を握り，法制や予算の実施において強い権限を持つ。特に政府から各議員に配布される公共事業資金（「ポークバレル」〔⇒第11章③〕）の分配を背景に，大統領は国会に対して影響力を行使できる。このため国会議員の与党への党籍変更は常態化しており，特に民主化以降，政党は大幅に流動化している。パトロン・クライアント関係の衰え，マスメディアの普及によって，特に大統領選や上院選など全国区の選挙において，政党の組織力以上に大衆人気の重要性が増大した。大統領は国民にアピールする公約を掲げて当選し，国会議員が大統領とのコネクションを求めて，実質上大統領の個人政党から始まった与党に大挙して党籍変更し，国会の多数派を形成する。そういうパターンが一般化しつつある。

立法府は二院制をとることとなった。上院は定数24名で任期は6年である。下院は定数250名以内とされ，任期は3年。特に下院議員は小選挙区の代表として各地方の利害に関わる法案提出が多い。上院議員は全国区で選ばれ，個人の立場での政治志向が強いとされてきた。上記の大統領の影響力も，上下院の利害や志向の相違とのせめぎ合いの中で行使され，予算や法の審議が進められることとなった。

新憲法に基づき1988年には包括農地改革法が成立，有償ながら農民，農業労働者への農地の再分配政策が前例のない規模で実施されることとなったため，農村社会の近代化が進んだが，必ずしも貧困削減に貢献したとは言い難い（堀 2005）。また1991年には地方政府法が成立し，地方自治体に権限と財源が大幅に移されるとともに，政策決定過程に市民団体などが参加しやすい仕組みが定められた。これ以降の地方自治体において改革派知事・市長などによる新しいタイプの政治の登場に注目が集まるようになる（川中 2005）。

外交面では，1991年に在外米軍の駐留を含めた対米軍事協定が失効し，ス

ービック，クラーク両基地から米軍が撤退した。アメリカの冷戦後のアジア戦略の修正とあいまって，以降フィリピンはアジア太平洋諸国，特に東南アジア諸国および日中韓との関係を深めていくこととなった。

　1986 年以降の民主化は，劇的な「革命」のドラマから始まったゆえに一方で美化され，他方では期待したほどの改革の進展がないとの批判，また多くの伝統的な地方政治エリート一族の政界への復帰に失望し，結局マルコス以前のエリート民主主義に戻っただけだとの辛辣な批判もある。ただしマルコス以前とは異なる面も明らかにみられる。市民運動の政治参加への道が大きく開かれ，民主化に大きな役割を果たした教会の政治への影響力も高まった。そして二大政党制のようなエリート政治を安定的に調整するようなメカニズムは復活しなかった。総じていえば 20 数年を経て戻ってきた民主主義体制は，競争的，参加的な性格を強めたものとなった（五十嵐 2011）。

政治の安定と経済再建の進展

　民主化後初の大統領選挙で勝利したフィデル・ラモス（1992〜98 年）は，積極的な反政府勢力との和解政策，精力的な行政改革，経済のいっそうの自由化やインフラ整備と投資誘致の促進などにより，治安の改善と順調な経済発展をもたらした（⇒第 10 章 ②）。アキノ政権期に始まった改革の成果が目に見えるようになったのがこの時期である。

　他方でマルコス期から推進されていた海外出稼ぎも増大し，海外契約労働者の待遇に関する関心が高まるとともに，政府の在外フィリピン人保護に関する施策の強化が強く求められるようになった。この時期のアメリカとの特別な軍事関係の終焉（⇒第 12 章 ④）とあいまって，アメリカとの関係の中だけでなく，世界の労働市場の文脈でも自分たちの位置づけを考えようとする意識を生み出すこととなった（⇒第 14 章）。

　ラモスは内外から高評価を受け，また次期大統領最有力候補とされた副大統領ジョセフ・エストラーダの実力への不安もあって，憲法改正による大統領の任期延長をめざす動きが大統領周辺から起こった。しかし 1997 年のアジア通貨危機の余波で経済が停滞するなか，改憲反対のデモの盛り上がり，また大統領周辺がめざした署名による「国民発議」に必要な法制が不在であるとの最高

裁判決を受けて憲法改正は断念された。

　ちなみに，1987 年憲法においては，大統領と副大統領はそれぞれ直接選挙によって別々に選ばれるため，この当時のラモス大統領とエストラーダ副大統領のように両者が異なる党の出身となることもありうる。

┃ 庶民派大統領の挫折 ┃

　映画俳優としての人気を背景に市長から上院議員，副大統領とキャリアを積んだエストラーダは，ラモス政権期の経済成長をいまひとつ実感できない庶民の支持を背景に，貧困対策を前面に掲げて 1998 年，大統領に就任し，社会改革的な取り組みを推進し始めた。独立革命 100 周年祝賀を成功に導き，経済もとりあえず落ち着きをみせた。

　しかし親マルコス派であること，選挙の論功行賞と疑われる特定の財界人に有利な政策，大統領自身の政権運営能力への疑義，南部のイスラーム教徒による分離独立運動への好戦的な対応，マスメディアに対する統制的な態度などをめぐり，大統領への批判が次第に寄せられるようになった。2000 年暮れの違法賭博およびたばこ税からの上納金疑惑の告発を受け，教会や市民運動による辞任要求運動が高揚し，これを受けて弾劾裁判が年末に始まった。公務員の弾劾裁判は，下院の 3 分の 1 以上の発議により，上院において行われる。下院が原告の立場となり，上院は裁判官の立場となる。2001 年 1 月には大統領が不利な証拠によって追い詰められるなか，弾劾裁判の裁判官となる上院議員の過半数を占める親大統領派がさらなる証拠資料の開封を拒否したことで審議が中断した。これに対して首都圏では大規模な大統領辞任要求のデモが起こり，これに呼応して大半の大臣，さらに国軍が離反し，最高裁判所長官がエストラーダ大統領の機能停止を宣言し，副大統領グロリア・マカパガル＝アロヨが，前の民主化政変を記念して建てられ今回のデモの中心地となっていたエドサ大聖堂で，大統領への就任式を行った。エストラーダは辞任を余儀なくされた。政変の当事者たちは 1986 年の民主化政変の再現をめざし，この一連の運動を「ピープルパワー 2」ないし「エドサ 2」と標榜した。

4 経済発展の中の民主政治

相次ぐ汚職疑惑と政治不信の拡大

経済の専門家として知られるグロリア・マカパガル・アロヨ大統領（2001～10年）は経済再建を期待されたが，庶民のエストラーダへの支持が根強いなかで政変によって就任した，という正統性の弱さが課題であった。実際就任直後のエストラーダ逮捕をきっかけに「エドサ3」を標榜する親エストラーダの反政府デモが高揚し，その鎮圧後も政権の基盤は不安定なままであった。任期満了の2004年後は立候補しないとしてきたが，選挙が近づくなかで立候補に転じ，エストラーダに近い映画俳優出身のフェルナンド・ポーとの接戦を制し当選した。ちなみにアロヨは副大統領から昇格後，在任4年未満で，立候補しても憲法が禁じる「大統領の再選」に該当しない。

しかし翌年，大統領と選挙管理委員長が選挙結果の操作を電話で相談する盗聴テープが露見し，多くの大臣が抗議辞職し大統領にも辞職勧告するという異例の事態となった。大統領は謝罪するも辞職せず，以降本人や家族を絡めたさまざまの汚職疑惑やこれに対する弾劾裁判の動きに対し，議会内の多数派工作によって危機を乗り切った。

アロヨ政権下の10年は経済の順調な成長がみられたが，それは貿易自由化，財政健全化政策の成果以上に，海外出稼ぎ労働者とその送金の急増によるものでもあり，消費の拡大に伴いサービス産業が急速に拡大した。在外者増を受け，在外不在者投票，および移民先で国籍を取得したフィリピン人がフィリピン国籍を保持できる二重国籍も法制化された。コールセンターなどビジネス・プロセス・アウトソーシング（BPO）ビジネスと呼ばれるサービス部門の下請け産業の誘致もこの時期から進められるようになった（⇒第10章②）。こうしたなか，経済成長の恩恵にあずかる層とそうでない庶民との社会的な亀裂が明らかになった。特に経済成長の恩恵を受けた中間層の政治的影響が強まり，彼らの生活保守的な志向は，2009年の首都マニラの深刻な台風被災を契機に，都市整備

を名目に不法占拠者の排除を志向する政策に如実に反映されるようになる（日下 2013）。

汚職体質を露呈しつつも巧みに生き残ってきたアロヨ政権に対する国民の不信が強まるなか，2010年の大統領選で与党候補は敗北し，清廉で知られたコラソン・アキノ元大統領の死去を契機に反汚職の世論の期待を集めた息子のベニグノ・アキノ3世が当選した。

▍成長と変革の政治へ ▍

アキノ政権（2010〜2016年）は，民主化後で最も安定した政権であった。アロヨ大統領時代の汚職の追及や行政過程の透明化，精力的な外遊による外交の推進，順調な経済成長など，内外の評価も高く，エストラーダ時代以来の10数年に及ぶフィリピン民主主義の正当性の不安を払拭した。アロヨ大統領の逮捕もあり，またアロヨ政権期のレナト・コロナ最高裁判所長官が弾劾裁判により，2012年に除名処分となったことをはじめ，前政権時代の不正追及が成果を挙げたことは特に重要である。また政治の安定を背景に，フィリピン経済は順調な成長を遂げてきた。2012年には南部ミンダナオにおける分離独立運動の最大勢力であるモロ・イスラーム解放戦線（MILF）との和平枠組みの合意が成立，以降の和平プロセスが比較的順調に進展してきた。ただし2015年の軍とMILFなどの武装勢力との衝突事件（ママサパノ事件）以降，国会内に和平進展への慎重論が高まり，自治を規定する基本法は，2018年に成立したが，和平の先行きはなお不透明である（⇒第11章⑤）。

2016年の統一選挙では，アキノへの高い評価とは裏腹に，アキノ政権がもたらした社会的安定と経済発展の中で取り残されたインフラの拡充や治安の改善などの課題が浮き彫りになり，アキノの後継候補は敗北し，強力なリーダーシップによる治安やインフラの改善，麻薬撲滅，反政府勢力との和平の推進などを訴えた元ダバオ市長のロドリゴ・ドゥテルテが当選した。彼は大統領に就任すると公約どおり徹底した麻薬取締りに取り組んだが，それに伴う人権侵害や多数の超法規的殺害が国際的にも問題となっている。他方で現時点では，当初期待された共産党との和平や，ミンダナオでの和平プロセスの進展（特に当該地域の高度な自治を定めたバンサモロ基本法の制定）は実を結んでいない。積極

的な政敵の追い落としや反米親中の外交レトリック，そしてポピュリスト的と
もいわれる，きわどく過激な発言なども注目されるなか，2018 年の時点では
なお庶民的な雰囲気と実行力への期待もあって，高い支持率を維持している。
　人々は，過激な言動で物議を醸しつつ地方政治で成果を挙げてきたドゥテル
テを選ぶことで，成果を挙げた前政権の継続による安定よりも，未解決な問題
への次なる展開，変革を優先したと考えられる。

読書案内 | **Bookguide** ●

　浅野幸穂（1992）『フィリピン──マルコスからアキノへ』アジア経済研究
　　所。
　⇒独立後民主化までの政治の動向および政治に関する諸論を包括的に踏
　　まえつつ，明瞭に整理して論じた，現代フィリピン政治研究の古典的な
　　名著。アジア経済研究所による民主化後の政治の動向と分析に関する続
　　編ともいえるものとして，川中豪（2005）『ポスト・エドサ期のフィ
　　リピン』アジア経済研究所，がある。

　日下渉（2013）『反市民の政治学──フィリピンの民主主義と道徳』法政大
　　学出版局。
　⇒近年の研究の１つの方向性を示すのがこの名著である。フィリピンを
　　愛してやまない著者が，人々の中にどっぷりはまりながら人々の声に耳
　　を傾け続けるなかで見出した，道徳をめぐる政治言説に表れた根深い社
　　会対立の意味に肉薄する。フィリピンに関わる喜怒哀楽と政治社会の理
　　解の深化が奇跡のように切り結ばれた読む者を触発する書物である。

　中野聡（2007）『歴史経験としてのアメリカ帝国──米比関係史の群像』岩
　　波書店。
　⇒フィリピンの近現代政治史を，超大国アメリカの支配がもたらした爪
　　痕という観点から鮮やかに読み解いていくスリリングな名著である。ア
　　メリカからフィリピンの奥底が，フィリピンからアメリカの奥底が浮か
　　び上がり，それがかつて同じアメリカの占領を経験し，今もその強い影
　　響下に置かれている日本の問題を想起させる。

引用・参考文献 | **References** ●

　浅野幸穂（2002）「フィリピン」『岩波講座　東南アジア史 9　「開発」の時代と「模索」

の時代』岩波書店：95-122。

アンダーソン，ベネディクト／山本信人訳（2012）『三つの旗のもとに──アナーキズム
　　と反植民地主義的想像力』NTT出版。

五十嵐誠一（2011）『民主化と市民社会の新地平──フィリピン政治のダイナミズム』早
　　稲田大学出版部。

池端雪浦（1987）『フィリピン革命とカトリシズム』勁草書房。

池端雪浦編（1999）『東南アジア史II　島嶼部』山川出版社。

伊藤裕子（2011）「ベトナム戦争期の比米関係とフィリピンの戒厳令」中野聡編『岩波講
　　座　東アジア近現代通史8　ベトナム戦争の時代』岩波書店：354-379。

イレート，レイナルド／川田牧人・宮脇聡史・高野邦夫訳（2005）『キリスト受難詩と革
　　命──1840〜1910年のフィリピン民衆運動』法政大学出版局。

川島緑（2012）『マイノリティと国民国家──フィリピンのムスリム』山川出版社。

コンスタンティーノ，レナト／鶴見良行他訳（1978-80）『フィリピン民衆の歴史』全4
　　巻，井村文化事業社。

鈴木静夫（1997）『物語　フィリピンの歴史──「盗まれた楽園」と抵抗の500年』中央
　　公論社。

中野聡（1997）『フィリピン独立問題史──独立法問題をめぐる米比関係史の研究　1929-
　　46年』龍溪書舎。

早瀬晋三（2003）『海域イスラーム社会の歴史──ミンダナオ・エスノヒストリー』岩波
　　書店。

早瀬晋三（2009）『未完のフィリピン革命と植民地化』山川出版社。

藤原帰一・永野善子編（2011）『アメリカの影のもとで──日本とフィリピン』法政大学
　　出版局。

堀芳枝（2005）『内発的民主主義への一考察──フィリピンの農地改革における政府，
　　NGO，住民組織』国際書院。

宮脇聡史（2016）「カトリック教会──世俗化の中で揺らぐ影響力」大野拓司・鈴木伸
　　隆・日下渉編『フィリピンを知るための64章』明石書店：222-226。

山根健至（2014）『フィリピンの国軍と政治──民主化後の文民優位と政治介入』法律文
　　化社。

ワーフェル，デイビッド／大野拓司訳（1997）『現代フィリピンの政治と社会──マルコ
　　ス戒厳令体制を超えて』明石書店。

アジア経済研究所『アジア動向年報』（各年度版）アジア経済研究所。

Abinales, Patricio N., and Donna J. Amoroso（2005（2nd. ed. 2017））*State and Society in the Philippines*, Rowman & Littlefield Publishers.

Go, Julian and Anne L. Foster eds.（2003）*The American Colonial State in the Philippines: Global Perspectives*, Duke University Press.

Hedman, Eva-Lotta E.（2005）*In the Name of Civil Society: From Free Election Movements to People Power in the Philippines*, University of Hawaii Press.

Kerkvliet, Benedict J.（1977）*The Huk Rebellion: a Study of Peasant Revolt in the Philippines*, Rowman & Littlefield Publishers.

CHAPTER

第 **4** 章

インドネシア，東ティモール

INTRODUCTION

　インドネシアは大小 1 万 3000 以上の島から成る世界一の島嶼国家である。1400 以上の民族を抱え，住民の圧倒的多数はイスラーム教徒だが，キリスト教徒，ヒンドゥー教徒などもおり，多民族・多宗教の社会である。オランダは 300 年かけて現在のインドネシアに相当する地域に統一的な政治権力を確立した。1945 年にオランダから独立したインドネシアは，広大な領域にどのように国民国家を建設したのか。国家建設と国民統合の 70 年以上にわたる取り組みをみていきたい。あわせて，インドネシアから 2002 年に独立した東ティモールの国家建設の歩みも概観する。

KEYWORDS

改革運動　9・30事件　指導された民主主義　スハルト体制　青年の誓い
パンチャシラ

インドネシア・東ティモール近現代史年表

年	事　項
17世紀初め	オランダ東インド会社による植民地化始まる
1912	アチェ戦争終結，オランダによる植民地支配の完成
1928	青年の誓い
1942	日本軍政始まる
1945	オランダからの独立を宣言，独立戦争始まる
1949	オランダからの主権移譲
1955	初めての総選挙
1959	スカルノの「指導された民主主義」始まる
1965	9・30事件
1968	スハルト体制成立
1976	東ティモール併合
1998	スハルト体制崩壊，民主化始まる
2002	東ティモール独立
2004	初めての大統領直接選挙で軍出身のユドヨノ当選
2014	大統領選挙で庶民出身のジョコ・ウィドド当選

1 独立以前

古代から近世まで

　現在のインドネシアの中核地域にあたるジャワ島やスマトラ島の沿岸部には，古来より中国とインドとの間で行われていた，季節風（モンスーン）を利用した貿易の中継地である港市が存在した。港市はやがて港市国家へと発展し，外来の文化を受容するようになった（⇒第1章❶）。穀物がよくとれたジャワ島内陸部では農業国家が形成された。モンスーン貿易でインドから到来した商人によってインドの宗教や文化がもたらされ，紀元5世紀頃から仏教やヒンドゥ

60 ● CHAPTER 4　インドネシア，東ティモール

一教を奉じる王朝が次々と出現した。

13世紀から16世紀にかけてイスラーム化が進み，スマトラやジャワではイスラーム王権がヒンドゥー王権にとって代わり，さらにイスラームはカリマンタン島沿岸部，スラウェシ島南部へと広く伝播していった。しかし，バリ島では土着の祖先崇拝と結びついたヒンドゥー教が定着し，カリマンタン島の奥地やスラウェシ島北部・中部，ヌサ・トゥンガラ東部，パプアなどの地域はイスラーム化されることなく土着の伝統が保持され，オランダ植民地支配下でキリスト教が広まり，伝統信仰とキリスト教が併存する状況となった。

┃ オランダによる植民地化 ┃

オランダ東インド会社（VOC）の進出は，各地でイスラーム王朝が隆盛していた17世紀初頭に始まった。ヨーロッパで珍重された香料，特に丁子（クローブ）の産地であったマルク（モルッカ）諸島に進出したVOCは，香料貿易の独占を狙ってポルトガルやイギリスの勢力を駆逐し，香料の流通拠点であったスラウェシやジャワへと進出し，バタヴィア（現在のインドネシアの首都ジャカルタ）を建設した。

19世紀前半にはVOCに代わってオランダ本国による植民地統治が始まった。香料貿易から，強制栽培制度による砂糖やコーヒーなどヨーロッパ市場向け熱帯商品作物のプランテーション経営へと変化し，それに伴って拠点支配から領域支配へと統治のあり方が変化していった。オランダは各地で征服戦争を行って次々と支配領域を拡大し，17世紀から20世紀前半まで300年以上を費やして現在のインドネシアにほぼ相当する広大な領域にオランダ領東インドという統一的な政治権力を確立した。また，19世紀末にはニューギニア島の西半分をオランダ領ニューギニアと命名して，東インドとは異なる植民地単位として支配した。

┃ 植民地支配下での近代国家形成 ┃

東インドではオランダ本国から任命された総督が植民地政庁を通じて統治を行った。ジャワでは，オランダ人州長官の下にジャワ人貴族が県知事として登用され，その下の郡，村落に至るまでオランダ人官吏の監督・助言を受けて原

1 独立以前　● 61

住民官吏が統治を行う仕組みが整えられた。また，オランダは中国南部から移住してきた中国系移民（華人）を原住民に対する徴税請負や高利貸し，アヘン専売に従事させたため，原住民の不満の矛先は華人に向けられるようになった。このように，オランダ人支配者が頂点に君臨し，華人など東洋系外国人がその下に位置し，底辺には被支配者である大多数の原住民が置かれ，それぞれ異なる社会秩序が互いに交わることなく併存する複合社会が形成された。

オランダは資源と労働の搾取を徹底して行う一方で，19世紀後半になると鉄道の敷設，電信電話網の構築などインフラの整備を行うようになった。また，オランダ人官吏の職務を原住民官吏に移管するために，原住民向けの小学校や官吏養成学校・医師養成学校も設立された。これらの措置は，1901年に始まる倫理政策と称する一連の原住民福祉向上政策の一部を構成し，原住民へのオランダ語教育が拡大した。植民地時代には，のちにインドネシア語となるムラユ語の発展もあった。東南アジア島嶼地域において交易のための共通語（リンガ・フランカ）であったムラユ（マレー）語にラテン文字正書法が導入されたが，植民地政庁はそれを原住民を統治するための補助的な行政言語として使うようになり，ムラユ語がのちにインドネシア語へと発展するための基礎をつくった。

このように人口稠密なジャワに対しては直轄支配を行ってインフラを整えたが，カリマンタンやヌサ・トゥンガラのような人口の少ない地域では土侯を通じた間接支配がとられ，インフラ整備もきわめて限定的であった。

ナショナリズム運動の勃興と「インドネシア」概念の成立

オランダ語を理解する原住民エリートが次々と育っていくなかで，教育の階梯を上って地方から首都バタヴィアへと移動する人々が現れた（⇒Column ❶-2）。彼らはナショナリズムや共産主義といった西欧の近代思想を吸収して，植民地支配からの解放をめざすナショナリストとなった（土屋 1994）。1911年には初めての大衆的なナショナリスト団体としてイスラーム同盟が設立され，オランダからの独立を唱えるようになる。1920年には共産党が，1927年には国民党が結成され，独立を求める政治闘争は拡大した。しかし，ナショナリズム運動の高まりを受けてオランダは弾圧を強め，スカルノをはじめとする多数のナショナリストを逮捕し，遠隔地へと流刑に処した。

62 ● CHAPTER 4 インドネシア，東ティモール

運動の過程でナショナリストは，東インドに存在する多様な民族を1つに束ねて，オランダが支配する領域を政治単位として独立することを構想するようになった。「インドネシア」は，東インドの「インド」と，ギリシャ語で島々を意味する「ネシア」とを組み合わせてつくられた言葉であり，19世紀半ばにイギリスの学術ジャーナルに掲載されたのが始まりであったが，20世紀に入ってナショナリストはこの言葉を将来の独立国家の名前に採用することを決めた。それが明確になったのが1928年の青年の誓いである。東インド各地のさまざまな民族を代表する青年らがバタヴィアに集結し，1つの祖国インドネシア，1つの民族インドネシア，1つの言語インドネシア語を誓い合って，互いの連帯と統一を確認し，インドネシアという政治単位での独立を謳ったのであった（永積 1980）。

日本軍政

1941年12月，日本軍は真珠湾攻撃とともに東南アジアにも侵攻し，数カ月のうちに全域を勢力下におさめた。オランダ領東インドは，石油資源があることから日本にとって重要な占領地域の1つとみなされた。日本軍はナショナリストに将来的な独立を約束して協力を取り付け，原住民を戦争協力に動員しようとした。しかし，食糧徴発や強制労働，宮城遥拝（皇居の方角を向いて拝むこと）の強要は住民の不満や反発を買った。戦争協力を拒んだ者や抗日ゲリラであると決めつけられた者は拷問を受け，殺害されることもあった。原住民やオランダ人の中には慰安婦にされた女性もいた。他方で，日本軍は郷土防衛義勇軍と称する原住民から成る部隊を組織して，彼らに軍事訓練を施した（倉沢 1992）。また，オランダ語の使用を禁止してインドネシア語を行政言語として採用したことで，この時期にインドネシア語は各地に普及していった。

日本の戦況悪化とともに，ナショナリストは日本政府に対する独立要求を強めた。1944年9月，小磯国昭首相はインドネシア独立を容認する声明を発表し，これを受けて1945年3月にインドネシア人を主体とする独立準備調査会が設置され，憲法起草など独立に向けた準備が本格化した。

1 独立以前 ● 63

インドネシアの独立と不安定な政治

| 対オランダ独立戦争 |

　1945年8月17日，スカルノとモハマド・ハッタはインドネシア共和国の独立を宣言し，それぞれ初代大統領・副大統領に就任した。このとき公布された1945年憲法の前文には，パンチャシラと呼ばれる建国5原則（唯一神への信仰，ナショナリズム，人道主義，民主主義，社会的公正）が盛り込まれた。しかし，この憲法には基本的人権など国民の権利を保障する規定が入らず，大統領に強い権限を与える内容であり，ナショナリストの一部からは問題視された。また憲法前文の起草過程で，イスラーム指導者の要請によってイスラーム法の実践を信徒に義務づける文言が盛り込まれたが，独立宣言の直前にキリスト教徒指導者がそれに懸念を表明したことで憲法前文からこの文言は削除され，それがイスラーム勢力に不満をもたらすことになった（小林 2008）。

　インドネシア政府はオランダとの交渉による独立を模索したが，オランダ側はあくまで独立を認めず，1947年7月に1回目の軍事侵攻を行った。国連による調停で停戦が成立したが，オランダは占領した地域で傀儡政権の樹立を進めた。1948年9月に共産党が東ジャワのマディウンでインドネシア政府に対抗する革命政府の樹立を宣言すると，これを共産主義者による反乱とみたインドネシア国軍が鎮圧作戦を行った。それによって反乱は3カ月ほどで収束したが，これに乗じてオランダはインドネシアに2回目の軍事侵攻を行い，スカルノ大統領ら政府高官を拉致し，ジャワ島の主だった都市を占領した。

　軍事的にはオランダに圧倒されたインドネシアであったが，共産主義者の反乱を鎮圧したインドネシア政府をアメリカが評価し，インドネシア独立を支持する態度をとったことで独立への道が大きく開かれた。アメリカの主張で国連安全保障理事会はオランダのインドネシア侵攻に対する非難決議を採択し，さらにアメリカはオランダに対して戦後復興のための経済的支援を撤回すると警告して，インドネシア政府との交渉に入るよう圧力をかけた。その結果，

1949 年 8 月から 12 月にかけてオランダのハーグでインドネシアへの主権の移譲を話し合うための円卓会議が開催され，12 月に主権の移譲が正式に行われた。

議会制民主主義下の政治的混乱

インドネシアは 1950 年から本格的な国家建設を始めた。1945 年憲法は非常に文言が短い憲法であり，大統領への権力集中を許す内容であることが問題視されていたため，制憲議会で新憲法が制定されるまでの暫定的な憲法として 1950 年暫定憲法が公布された。この憲法では大統領の権限は制約され，行政権は首相と内閣にあった。また基本的人権も盛り込まれ，政府への異議申し立てやデモの自由など幅広く国民の政治的権利が認められる内容であった（「インドネシアの憲法，議会，政党制，選挙」）。
⇒WEB

この憲法の下で議会制民主主義が始まり，多くの政党が設立されて，それらが乱立する国会では政党間の合従連衡や倒閣運動が繰り返され，内閣は頻繁に交代した（Feith 1962）。与党となった政党の幹部が自分の身内や支持者に官職を与えたため，内閣が交代するたびに公務員が入れ替わった。1955 年に初めての議会選挙が行われたが，全国区の比例代表制という選挙制度の下で多数の政党が乱立する状況を変えることはできなかった。国民党，共産党，イスラーム系 2 政党の計 4 政党が得票率 20% 前後で拮抗し，社会党やキリスト教政党も一定の存在感を示した。

国民統合の危機——地方の反乱とイデオロギー対立

中央政府の混乱に加えて，地方政治も安定しなかった。インドネシアをイスラーム法にもとづくイスラーム国家にしたいと考えるグループが各地に存在し，1949 年からジャワ島西部ではダルル・イスラーム運動と呼ばれる武装反乱が起こっていた。同様の反乱はスマトラ島北端のアチェやスラウェシ島南部でも起こり，1962 年まで続いた。また，独立したばかりのインドネシアでは，国家収入を商品作物の輸出に依存する脆弱な経済的基盤しかなかったため国家予算が少なく，特にジャワ島以外の人口の少ない地域に配分される予算は少なかった。それに強い不満を感じていた北スマトラや北スラウェシでは，軍司令部

2 インドネシアの独立と不安定な政治 ● 65

と地方政府とが結託して中央政府に反旗を翻す反乱が起こった。

国民統合に対するもう 1 つの大きな危機は，イデオロギー対立であった。1956 年から 1959 年まで新憲法を起草・制定するための制憲議会が開かれた。イスラーム系諸政党はそろって国家原則をイスラームにするよう主張したが，それ以外の政党は強く反対し，建国 5 原則であるパンチャシラを国家原則として憲法に盛り込むことを主張した。対立に決着がつかないことで憲法起草の議論は進展せず，スカルノ大統領は 1959 年に制憲議会の解散と 1950 年暫定憲法の停止を宣言し，大統領に強い権限を与える 1945 年憲法への復帰を宣言した。これによって議会制民主主義は終わりを告げ，スカルノによる「指導された民主主義」が始まった。国民統合の危機を乗り越えるために，インドネシアはスカルノ大統領への権力集中という方法を選んだのであった。

「指導された民主主義」とナサコム

卓越した演説能力とカリスマ性によって国民の熱狂的な支持を受けたスカルノは，国政の混乱を招いたのは政党政治であると主張して，政党政治と議会制民主主義に代わるインドネシア的な民主主義として「指導された民主主義」を提唱した。彼はこれを「英知によって導かれる民主主義」と定義したが，とりもなおさずそれはスカルノ自身によって指導される民主主義を意味するものであった。これに反対した政党を解散処分にするとともに，農民・漁民・教師・軍人など職業ごとに国会議員を任命して，これら職能系議員と政党出身議員から成る国会および暫定国民協議会を招集した。暫定国民協議会はスカルノを終身大統領に任命した。軍人はこのとき初めて議席を与えられ，スカルノは軍の政治への関与に道を開くことになった。

スカルノは，ナショナリズム（Nasionalisme），宗教（Agama），共産主義（Komunisme）という 3 つのイデオロギーを糾合して自分がその上に立つナサコム（NASAKOM，それぞれのイデオロギーの頭文字をとった造語）と呼ばれる政治方針を打ち出した。3 つのイデオロギーをそれぞれ体現する国民党，イスラーム系政党のナフダトゥル・ウラマ，共産党を重視し，これらの政党とその傘下団体を通じて社会の底辺まで国民を政治に動員することを奨励した。欧米諸国による政治的経済的支配からの脱却を訴えるスカルノは革命を謳い，国民を自

らの政治スローガンに動員するための手段として政党をみるようになった。特にスカルノが惹かれたのは、大衆動員力のあった共産党である。しかし、スカルノの共産党への傾斜は同党の台頭を恐れる国軍、イスラーム政党、国民党右派の警戒を呼び起こし、各政党の傘下団体も巻き込んで、社会は共産主義勢力と反共産主義勢力に分裂していった。

スカルノの左傾化と9・30事件

　独立後のインドネシアは積極自主外交を展開し、東西冷戦下にあって西側とも東側とも同盟関係を結ばず、1955年にはバンドンで非同盟諸国会議の先駆けとなるアジア・アフリカ会議を開催した（⇒第12章②）。しかし、1950年代後半以降、スカルノは徐々に左傾化していく。スマトラやスラウェシの反乱にアメリカの中央情報局（CIA）が関与したのではないかとの疑念が生じるなか、スカルノは軍事援助をソ連に求めるようになった。また、欧米の企業や農園が残っていることは真の意味での独立ではないとして、これらを接収した。

　さらに、スカルノはナショナリズムに訴えた。当時西イリアン（現パプア）と呼ばれていたオランダ領ニューギニアをインドネシア領とすべく、軍事的手段も含めた解放闘争を展開し、1963年には施政下に置いた（⇒第8章⑤）。また同年に成立した隣国のマレーシアに対して、旧宗主国イギリスによる新植民地主義であると非難して、マレーシア対決政策を展開した（⇒第13章①）。これを機にスカルノは、欧米への対決姿勢を鮮明にして中国や北朝鮮に急接近し、1965年には国連を脱退した。

　スカルノの左傾化に伴い、国内では共産党の影響力が強まり、共産党と反共勢力との緊張関係は高まっていった。この緊張関係は、1965年の9・30事件によって頂点に達した。1965年9月30日の深夜から翌10月1日の未明にかけて、ジャカルタで共産党寄りの大統領親衛隊が反共の陸軍高官の自宅を急襲し、将軍らを拉致、惨殺した事件である。事件の鎮圧に動いたスハルト陸軍少将は、将軍殺害を画策した首謀者は共産党であると断定し、陸軍と民兵を使った大規模な共産党掃討作戦をインドネシア各地で展開した。共産党幹部のみならず、事件とはおよそ関係のない一般党員やシンパ、華人系住民まで数多くの人々が殺害され、犠牲者は50万人とも100万人ともいわれる。殺害を免れた

② インドネシアの独立と不安定な政治 ● 67

人も収容所に送られて長期間にわたって拘留され，その家族はさまざまな差別や迫害を受けた（倉沢 2014）。

スハルト体制と上からの国民国家建設

スハルト体制の成立

スハルト体制は9・30事件後の虐殺の恐怖の中で成立した。失脚したスカルノに代わって，事件を鎮圧したスハルト将軍が1968年に大統領に就任する。彼は新秩序を謳い，スカルノ同様，大統領に大きな権限を付与する1945年憲法の下で自らに権力を集中させる政治体制を構築した。しかし，スカルノが独立の英雄としてのカリスマ性で国民や政治エリートの支持を得たのに対して，スハルトは軍・官僚機構・与党の人事権を握り，政治・行政ポストを分配することで政治エリートの支持を取り付けた。とりわけ，軍人に対しては官公庁高官，議員，州知事・県知事といったポストを付与し，ビジネス活動も認めた（白石 1997）。

政党政治にやはり否定的であったスハルトは，スカルノ時代につくられた職能団体を集めてゴルカルという名の政治団体をつくり，これを与党とした。そのうえで，9つあった政党を強制的に2政党に統合し，村落部での政党活動を認めなかった。スハルト体制下で6回行われた選挙では，軍と公務員団体が組織を挙げてゴルカルを支援したことでゴルカルは常に6〜7割の得票率で勝利した。大統領を選出する国民協議会の半数の議員は，大統領自身が任命した。国会における軍人に割り当てられた任命議席ともあいまって，国民協議会の任命議員はスハルトの権力維持に貢献するものとなった（「インドネシアの憲法，議会，政党制，選挙」⇒WEB）。

開発を通じた国家建設

前節でみたとおり，独立から最初の20年間は「政治」に明け暮れた時代であった。オランダとの独立闘争，政党間の主導権争い，中央と地方の反目，国

家原則をめぐる意見対立，右派と左派とのイデオロギー対立，スカルノによるナショナリズムの鼓舞と大衆動員。国民統合をめぐる危機が続き，政治家が対立と競争に明け暮れるなか，国家建設に必要な開発は後回しにされた。そして，国民の経済的困窮は社会的分裂や動乱の一因ともなった。

スハルト政権は国家主導の経済開発を優先し，経済テクノクラートを登用して開発5カ年計画を策定させた。反共を掲げて日本を含む欧米資本主義諸国との関係を改善し，これらの国々から経済援助や外資を積極的に受け入れ，食糧生産の拡大，インフラ整備，教育の普及を進め，工業化にも着手した。1970年代は2度にわたる世界的な石油価格の高騰を経験し，産油国であったインドネシアは石油収入拡大の恩恵を受けた。この時期，政府は輸入代替工業化を進め，政府調達を請け負う国内企業が製造業を中心に成長した。1980年代になって石油価格が下がって景気が低迷すると，今度は大胆な通貨切り下げを行い，輸出志向型工業化を進めて国際競争力のある産業の育成を進めた（⇒Column❿-2）。一次産品輸出に頼る農業国であったインドネシアは，スハルト体制期に工業国へと脱皮した（佐藤 2011）。

中央集権的な行政と強権的な国民統合

スハルト体制期は行政機構も整備され，中央省庁の構造が整えられるとともに，全国に統一的な地方行政が敷かれた。州レベルから村落レベルまで行政機構と陸軍の軍管区司令部双方が置かれ，行政と軍が地域社会を監視する仕組みが整えられた（白石 1992）。地方首長は大統領と内務大臣によって決められ，中央の意向が常に地方行政に反映される，きわめて中央集権的な地方行政が確立した。また，インドネシア語教育が徹底され，インドネシア語教育による上からのインドネシア人アイデンティティの醸成が行われた。

スハルト体制期は領土拡張と強権的な国民統合の時代でもあった。1963年に施政権を得たパプアにおいて，政府は1969年に住民投票を行ってインドネシア編入を正当化したが，投票に不正があったと主張するグループが抵抗運動を開始すると，軍は鎮圧作戦を展開した。また1975年には，ポルトガルが植民地支配を放棄した東ティモールに軍事侵攻し，翌年これを併合している。併合に抵抗するゲリラや住民に対しては弾圧が行われた。1970年代後半に分離

独立運動が再燃したアチェでも激しい軍事作戦が展開され，非戦闘員を含む多くの犠牲者を出した。

イデオロギー面でも強権的な国民統合が図られた。スハルト大統領はイスラーム勢力がイスラーム国家の樹立やイスラーム法の施行を望んでいるのではないかと警戒し，パンチャシラこそがインドネシアの国家原則であると繰り返し訴え，その理念を学校教育や公務員研修の中で国民1人1人に植え付けようとした。さらには，パンチャシラをイスラーム団体を含むあらゆる大衆団体の唯一の原則とするよう法律で定めた。それに対してイスラーム団体は，政府によるパンチャシラの強制であると猛反発したが，政府はあらゆる手段を使って彼らの異議申し立てを封じ込めた。

汚職と腐敗，法の支配の欠如

スハルト体制は開発と国家建設に成功する一方，大きな負の遺産も残した。経済政策の立案や実行では，しばしば経済的合理性よりも縁故主義が優先され，大統領や政府高官に近い企業ほど利権の分配にあずかる仕組みができた。大統領親族が経営する企業グループや大統領と癒着した華人系企業グループは輸出入や木材伐採のライセンス取得で優遇を受け，大規模建設プロジェクトを優先的に受注することができた。多くの国民が大統領と癒着する華人企業に不満を持ったことで，癒着とは何の関係もない華人商店が暴動の際にしばしば暴徒の襲撃のターゲットになった。

官僚機構では裁量権を持つ人間や裁判官に賄賂を支払う慣行が日常化し，行政的合理性や法の支配が歪められていった。司法の現場でも権力者による介入や賄賂の額で判決が決まった。汚職や賄賂の慣行がいったんできあがってしまうと，それを克服することは容易ではない。インドネシアは現在も汚職や法の支配の確立をめぐる問題に悩んでいる。

民主化運動とスハルト体制の崩壊

1997年にタイで始まったアジア通貨危機（⇒第10章②）が波及すると，汚職や非効率な経済運営といった問題を抱えていたインドネシアでは通貨ルピアが大きく下落し，失業や物価の上昇で社会不安が拡大してスハルト体制は動揺

し始めた。1998年3月，学生や知識人を中心とする市民が主導して，汚職撲滅と政治・経済の全面的な改革（レフォルマシ）を求めてデモや対話集会を行う民主化運動が始まった。国会の与野党議員は民主化勢力との対話に応じ，改革を実現するために国会の権限を強化し，大統領の任期や権限を抑制することで合意が成立していった（増原 2010）。

5月，大学構内で平和的にデモを行っていた学生が治安当局の発砲で殺害された事件をきっかけにジャカルタでは大暴動が起こり，多くの犠牲者が出た。暴動の発生によって，それまで政治改革の中身を協議していた民主化勢力と国会議員は危機感を募らせ，事態を収拾するためにはスハルトの即時退陣しかないとの考えで一致，国会は大統領に対して辞任を勧告した。スハルトは勧告を無視し，内閣を改造して自らが改革を実行していくとの意思を示したが，スハルトが続投すればインドネシアはもたないと考えた経済閣僚15人がいっせいに辞任し，同様に国軍も大統領に対する支持を撤回した。これを受けて，5月21日にスハルトは辞任し，30年以上にわたったスハルト体制は幕を閉じた。

4. 民主化と国民国家の再構築

憲法改正を通じた民主的制度の導入

スハルトの辞任後，ハビビ副大統領が大統領に昇格し，インドネシアは民主化の時代を迎えた。ハビビは大統領就任直後から政党結成の自由化，報道の自由，基本的人権の採択など市民的自由の拡大に努めた。大統領に過度に権限が集中する権力構造と中央集権的な行政のあり方を変えるため，1999年から4回にわたって憲法改正が行われた。**表4.1** は各憲法改正の主なポイントである。

最も重要な制度改革は三権分立の確立である。大統領任期の制限と大統領直接選挙制の導入によって，スハルト体制期のような長期にわたる独裁がなくなって定期的な政権交代が可能となり，国民の直接投票による大統領選出で，その正統性は大いに高まった。加えて，国会の立法権および政府監視機能が強化され，大統領と議会の権限は均衡した。司法の独立性も明確化され，新しく設

| | CHART | 表 4.1　民主化後の憲法改正の主なポイント |

憲法改正	主な改正ポイント
第 1 次憲法改正 （1999 年 10 月）	大統領任期 2 期 10 年に制限 国会の立法権明確化
第 2 次憲法改正 （2000 年 8 月）	国会の立法機能・監視機能の強化 国会における任命議席の廃止 地方自治 地方首長の民主的選出 基本的人権の保障 国軍からの警察の分離
第 3 次憲法改正 （2001 年 11 月）	大統領直接選挙制の導入 大統領解任手続きの厳格化 大統領による国会凍結・解散禁止 憲法裁判所の設置
第 4 次憲法改正 （2002 年 8 月）	国家予算 20% の教育予算 社会保障の推進

置された憲法裁判所は大統領と議会が対立した際の裁定者としての役割をも担うようになった。

　もう 1 つの重要な制度改革は，地方自治および地方首長直接選挙制の導入である。地方には一定の政策決定の権限と税源の移譲が行われ，地域の実情にあわせてさまざまな政策をとることができるようになり，地方首長の直接選挙制とともに住民の政治的意思が反映しやすくなった。

　上のような憲法改正以外にも，1999 年から 2004 年までの間，労働者のスト権を明確化した労働法の制定，汚職撲滅委員会（KPK）の設置，国軍の政治・ビジネスへの関与を禁止する国軍法の制定，国民全体をカバーする医療保障制度の構築を謳う社会保障制度法の制定など，広く民主主義を推進していくための制度改革が行われた。また，華人の宗教である儒教が公認され，旧正月（イムレック）も祝日となり，長期にわたって華人差別を助長してきた国籍証明書が 2006 年に廃止されたことも民主化の恩恵とみることができる（貞好 2016）。

中央・地方における政治的混乱とその克服

　しかし，インドネシアの民主化は決して順調に推移したわけではない。
1998 年以降，中央でも地方でも政治の混乱が起こった（本名 2013）。東ティ
モール，アチェ，パプアでは分離独立運動が再燃し，マルクとスラウェシ中部
ではイスラーム教徒とキリスト教徒の住民抗争，カリマンタン中部では現地民
のダヤック人と移住民のマドゥラ人の住民抗争が起こり，インドネシアは国民
統合をめぐって危機的状況に直面した。地方住民の多様な意思や利害を強権で
抑えてきたスハルトという重石がとれた結果ともみなされた。地方が混乱状態
に陥るなか，中央でも 2001 年に大統領と議会が対立し，議会が大統領に解任
を突き付け，大統領が議会の凍結を宣言する事態へと発展した。

　このような危機的状況をインドネシアはどのように乗り越えたのだろうか。
憲法改正による大統領と議会の権限の明確化や地方自治制度および憲法裁判所
の導入といった制度改革は，このような危機への対処策でもあった。特にアチ
ェに対して大きな自治権を持った自治政府の設置を認めたことは，分離独立運
動の解決を促す要因の 1 つになった（⇒第 11 章 ⑤）。また，地方首長の直接選
挙制が導入されて，中央の都合ではなく地域の実情に合った宗教や民族の候補
者が地方首長選挙に立候補し，住民の直接投票で選ばれるようになったことは，
地方政治をめぐる暴力を沈静化させる要因の 1 つになった（岡本 2015）。中央
における大統領と議会の対立についても，2001 年の第 3 次憲法改正で大統領
解任要件の厳格化と大統領による国会凍結・解散の禁止が規定され，さらに両
者を裁定する憲法裁判所が設置されたことで，大統領と議会の間で対立が起こ
ってもそれが政治危機へと発展しない仕組みがつくられたといえる。これ以降，
インドネシア政治は大きく安定するようになった。

政治の安定と経済的繁栄

　2004 年までに危機を乗り切ったインドネシアは，同年，初めての大統領直
接選挙で当選したスシロ・バンバン・ユドヨノ大統領の下で政治が安定するな
か，経済的繁栄の時代を迎えた（川村編 2015）。中国やインドといった新興国
での需要が伸びた石炭やパームオイルの輸出が急速に拡大し，年間の GDP 成

長率は 6% 平均で推移するようになった。都市部を中心に中間層が増え，消費意欲が旺盛な中間層が内需を牽引した。経済成長を背景に貧困層向けの無料医療サービスが始まり，2014 年には国民皆保険制度がスタートした。

2014 年に大統領に選出されたジョコ・ウィドドは，ユドヨノ政権期から進められていたインフラ整備にさらに力を入れ，外資を積極的に導入して交通インフラの整備に取り組む。スハルト政権下ではジャワ島の開発は進められてきたものの，地方，特に国境地域の開発は見過ごされてきた。ジョコ・ウィドド政権下の開発は国境地域を含むインドネシア全体を視野に入れたものとなっている。大規模なインフラ投資の必要性から政府は税収増に積極的に取り組み，行政の効率化や汚職の摘発・監視にも力を入れている。インドネシアは民主的制度の下で，スハルト時代のガバナンスのあり方を大きく変容させつつある。

▌イスラーム化と「多様性の中の統一」▐

インドネシアは現在，東南アジアで最も安定した民主国家として自信をつけているが，同時に民主国家としての課題は山積している（⇒第 11 章 ３，４，５）。ここでは，国民の大半が信じている宗教であるイスラームと，独立以来国是とされてきた「多様性の中の統一」との関係をみていきたい。

インドネシアの多数派を構成するイスラーム教徒は独立以来，一部にイスラーム法の施行とイスラーム国家の樹立をめざす急進的なグループがいたものの，多くは穏健な立場を堅持し，宗教的少数派を尊重する彼らの自制的な態度はインドネシアの国民統合を支える根幹になってきた。

しかし，1980 年代に始まる世界的なイスラーム復興の流れの中でインドネシア社会のイスラーム化が進むにつれ，若い世代を中心に，信仰により忠実であろうとするイスラーム教徒が増加している（見市 2004）。このような背景の下で，民主化以降，道徳的な立場を強調して飲酒や婚外性行為に私的制裁を加えようとするイスラーム大衆団体や活動家が現れ，次第に社会的な影響力を持つようになった。地方分権化が進むなか，彼らはアルコールの販売や女性の服装を規制するよう地方政府に働きかけ，さらには少数派であるシーア派や，多くのイスラーム教徒から異端とみなされているアフマディヤ教団の信徒，キリスト教徒などをコミュニティから排除するよう人々を煽っている（Beuhler

Column ❹-1　インドネシアにおけるイスラームと政治

　インドネシアを代表するイスラーム団体には，伝統派のナフダトゥル・ウラマ（NU）と改革派のムハマディヤがある。ムハマディヤは1912年，中東のイスラーム改革運動の影響を受けて設立され，NUはムハマディヤの設立に危機感を持ったジャワのウラマやイスラーム寄宿塾の指導者であるキヤイが中心になって1926年に設立された。両団体とも穏健であるが，伝統派がインドネシアの地に根づいたイスラームの多様な信仰のあり方に寛容であるのに対して，改革派は聖者崇拝や神秘主義に否定的であり，「コーランとスンナ（預言者の言行録）に戻れ」と説く。NU，ムハマディヤともに政治的志向性は1950年代から強かったが，スハルト体制下においては政権からさまざまな圧力を受けたこともあり，政治からは距離を置いた。民主化後，NU，ムハマディヤともに政党を設立するなど数多くのイスラーム政党が設立された。イスラーム政党は選挙で一定の支持を集めるものの，1950年代から現在まで一貫して第1党になったことはない。思想や政治的立場が異なる多数のイスラーム政党が乱立することでイスラーム支持票が分散するからである。

　より急進的で，暴力的手段を使ってでもインドネシアをイスラーム国家にしたいと考えるグループもいる。彼らは1950年代のダルル・イスラーム運動の思想的流れを汲み，民主化後はアルカイダ系のジェマ・イスラミーヤ（JI）メンバーとしてジャカルタやバリ島で大規模な爆弾テロを起こした（⇒第14章②）。治安当局による徹底した摘発でJIはほぼ壊滅したが，その後イスラーム国を支持するグループが出現した。政府は逮捕した急進派のメンバーに対して脱急進化プログラムを行っているが，その効果は疑問視されている。

2016）。このように「多様性の中の統一」を否定する行為が起こっていながら，政府は効果的な対策をとっていない。徐々に進行する社会のイスラーム化と不寛容な動きの拡大は，インドネシアの民主主義のゆくえに影を落としている。

⑤　東ティモール

▶▶ 独立と国家建設の歩み

　ポルトガルによる東ティモールの植民地支配は16世紀初頭にさかのぼる。

ポルトガルは白檀貿易とカトリックの布教に注力し，白檀貿易が衰退するとコーヒーや砂糖のプランテーションで利益を上げたが，それを住民に教育やインフラ建設の形で還元することはなかった。第2次世界大戦時は日本軍が上陸し，住民は日本軍への労働や食糧の提供を強制された。

　1974年にポルトガルで革命が起き，民主化によって海外植民地の放棄が宣言されると，東ティモールでは独立派，インドネシア統合派，ポルトガルとの連邦を主張するグループに分かれて内戦が起こった。独立派で共産主義系のフレテリン（東ティモール独立革命戦線）が勝利を収め，1975年11月に独立を宣言したが，インドネシア国軍が東ティモールに侵攻し，1976年に併合した。国連は併合を認めなかったが，冷戦期にあって東ティモールに共産主義政権が成立することを懸念したアメリカは併合を黙認した。独立派はゲリラ戦を展開し，国軍による掃討作戦や人権侵害で多くのゲリラおよび住民が犠牲となった。しかし，インドネシア支配下でのこのような苦難の歴史の共有こそが，東ティモールのナショナリズムを醸成したといえよう。

　1998年にインドネシアが民主化すると，政治犯として拘禁されていたカリスマ的指導者シャナナ・グスマンが解放され，分離独立運動が再燃する。これを受けて，1999年1月，ハビビ大統領は独立の是非を問う住民投票の実施を発表した。しかし，住民投票に反対する国軍が密かに東ティモールでインドネシア残留派の民兵に武器を渡し，民兵は住民を脅迫し始めた。8月に行われた住民投票で独立支持が圧倒的多数を占めると，民兵による暴力で全土が騒乱状態となり，多くの犠牲者が出た（⇒第11章⑤）。騒乱はオーストラリアを中心とする多国籍軍によって鎮圧され，国連東ティモール暫定統治機構の下に置かれたが，この間，憲法の起草や統治機構の整備などが進められ，2002年に東ティモール民主共和国として独立を果たした（松野 2002）。

　独立後，国外を拠点に独立運動を指導してきたフレテリンと国内で抵抗運動を続けてきたティモール民族抵抗評議会（CNRT）との間で主導権争いが続き，フレテリン系のマリ・アルカティリ政権の専横もあって不安定な政治状況が続いた（山田 2018）。2006年には待遇改善を要求した軍人に同調した軍・警察の一部が反乱を起こし，これに乗じて政府に不満を抱く住民が行ったデモが暴動となり，アルカティリ政権は退陣した。しかし，今度は2008年にラモス＝

ホルタ大統領とグスマン首相を狙った暗殺未遂事件が起こった。

　その後，選挙政治が定着し，定期的な政権交代が行われるようになった。大きな政治的混乱が起こることはなくなったものの，グスマンやアルカティリに代わる若い世代の政治指導者は現れていない。貧困や汚職，インフラ不足は深刻である。また，国語であるテトゥン語とポルトガル語，社会的に普及しているインドネシア語，学習が奨励されている英語の4言語が並立する状況は，国民統合への阻害要因になっている。人口130万人足らずの新国家は，まだ国民国家建設の途上にある。

読書案内　　　　　　　　　　　　　　　　　　　　　　**Bookguide ●**

白石隆（1997）『スカルノとスハルト──偉大なるインドネシアをめざして』岩波書店。
⇒スカルノとスハルトという好対照な政治指導者を比較しつつ，20世紀のインドネシア政治史を概観できる。

佐藤百合（2011）『経済大国インドネシア──21世紀の成長条件』中央公論新社。
⇒インドネシア経済の構造変容を理解できる好著。政治や社会の動向も合わせて学ぶことができる。

引用・参考文献　　　　　　　　　　　　　　　　　　**References ●**

岡本正明（2015）『暴力と適応の政治学──インドネシア民主化と地方政治の安定』京都大学学術出版会。
川村晃一編（2015）『新興民主主義大国インドネシア──ユドヨノ政権の10年とジョコウィ政権の誕生』アジア経済研究所。
倉沢愛子（1992）『日本占領下のジャワ農村の変容』草思社。
倉沢愛子（2014）『9・30 世界を震撼させた日──インドネシア政変の真相と波紋』岩波書店。
小林寧子（2008）『インドネシア──展開するイスラーム』名古屋大学出版会。
貞好康志（2016）『華人のインドネシア現代史──はるかな国民統合への道』木犀社。
佐藤百合（2011）『経済大国インドネシア──21世紀の成長条件』中央公論新社。
白石隆（1992）『インドネシア──国家と政治』リブロポート。
白石隆（1997）『スカルノとスハルト──偉大なるインドネシアをめざして』岩波書店。
土屋健治（1994）『インドネシア──思想の系譜』勁草書房。

永積昭（1980）『インドネシア民族意識の形成』東京大学出版会。

本名純（2013）『民主化のパラドックス──インドネシアにみるアジア政治の深層』岩波書店。

増原綾子（2010）『スハルト体制のインドネシア──個人支配の変容と一九九八年政変』東京大学出版会。

松野明久（2002）『東ティモール独立史』早稲田大学出版部。

見市建（2004）『インドネシア──イスラーム主義のゆくえ』平凡社。

山田満（2018）「東ティモール── 21 世紀最初の独立国家」清水一史・田村慶子・横山豪志編著『東南アジア現代政治入門〔改訂版〕』ミネルヴァ書房：254-276。

Beuhler, Michael（2016）*The Politics of Shari'a Law: Islamist Activists and the State in Democratizing Indonesia*, Cambridge University Press.

Feith, Herbert（1962）*The Decline of Constitutional Democracy in Indonesia*, Cornell University Press.

CHAPTER

第5章

タイ

INTRODUCTION

　タイが東南アジアの中で特異な位置を占めるのは，同国が植民地化の経験を持たないという点である。タイの近代国家建設は，近隣国におけるような独立闘争や，その延長線上に生じた路線論争を経由することなく進められた。そのため，王制の存続の下で，比較的保守的な政治文化が温存されてきた。現在に至るまでタイでは，国王と軍部が一定の発言力を有し，軍政と議会制民主主義との間を揺れ動いている。本章では，タイの政治が，どのような制度設計のもとにどのように展開されてきたのか，そこではどのような問題が争点となってきたのかをみてみることにしよう。

KEYWORDS

赤シャツ派　官僚政体　黄シャツ派　国王を元首とする民主主義　半分の民主主義

タイ近現代史年表

年	事　項
1782	チャクリ王朝（バンコク王朝）創始
1855	英国とボウリング条約を締結。自由貿易秩序に参入
1932	人民党による立憲革命
1957	サリットによるクーデタ，ピブーン首相を追放
1973	学生デモを契機にタノム軍事政権が瓦解
1976	学生デモ隊への武力制圧，軍事政権の復帰
1992	5月流血事件，スチンダ政権が瓦解
1997	アジア通貨危機と新憲法制定
2001	総選挙でタイラックタイ党が圧勝，タックシン政権誕生
2006	軍事クーデタによりタックシンを追放
2008	反タックシン派による街頭占拠と司法クーデタ
2010	タックシン派の総選挙要求デモを民主党政権が武力鎮圧
2011	総選挙でタックシン派が勝利，インラック政権誕生
2013	反タックシン派による街頭占拠
2014	軍によるクーデタ，プラユット政権による軍政

1　絶対王政下の近代化とその帰結

　シャム（タイ）の近代国際関係システムへの参入は，1855年にイギリスと結んだボウリング条約に始まる。これは関税自主権の放棄を含む不平等条約で，シャムはその後相次いで西欧列強と同種の不平等条約を締結した。また同時期には東のカンボジア，ラオス，南のマラヤ，西のビルマに英仏の植民地勢力の支配が及び始め，シャムが伝統的に服属国とみなしてきた国々が英仏の植民地となった。さらに植民地勢力がバンコクの頭越しに周辺の半独立的な服属国と個別に外交交渉を行う，といった事態が生じるようになり，シャムの独立維持のためには行政の中央集権化により国家主権を明確化する必要に迫られていた。

そこでシャム政府は，ラーマ5世王の治下（1868〜1910年）で，門閥貴族の抵抗を排して省庁の機能別再編を強行するとともに，地方の半独立国の外交権や統治権を剥奪し，最終的には20世紀初頭までに全国一律の内務行政が確立されるに至った。

以上の行政改革により門閥貴族と地方国主の勢力が一掃され，国王直属の中央集権的な官僚組織が創設されたことで，国王・王族による政治権力の独占がもたらされた。しかし王族による重要ポストの独占と，近代的官僚制を維持するための能力主義的昇進システムとは本来原理的に相容れない。行政改革によって新たに登用・育成された官僚や軍将校が頭角を現すようになると，この矛盾が表面化する。絶対王政の終焉をもたらした1932年のクーデタはその必然的帰結であった。

軍の政治支配と浮遊する正統性

ピブーン政権

立憲革命とも呼ばれる1932年のクーデタは，人民党を名乗る若手の文武官僚によって担われ，成功後ただちに立憲君主制に移行し議会制民主主義をめざす旨が宣言された。しかしこの試みは，結論からいうと空転することになる。民主化運動や憲法制定運動が国民レベルで存在しないところに，上から憲法を制定し議会制民主主義の目標を設定したため，選挙にもとづく議会政治が定着せず，そのため人民党政権は，国王に由来する伝統的正統性も，国民に由来する民主的正統性も得られないまま権力掌握を続けることになった（矢野1968）。

新体制の正統性問題の解決策として，国民文化の建設をめざしたのがピブーン（プレーク・ピブーンソンクラーム）政権（1938〜44年，1948〜57年）である。初期のピブーン政権は，軍人内閣の主導による国民意識の上からの画一化を図るため，ラッタニヨム（国家信条）と呼ばれる一連の布告を打ち出した（村嶋1996）。その政策は，タイ語系民族が多く居住するイギリス領ビルマのシャン州の第2次世界大戦中における併合や，少数民族への強圧的な同化政策が示

すように，タイ族至上主義の側面がみられたものの，少数民族への差別的な呼称を廃止するなど，少数派の多数派への同化を前提に，それを単一の国民共同体として統合する指向をも有していた（玉田 1996）。それをよく示す例が彼の対華僑政策である。ピブーン時代には，華校の閉鎖や華字紙の停刊など，華僑に対する強制的なタイ化政策が実施された。ただし同化政策を受け入れるかぎりにおいて，彼らはタイ人と同等の法的地位を享受しえた。その結果として，言語的にタイ化し，自らをタイ人と考え，タイの政治に積極的に参加する華僑系ビジネスマンや政治家たちを，のちに生み出すことになる。

第2次世界大戦中，ピブーンは日本と同盟を結び対英米宣戦布告を行うが，人民党の指導者で政権内においてピブーン首相と双璧をなしていたプリディー・パノムヨン摂政は，自身の指揮下に地下抗日組織「自由タイ」を結成して密かに英米との連携を維持する。ピブーンは日本の敗色が濃厚となるとプリディーらによって更迭され，新内閣が英米への宣戦取り消しに奔走し，敗戦国としての立場をかろうじて回避する。しかしプリディー派政権はほどなくして行き詰まり，事後法による戦犯の訴追は無効との判決を得て戦犯容疑者からの名誉回復を果たしたピブーンが，1947年に軍事クーデタに成功し復権する。

復権後のピブーンは親米反共の立場をとり，自らの権力の正統性を民主主義に求めるようになる。ピブーンは政権の民主的正統性を調達すべく，選挙においてなりふりかまわぬ不正工作を行ったが，そのことが政権の民主的正統性を逆に失墜させてしまう。1957年総選挙での大規模な不正が大衆の憤激を招くと，事態を収拾するという名目でサリット・タナラット陸軍司令官がクーデタを行い，全権を掌握するに至った。

┃ サリット軍政 ┃

サリット政権は，立憲革命以降のタイ政治につきまとっていた正統性の問題を，ラディカルなほどに反動的な方法で解決した。サリットは，彼の統治スタイルを「タイ式民主主義」と形容した。西側流の議会制民主主義と決別し，正統性の源泉を国王と伝統的価値に求めるというのがそれである。為政者と国民とを父子関係になぞらえ，父親による専制的指導こそが子ども自身の利益になるというのが，西側流の民主主義に代えてサリットが提示する土着の政治哲学

である。この理論にもとづいてサリットは議会を廃し戒厳令にもとづく強権支配を行う一方，議会制民主主義に代わる政権の正統性の源泉として国王の美化を極限まで推し進めた（タック 1989）。

サリットの統治スタイルの特徴は，憲法に対する姿勢にもみることができる。彼は 1957 年のクーデタ当初は，軍人以外の，より中立的とされる人物に暫定内閣の組閣を依頼したが，翌年の再クーデタで軍による直接統治に踏み切っている。その際に彼は憲法を廃止し，1959 年 1 月までは無憲法状態，それ以降はわずか 20 条から成る暫定憲法の下で専制的な統治を行った（矢野 1971）。

暫定憲法というのは，国会や制憲議会などの起草によらず，新憲法の制定までの移行措置として，クーデタ集団が発布する簡易版の憲法である。サリットは首相在任中に恒久憲法を発布することはなく，また，彼の軍事政権を継承したタノム・キッティカチョーンもその在任期間の大部分を暫定憲法に依拠していた。1968 年にタノム内閣の下でようやく新たな恒久憲法が制定されると，それに従って総選挙が実施され，御用政党を組織して議会の支持を調達したタノムは，民政復帰という体裁の下で政権を維持した。しかし議会の説得に伴う煩雑なプロセスを嫌った彼は，1971 年に突如，自らの政府に対するクーデタを敢行し，サリット時のような無憲法統治（とそれに続く暫定憲法体制）に回帰してしまう（矢野 1975）。

官 僚 政 体

1932 年以降のタイに生じた，国王親政でも議会制民主主義でもない政治体制は，官僚政体と呼ばれる場合がある。ここでの官僚政体とは，権力を奪取した官僚（軍将校を含む）が民主的正統性を得られないまま，彼ら自身による権力維持と利権あさりが自己目的化した政治体制を意味する（Riggs 1966）。この時期には，選挙による統治エリートの新陳代謝が機能しない状況下で，統治エリートの世代交代は主に周期的なクーデタによって担われてきた。クーデタ首謀者たちが当初は権力を独占するが，彼らが退役年齢を迎えると軍へのコントロールを失い，次世代の軍人たちのクーデタによって権力者の世代交代がなされる，という図式である（村嶋 1987）。

3 軍の管理下の民主化

漸進的民主化

　いま述べた，周期的クーデタによる為政者の世代交代というパターンは，1973年の政変によって1度中断する。これはタノム政権と学生デモ隊との衝突に際し，軍が発砲して死傷者が出るという混乱の中で，国王がタノム首相ら政権幹部に退陣と出国を促したという事件である。これ以降，軍や政治家から独立した意思を持ち，政治危機に際しバランサーとして調停する国王というイメージが定着することになる。

　1973年から76年までは，文民政権の下で民主化が進められ，選挙結果を受けた内閣の交代が頻繁に行われた。しかし1975年の第2次インドシナ戦争終結と，それに引き続くカンボジア，ラオスの共産化（⇒第7章3，④），特にタイと歴史的に関係の深かったラオスでの王制廃止（⇒第7章④）は，保守的エリートの危機感をかきたて，左派勢力に対する暴力が日常化した。また農村ではタイ共産党軍の活動が活発化するなど，政治社会の分極化に伴う政情不安が急速に進行した。1976年10月6日に，右派民兵組織によるタマサート大学構内におけるデモ学生の殺戮に端を発した混乱の中で，事態の収拾を名目とする軍のクーデタが宣言され，短期間の民主化に終止符が打たれた。

　クーデタを受け発足したタニン・クライウィチアン文民暫定内閣は強硬な反共政策をとり，民主主義の完全な実施にはまず有権者の教育が必要であるという理由から，12年間の移行期間を設ける民主化ロードマップを公表した。その一方，左派学生たちは合法闘争を断念して辺境山岳地帯の共産党ゲリラに合流したため，国内の左右対立はいっそう激化することになった。事態を憂慮した軍部は翌年に再度のクーデタでタニンを追放し，クリアンサク・チャマナン国軍最高司令官による軍事政権を樹立して軌道修正を模索し始める。そこでの軌道修正とは，共産主義に勝利するうえで武力討伐一本やりの政策を改め，逆に自らが率先して民主主義を実現することで国民の声を体制内に取り込み，共

産主義者を孤立させるという方針転換である。1979年の中越戦争（⇒第7章④）勃発以降は，タイ共産党内部での親中派と親越派の路線対立による自壊が急速に進行する。これを好機とみた政府は，段階的民主化と投降ゲリラへの恩赦を軸にする一連の政策を実施し，この政治攻勢により1982年に共産ゲリラの大量投降がみられ，1984年には政府は国内冷戦の終結を宣言するに至った。

　1980年にクリアンサクの後任として首相に就任したプレム・ティンスラノン陸軍司令官は，軍の管理下での漸進的民主化をさらに推し進めた。プレム内閣は当初は1978年憲法の経過規定にもとづき，事実上の軍事政権の継続として発足した。この経過規定によれば，当初の4年間は任命による上院議員に特権を与え，現役軍人による閣僚の兼任が可能となっていた。

　この上院の優越を定めた経過規定が1983年に失効すると，プレムは下院での主要政党との連立により民選議員を積極的に閣内に取り込むことで下院の過半数を維持し，民選議会との共存による政権運営を行うようになる。この時代のタイ政治は「半分の民主主義」とも呼ばれる。総選挙が定期的に行われ，下院の多数党による連立内閣が選出されるが，内閣首班たるプレム首相自身は総選挙に出馬せず，軍と王室の支持を背景に首相の地位にとどまったためである。1978年憲法では，それ以前の憲法と同様に，首相就任資格を下院議員に限ってはいなかった。この時期のタイ政治の特徴は，軍と議会内政党勢力，および独自のアクターとして政治への影響力を行使し始めた国王による権力分有にあったということができる。

多党制と連立政権と政治家不信

　従来の軍事政権下においては，華僑系の実業家は政治参加の機会を持たなかったため，彼らは自らのビジネス環境を確保すべく，軍将校を自社の役員に迎えて経済的利益を提供することで，その見返りとして政治的保護を獲得していた（Riggs 1966）。しかし1970年代以降の漸進的民主化により，実業家たちは自ら国会議員となって政治的・経済的利益を確保することが可能になった。

　特に1980年代のプレム政権期には，議会制民主主義のルールが安定的に維持され，またタイ経済が堅調な成長を遂げたこともあり，多くの地方実業家が国会議員として政界に進出してきた。この時期の議会制民主主義は，いわゆる

名望家民主主義の典型例といえる。政策とは無関係に選出された地方名望家（実業家）が国会議員となり，政党は彼らが閣僚ポストを交渉するために結成する院内団体の域を出るものではなかった。当時の下院には単独で過半数を制する政党は存在せず，また 1970 年代後半の混乱で左派政党が壊滅的な打撃を受けていたため，イデオロギー面での差異がほとんどない複数の保守政党が，院内での合従連衡により連立政権の構成をその都度決定していた。国会議員の多くは，当時の中選挙区制の下で，政党の看板によらずとも自力で当選可能な地方名望家であり，そのため総選挙は各党が政策綱領を掲げて政権選択を争う場とはならなかった（玉田 1988）。

　この時期の議会政治は，多党化や内閣の不安定化によっても特徴づけられていた。実業家議員が利権を獲得するためには与党に入り，できれば入閣して許認可権限を手にし，自分自身や周囲の支持者たちに資源を優先配分できることが望ましい。そのため大政党の中で入閣がかなわなかった派閥領袖が新党を結成し，新たに連立交渉を行うという手法が一般化した。また同様に，入閣を望む与党内派閥にとっては，議会での重要法案や内閣不信任案の採決に際しての造反カードが常に有効であり，連立内閣はそうした造反を見込んで過大規模化，すなわち議会の過半数の確保には本来不必要な小政党をも連立に取り込む必要があった。連立の過大規模化は個々の連立与党に分配される閣僚ポストの減少をもたらし，それが各党内に不満を醸成することから，連立の組み換えや内閣改造が頻繁に行われた。

　政党政治の進展は，政治家批判をも生み出した。いま述べたような背景から，国会議員は総じて，主義主張の実現よりは利権のために政治家になっているという目で見られることになったためである。地方実業家が国会議員となり，許認可権限に伴う汚職や自分のビジネスへの便宜供与を通じて選挙資金の投資を回収し，選挙区民への利益誘導によってさらなる再選をめざす，というのが，その戯画化された図式である。

　1988 年の総選挙後に，プレムは首相の地位にとどまる意思がないことを明らかにしたため，比較第一党となったタイ国民党のチャーチャーイ・チュンハワン党首が首班となり，民選議員を首相とする内閣が出現する。チャーチャーイ政権は 1985 年のプラザ合意以降の好調な国家経済を背景に，「インドシナ

を戦場から市場へ」というスローガンを掲げて，カンボジア和平を積極的に推進するなどの成果を挙げたが，与党議員による利権あさりが公然化したため，「ビュッフェ（食べ放題）内閣」と揶揄されるようになった。

1992年流血事件から1997年憲法へ

　このようななか，1991年に政界浄化を掲げて，軍部によるクーデタが決行された。クーデタ後には，元外交官の実業家であるアナン・パンヤーラチュンが暫定首相に指名された。アナン政権は，軍による庇護と議会の不在のために安定した政権運営が可能になり，透明で効率的な政治をスローガンにテクノクラートを重用して迅速な政策決定を行った。こうした政権運営によりアナン政権が内外から受けた高評価は，クリーンな政治のためには政策決定の場から国会議員（つまり有権者）を排除し，有能な専門家集団に国政を任せるべきだという意見に一定の根拠を与えることになった（末廣1993）。そうした主張が，1990年代から現在に至るまで，腐敗した議会制民主主義への対抗言説として受け継がれていく。

　軍部は1992年の民政復帰をにらみ，親軍派政党である団結正義党を創設して元国会議員を勧誘し，総選挙後の権力温存を画策する。選挙に勝つためには当選可能性の高い元議員を多く引き込む必要があり，そうした勧誘に応じたのは，与党入りによる利権獲得のためなら軍の傀儡になることも躊躇しない政治家たちであった。その結果として，ナロン・ウォンワン党首をはじめ，クーデタ当初は腐敗議員として名指しされていたはずの政治家たちが団結正義党に集結することになった。

　1992年に行われた民政移管のための選挙では，軍のもくろみどおりに団結正義党が第一党となったが，首班指名直前にナロン党首の麻薬取引疑惑が暴露されたため，軍部はナロンの擁立を断念し，スチンダ・クラプラユーン陸軍司令官自身が首相に就任することになった。しかし彼は民政移管に先立ち，自身は総選挙後に首相の地位に就かないことを有権者に公約していたため，この約束違反を非難して彼の辞任を求めるデモがバンコクで発生した。政権側のデモ隊に対する武力鎮圧が流血の混乱に発展し，最終的には国王の調停によりスチンダは首相職を辞任させられる。スチンダ辞任後に行われた出直し総選挙では

民主党が第一党となり，党首のチュアン・リークパイが連立内閣の首相に就任する。それ以後2006年クーデタまでの間は，下院第一党の党首を首相とする政党内閣の時代が続くことになる。

1992年の一連の出来事に際し，軍政の打倒に拍手喝采を送った中間層や知識人たちは，しかし一方で政治家への不信感も保ち続けた。同様の不信感は有権者大衆にも向けられた。教育水準の低い有権者たちが腐敗した政治家を議会に送り続けているという批判である。こうした政治不信の伏流水が表面にあらわれたのが，1997年に制定された新憲法である。「民主憲法」を謳ったこの憲法は，国会の頭越しに有識者によって起草され，そこには国会議員を監視するための条項がいくつも挿入されている。被選挙権を大卒以上の者に限るという規定や，政治家を監視するための司法権の強化などがその例である。司法権の強化には，汚職取締委員会や選挙管理委員会など，政治家の失職や政党の解党の判断といった準司法的権限を持つ独立機関の創設も含まれている。こうした政治家に不利な条項にもかかわらず，同年のアジア通貨危機（⇒第10章②）を機に世論の政治家不信がピークに達していたため，国会議員たちにはそうした憲法案をのむ以外の選択肢が残されていなかった（玉田2003）。

4 タックシン政権とその後の国内世論の分極化

▎タックシン政権の登場▎

1997年憲法下での最初で最後の政権となったのがタックシン・チナワット政権である。彼が結党したタイラックタイ党は，潤沢な政治資金を武器に既成国会議員の引き抜きを進め，2001年総選挙では地滑り的な圧勝（500議席中248議席）を収めた。単独過半数にわずかに届かないものの，小政党の吸収合併により議会の単独過半数を確保すると，続く2005年の総選挙ではタイ政治史上初めて選挙による単独過半数（500議席中377議席）を獲得する。

タックシン政権を特徴づけるのは，タイ政治史上例のない巨大与党と，首相の強力なリーダーシップであり，それをもたらしたのが，1997年憲法の下で

88 ● CHAPTER 5 タ イ

従来の中選挙区制に代わって導入された，小選挙区比例代表並立制にもとづく下院議員選挙の制度である。小選挙区制と比例代表制はともに，公認候補の選定における党中央の統制力を強めた。また比例代表制においては，各党が総選挙に際し，党首を首相候補として比例名簿筆頭に置くため，各候補者の当選は党首の知名度に左右されることになり，結果的に首相のリーダーシップは著しく強化されることになった（玉田 2008）。

タックシン政権は，アジア通貨危機で悪化した国家経済のＶ字回復に成功し，規制緩和によって財界の支持をとりつける一方，選挙時からの公約であった農民や貧困層への手厚い再分配政策も相次いで実行に移した。後者の例としては，農民債務の返済繰り延べ，村落開発基金の導入や一村一品運動の推進，30 バーツ医療制度の実施などが挙げられる。公約を掲げて選挙を戦い，それが政策に反映されることで農民の生活が目に見えて変化するという政治のあり方は，従来の名望家民主主義にはなかった特徴であり，それゆえにタックシン政権は特に農村部で圧倒的な支持を得ることになる。

タックシン政権の支持基盤となったのは，主にタックシン自身の出身地である北部と貧農の多い東北部である。それに対し，最大野党となった民主党は，伝統的に南部に強い支持基盤を有する。このうち有権者人口が最も多く，それゆえに下院議員の議席割り当てが最も多いのが東北部であり，東北部の有権者からの支持を固めたタックシン派与党は，総選挙で圧倒的な強さを獲得した。それに対し，南部とバンコクの一部でしか得票できなくなった民主党は，タックシンの登場以降，一度も総選挙で勝利していない。

▐ 反タックシン運動 ▐

国民からの高い支持を背景に強力なリーダーシップを発揮するタックシン首相は，自らを企業のＣＥＯ（最高経営責任者）になぞらえ，トップダウンによる意思決定を好んだ。そのため，政権運営が強権的だという批判を時に招いた。タックシン政権が，タイ国内に蔓延する麻薬密売組織との戦争を宣言し，強硬な手法による取締りが多くの死者を出したことも，人権軽視との批判を内外から呼び込んだ。また 2004 年には，一時は小康状態にあった南部マレー・ムスリム分離主義勢力と政府との関係が悪化したため，テロを伴う抗争が再燃し，

解決をみぬまま現在に至っている。

　タックシン政権が進める再分配政策は，主に首都バンコクの中間層から，選挙目当てのバラマキや利益誘導との批判を受けてきた。しかし東北部と北部の有権者を掌握したタックシン派与党は，彼らの意向を無視しても単独政権の維持が十分可能であり，そのことが中間層の焦燥感と反タックシン感情を醸成していく。2006年にはタックシン一族が所有する株式の売却が脱法的だとの批判が強まったのを機に，反タックシンを標榜する民主市民連合（PAD）が結成され，街頭でのデモ活動を開始する。彼らはタックシン首相ではなく国王に忠誠を誓うという意思表示を込めて，国王（ラーマ9世／プミポン）の誕生日を象徴する色である黄色の服を着用してデモや座り込みを行ったため，これ以後黄シャツ派と呼ばれるようになる。

　PADによる退陣要求デモに対し，タックシン首相は下院の解散で応じたが，PADが支持する民主党など野党は勝算のない選挙へのボイコットを決め，選挙の勝敗ではなく街頭行動により意図的に国政の麻痺状態をつくり出すことで政権を奪取する方針を採用した。それに呼応して総選挙後に司法機関が総選挙そのものの無効を宣言し，与野党への解党請求の審査が行われるなど政治危機が昂進するなかで，2006年9月に軍がクーデタを行い，タックシンを事実上の国外追放とした。軍はタックシン派の排除を進め，司法機関もまたタイラックタイ党の解党を命じたが，民政復帰が実現した2007年の総選挙では，別の名称の政党（国民の力党）で選挙に臨んだタックシン派勢力が再び過半数を制し組閣に成功してしまう。そこでPADや民主党など黄シャツ派は，問題はタックシン1人ではなく，タックシン型政治（ラボップ・タックシン）なのだとして標的を拡大し，議会制民主主義そのものへの敵対へと進んでいくことになる。

▌赤シャツと黄シャツの対立 ▌

　2007年の総選挙で勝利した国民の力党は，タックシンの名代を自他ともに認めるサマック・スントラウェート党首を首相に擁立する。それに対しPADは2008年になると再び街頭デモを開始し，国王や軍の介入を呼びかけつつ，街頭や公共施設の占拠を行う。サマック内閣は非常事態宣言を発令したが，治安出動の任に当たるべき軍は出動を拒否し，黄シャツ派支持を鮮明にする。さ

らに憲法裁判所がサマック首相の失職を命じ，後継首相となったソムチャーイ・ウォンサワットらに対しても5年間の政治活動禁止と国民の力党の解党命令を発するなど，なりふりかまわぬ司法介入を行ってタックシン派政権を終了させ，選挙で敗北したはずの民主党を強引に与党の地位につけた。

　この司法クーデタとPADの後押しにより2008年に成立したアピシット・ウェーチャーチーワ民主党内閣に対し，タイ国旗の赤をシンボルカラーとする赤シャツ派と呼ばれるタックシン支持団体（UDD：反独裁民主戦線）が，早期の解散総選挙を求める街頭デモを2010年に組織した。これに対し，2008年の街頭占拠とは逆に軍は民主党政権と一体となって鎮圧の先頭に立ち，デモ隊に対し多数の死者を伴う武力制圧を敢行している。

　2011年の総選挙では，解党された国民の力党の後継政党であるプアタイ党が勝利し，タックシンの妹であるインラック・チナワット党首が首相に就任した。インラック政権は，赤シャツ派と黄シャツ派の対立によって引き起こされた国民世論の分断を修復すべく，2006年以来の両派による一連の街頭行動に伴う違法行為を一括して免責する国民和解案を提案する。しかし恩赦対象にタックシン元首相が含まれていることに憤激した黄シャツ派が2013年に再び街頭行動を開始し，政府がタックシンに対する恩赦案を撤回したあとにも闘争目標をインラック政権そのものの打倒に切り替え，街頭占拠を継続した。政府がそれに対し下院の解散をもって対応すると，総選挙での勝ち目がない民主党など黄シャツ派は「選挙の前に政治改革を」をスローガンに，選挙のボイコットとあわせ，投票所の占拠など実力行使により選挙の実施を妨害しつつ，軍事クーデタを再度呼び込むべく社会不安を意図的に煽った。これに呼応した選挙管理委員会は総選挙の無効を宣言し，憲法裁判所は2014年にインラック首相の失職を命ずる判決を出す。さらに軍部もまた黄シャツ派の要望に応え，同年にクーデタを宣言して全権を掌握すると，ただちに赤シャツ派の徹底的な取り締まりに着手している。

5 軍政と「国王を元首とする民主主義」

赤黄論争と長期化する軍政

　10 年以上にわたり継続している赤シャツ派と黄シャツ派の論争における争点は，手続き民主主義に正統性を認めるか否かという点に集約される。赤シャツ派は，総選挙の結果は民意の正当な表明として重視すべきだと主張する。一方の黄シャツ派は，議会制民主主義体制それ自体を改革の対象にしなければならないという立場である。彼らの現状認識によれば，愚かな有権者が現金や利益誘導を目当てに腐敗した政治家を当選させていることが，清廉な政治の実現を妨げている。有権者と議会が政治改革の障害であるならば，民選議会を廃して有権者の声を遮断したうえで，議会外勢力の強権的介入によって改革が行われねばならない，というのが彼らの主張である。こうして，清廉な政治を掲げる黄シャツ派の主張は，議会制民主主義そのものの否定にたどり着く。

　2014 年のクーデタにより成立したのがプラユット・チャンオーチャー陸軍司令官を首班とする軍事政権である。同政権は 2018 年の時点でいまだ民政移管を行っていない。従来のクーデタの多くにおいて，軍は政治過程のリセットに自らの役割を限定し，少数の前政権首脳を追放したあとはすみやかに民政移管を行ってきた。2006 年クーデタもその前例に倣い，タックシン追放の翌年には議会を再開して権力を移譲している。しかしこの短期間の政治介入は，黄シャツ派が選挙に勝てない現状をそのままに，民政復帰と同時に赤シャツ派の復権をもたらすことになった。その教訓を踏まえるならば，民政復帰に先立って，有権者の多数意見を反映する勢力が決して政権を握ることのできないような制度設計が不可欠となる。

新憲法と民主化のゆくえ

　しかしながら，有権者の多数の支持を得た政党が必ず敗北するような制度の構築は非常に困難であり，それゆえに新憲法にはさまざまな工夫がこらされて

いる。2016年に国民投票にかけられ，2017年に公布された新憲法においては，大政党の議席を目減りさせる仕組みが選挙制度の中に埋め込まれ，また政党を随時解党しうるだけの権限が司法・準司法機関に与えられている。議会には民選の下院（500議席）のほかに軍が人選に関与できる任命制の上院に250議席が当てられており，軍は選挙結果と無関係にあらかじめ議会の3分の1を確保している。首相の就任資格として下院議員であることは求められず，議会での首班指名に上院議員の参加も認められているため，総選挙で敗北した政党が軍人と連合すれば，総選挙で表明された民意を合法的に覆すことが可能な制度設計である。逆に民主派にとっては，下院の75%に相当する375議席以上を獲得しないかぎり，上下両院合計750議席の過半数に達せず，したがって選挙で負けたはずの勢力から政権を取り返せない仕組みである。

このように赤シャツ派を含む民主派への政権交代のハードルを著しく高めた新憲法であるが，これまでの新憲法の起草から公布に至る過程においても，差し戻しなどの遅延行為が数次にわたり行われてきたことから，総選挙の実施には依然として不透明な部分が多い。

国王を元首とする民主主義

1978年憲法以来，タイの憲法では常に「国王を元首とする民主主義」という言葉が国是として書き込まれている。この言葉は，議会制民主主義に依拠した立憲君主制という概念と必ずしも同義ではない場合がある。国王という存在はそれ自体が民意の集約的体現なのであり，国王による政治介入は総選挙によって示された民意とは無関係に正統だとする前提に立つかぎりは，「国王を元首とする民主主義」の名の下に議会制民主主義の否定が可能になる。特に2006年以降の赤黄対立の中では，赤シャツ派の主張する民主的正統性を黄シャツ派が否定する際のスローガンとして，この言葉が最大限に活用されてきた。

国民世論の分極化の中で，黄シャツ派による国王の政治利用が極限まで進められた結果として，政治危機における調停者としての国王の地位に変化が生じてきている。赤シャツ派と黄シャツ派の対立が民主派と王党派との対立として表現されたことにより，国王は中立の調停者ではなく権力闘争の当事者となり，またこの論争を通じて，国王と民主主義とが二律背反の争点として提示される

結果になってしまったためである（Kasian 2016）。

　バランサーとしての国王というイメージは，ラーマ9世王の治世の後半にあたる1970年代に，国王個人と軍部との力関係の推移を背景に急速に確立してきたものであり，それ自体の制度上の根拠はあいまいである。1970年代以降に断続的に行われてきた国王の政治介入というのは，あくまでラーマ9世王が自身の個人的カリスマにもとづいて超法規的に行うものであり続けた。そうした超法規的介入を正当化したのが，1991年以来の憲法に記載されている，本憲法に規定のない事態に際しては国王を国家元首とする民主主義の慣行に従うというような規定である（下條 2010）。このあいまいな規定をどう解釈するかは一定の幅がある。言い換えれば，「国王を元首とする民主主義」という概念は，国王の超憲法的権限を漠然と憲法に規定する以上には，その位置づけを制度化しないまま今日に至ったということになる。

　2016年のラーマ9世王の死去に伴い，新たにラーマ10世王が登位しているが，従来はラーマ9世王による国政への介入を無条件に渇望した黄シャツ派や，同王の介入を不承不承受け入れてきた赤シャツ派が，新国王にも同様の態度をとるかどうかは未知数な部分が多い。軍部の保守的勤王派による権力掌握とその下での王位継承は，個人としての国王（monarch）の強さに対し，制度としての君主制（monarchy）が依然として脆弱な基礎にあることをかえって浮き彫りにしている。

民主化への課題

　タイ政治が軍政と議会制民主主義との間を揺れ動きながら現在に至っているとして，では何が現在において特徴的なのか。軍政支持派と民主派とによる世論の分極化自体はかつても存在した。その帰結としての，軍事クーデタによる民主派の弾圧は，1970年代に前例をみることができる。当時と何か違うものがあるとすれば，民主主義の意味やタイ社会内での位置づけであり，おそらくその分水嶺はタックシン政権の登場であろう。

　すでに述べたように，タックシン以前の民主主義とは，すなわち名望家民主主義であり，有権者への応答性の低さという点では，軍政に劣らず寡頭制的であった。しかしタックシン時代を通じ，選挙が政権選択の場としての性格を強

め，有権者もまた各党の実績や政策綱領を選択するという新たな傾向が生じてきている。

　その結果として，「タックシン後」の現在，タイ社会内における民主主義の支持層が1970年代と正反対になってしまっている。かつては，民主主義の支持層は都市部の孤立した学生たちであり，軍によるクーデタは農村部の有権者多数から暗黙の同意を調達することができた。しかしタックシン政権下でこの構図が逆転する。いまや農村部の有権者多数が民主主義の信奉者となり，都市部の中間層エリートが数の上では孤立したままで民主化に抵抗するという構図が成立しているのである。

　こうした一連の変化が，2014年以降の異例に長期化する軍政の下で，為政者が国民への権力移譲を先延ばしするという現状の伏線を構成している。ではこの膠着状況が今後どのような形で動き出し，そこからどのような新たなルールが生まれてくるのか。それについては次回総選挙以降に徐々に明らかになっていくであろう。

読 書 案 内 ▮　　　　　　　　　　　　　　　　　　　Bookguide ●

　柿崎一郎（2007）『物語 タイの歴史——微笑みの国の真実』中央公論新社。
　⇒本書の題名は歴史であるが，全体の3分の2は近現代政治史の解説に
　　当てられているため，タイ政治史の入門書として読むこともできる。

　末廣昭（2009）『タイ——中進国の模索』岩波書店。
　⇒現代タイ政治経済の入門書としておすすめ。1988年以降のタイが直面
　　する問題を，経済成長と再分配，赤黄論争にみられる世論の分極化，民
　　主主義の確立とそこでの国王の位置づけなど，多方面からわかりやすく
　　解説している。

　柴田直治（2010）『バンコク燃ゆ——タックシンと「タイ式」民主主義』め
　こん。
　⇒タックシン政権の成立から2010年の赤シャツ派デモに対する武力鎮
　　圧に至る赤シャツ派と黄シャツ派の闘争を，新聞社のバンコク特派員と
　　して活写したルポルタージュ。現代タイ政治の争点がわかりやすく整理
　　されている。

　　　　　　　　　　　　　　5　軍政と「国王を元首とする民主主義」　● 95

玉田芳史（2003）『民主化の虚像と実像──タイ現代政治変動のメカニズム』京都大学学術出版会。
⇒1990 年代を中心に，タイ政治の民主化過程における推進勢力や抵抗勢力の役割を分析。中間層知識人の政治家不信が，議会制民主主義の理念と齟齬をきたす可能性をいち早く指摘している。

引用・参考文献 References ●

下條芳明（2010）「タイ憲法史における立憲君主制の展開と王権の観念」『商経論叢』（九州産業大学商学会）50(2)：17-40。

末廣昭（1993）『タイ──開発と民主主義』岩波書店。

タック・チャルームティアロン／玉田芳史訳（1989）『タイ──独裁的温情主義の政治』井村文化事業社。

玉田芳史（1988）「タイの実業家政党と軍──首相府令 66/523 を中心として」『東南アジア研究』26(3)：293-307。

玉田芳史（1996）「タイのナショナリズムと国民形成──戦前期ピブーン政権を手がかりとして」『東南アジア研究』34(1)：127-150。

玉田芳史（2003）『民主化の虚像と実像──タイ現代政治変動のメカニズム』京都大学学術出版会。

玉田芳史（2008）「選挙制度の改革」玉田芳史・船津鶴代編『タイ政治・行政の変革──1991-2006 年』アジア経済研究所：33-66 頁。

村嶋英治（1987）「タイにおける政治体制の周期的転換──議会制民主主義と軍部の政治介入」荻原宜之・村嶋英治編『ASEAN 諸国の政治体制』アジア経済研究所：135-190 頁。

村嶋英治（1996）『ピブーン──独立タイ王国の立憲革命』岩波書店。

矢野暢（1968）『タイ・ビルマ現代政治史研究』京都大学東南アジア研究センター。

矢野暢（1971）「タイ国の政治指導の特性──サリットの『革命団布告』を主題に」『アジア経済』12(7)：17-32。

矢野暢（1975）「タイ国における『革命団布告』の政治機能──73 年『10 月政変』の背景についての一考察」『東南アジア研究』12(4)：419-435。

Kasian Tejapira（2016）"The Irony of Democratization and the Decline of Royal Hegemony in Thailand," *Southeast Asian Studies*, 5(2)：219-237.

Riggs, Fred W.（1966）*Thailand: The Modernization of a Bureaucratic Polity*, East-West Center Press.

CHAPTER 第6章

ミャンマー

INTRODUCTION

　ミャンマーは，2010年代まで長期の軍政が継続し，東南アジアで最も民主化の立ち遅れた国とみなされてきたが，2011年の民政移管以降，民主化の進展がみられる。前章でみたタイが，2010年代に議会制民主主義から軍政に回帰しているのと好対照である。ではミャンマーにおける軍政の長期化と近年の劇的な民主化の進展は，どのような背景に支えられ，またどのような過程を経てきたのだろうか。またミャンマーは，現在まで民族対立に由来する内戦が継続していることでも知られている。ではこうした民族問題がどのようにして生じ，それがミャンマーの国民統合や民主化にとってどのような課題を突きつけているのか。本章では，主にこれらの点についてみていくことにしたい。

KEYWORDS

AFPFL（反ファシスト人民自由連盟）　NLD（国民民主連盟）　SPDC（国家平和発展評議会）　内戦　ビルマ式社会主義

ミャンマー近現代史年表

年	事　項
1886	ビルマ全土がイギリスにより植民地化
1937	ビルマをイギリス領インドから分離
1942	日本軍による占領
1943	日本軍占領下での独立付与
1945	反ファシスト人民自由連盟（AFPFL）による抗日蜂起
1948	独立，ウ・ヌ政権成立
1958	ネーウィン選挙管理内閣
1960	総選挙によりウ・ヌ政権が復帰
1962	ネーウィンによる軍事クーデタ
1974	民政移管，ビルマ社会主義計画党（BSPP）による一党制へ
1988	民主化デモによるネーウィン体制の瓦解。クーデタにより軍が全権掌握
1990	総選挙，国民民主連盟（NLD）が勝利するも軍政当局は選挙結果を認めず国号をビルマからミャンマーに改称
2010	新憲法下での総選挙
2011	テインセイン政権の成立と民主化の開始
2015	総選挙により NLD が圧勝
2016	アウンサンスーチーが国家顧問に

¶ 独立前夜

┃ビルマ・ナショナリズムの誕生┃

　ミャンマー（原則として通時的にはミャンマー，1990 年以前についてはビルマという呼称を用いる）は，1824 年より 3 次にわたるイギリスとの戦争（英緬戦争）を経て順次植民地化され，最終的には 1886 年に全土がイギリス領となる。植民地としてのビルマは当初はイギリス領インド帝国の一州に組み込まれていた。1937 年にはビルマ統治法の施行に伴い，ビルマはインドから分離されイギリ

98 ● CHAPTER 6 ミャンマー

ス支配下の別の植民地となる。それにあわせて植民地の自治も開始され，議会の開設と国会議員選挙の実施，総督が指名し議会（下院）に責任を持つ内閣制度の導入など，ビルマ人の政治参加が進められた。

　20世紀に入り徐々に発展してきたビルマ・ナショナリズムは，イギリスによる自治権付与の方針を前に，イギリスとの協調を通じた体制内改革をめざすか，反英独立闘争をめざすかの選択を迫られることになった。前者を選択した者は，新たに開設された議会での活動を拠点に，イギリスへの協力と引き換えに，将来的な自治の拡大あるいは独立の達成に向けた自分たちの政治基盤の強化をめざしていた。1937年のビルマ分離に際して首相となったバモオなどがその代表である。一方，自治権付与の方針自体を植民地主義の延命策であると一蹴して即時完全独立を主張したのが，1930年より活動が公然化するタキン党である。同党の正式名称は「我らのビルマ協会」であったが，メンバーは自分たちビルマ人こそがこの国の主人だという主張を込め，主人を意味するタキンを各自の名に冠したことからタキン党と呼ばれるようになった（根本2014）。

　この時期のビルマ・ナショナリズムの高揚は主として管区ビルマで展開されていた。植民地期においては，中部の低地を中心とするビルマ人地域が管区と呼ばれ，植民地政庁の直接統治下にある一方，周辺山地の非ビルマ人地域では各地の土侯（土着王侯）が個別にイギリスと保護協定を結ぶことで植民地体制に編入されていたため，管区とは別に土侯を通じた間接統治が行われていた。こうした行政区分の違いにより，ビルマ人のためのビルマ国家をめざす運動は，概して管区内に限られる傾向にあり，少数民族地区への波及は限定的であった。この点は，独立後の国民統合をめぐる問題に大きな影を落とすことになる。

日本軍政とビルマ独立義勇軍

　ビルマのインドからの分離と自治拡大に伴い1937年に成立したバモオ内閣は，1939年には議会の不信任を受けて総辞職し，それ以後対英協調派の領袖であったバモオは反英に転じタキン党に接近する。こうした反英運動の高まりに着目したのが，当時の日本軍である。陸軍参謀本部の特務機関の1つである南機関が，タキン党のアウンサンをはじめとする「30人の志士」を海南島で訓練し，ビルマ独立義勇軍（BIA）を組織した。BIAは1942年の日本軍に

よるビルマ侵攻にも参加している。アウンサンをはじめとするBIAやバモオなどは，当面は日本軍と協調してイギリス勢力を駆逐し，そこで生じた権力の空白において，将来の独立に向けた権力基盤を構築するという戦略を採用する。日本軍の占領下において，BIAは治安維持の中核を担う組織として急成長したほか，1943年にはバモオを首班とする政府が独立を付与されている。

しかし日本の敗色が濃厚となるとアウンサンらは反ファシスト人民自由連盟（AFPFL）を結成して日本から離反し，いったんはイギリスの復帰に協力したうえで独立交渉を行う方針に舵を切る。その結果として，ビルマは1947年のアウンサン＝アトリー協定を経て1948年に独立を達成した。独立に際しては，イギリスの間接統治下にあった少数民族州の土侯たちにも参加を求めるため，アウンサンは，独立10年後の連邦離脱権を一部の州に約束するなどして合意をとりつけた。こうして新生ビルマの輪郭が定まったが，独立を目前にアウンサンは暗殺されてしまう。暗殺の首謀者とされたのは，1940年から42年にかけ植民地ビルマ首相の地位にありながら，その後の過程でビルマ政治の主流から脱落していった非AFPFL系ナショナリストの領袖であるウ・ソオだとされているが，この暗殺事件の全貌には不明確な部分も多く残されている。

 AFPFL 政権

1948年にイギリスから独立したビルマは，議院内閣制にもとづく議会制民主主義国家として出発した。議会は，250議席から成る国民議院と125議席の民族議院の二院制であった。独立を主導したAFPFLは，1947年の制憲議会選挙で圧勝し，この制憲議会が独立後はそのまま国会となったため，独立時点での議会第一党ともなった。アウンサンの暗殺後は旧タキン党員のウ・ヌが後継者となり，初代首相に就任した。

政党や大衆団体の連合体としてのAFPFLは，1951年，1956年の総選挙でも議会（国民議院）の圧倒的多数を支配したが，1956年総選挙以降にAFPFL内最大勢力の社会党領袖のスエーニェイン派と首相のウ・ヌ派との抗争が激化し，1958年にはスエーニェイン派の安定派AFPFLとウ・ヌ派の清廉派

AFPFL の 2 つに分裂する。この派閥抗争の中で，両派は郷土民兵組織を含む AFPFL 傘下団体の取り込みを競い，社会全体が極度に政治化することとなった。また清廉派 AFPFL を中心とした内閣が，議席数での劣勢を挽回すべく野党の左派勢力に接近し，非合法共産主義武装集団に属する政治家らの恩赦も進めたため，それを憂慮する軍との関係も悪化していった。

　政治危機が昂進しクーデタの噂が現実味を持ち始めるなかで，1958 年にウ・ヌはネーウィン国軍参謀総長に選挙管理内閣の組閣を依頼し権力を委譲する。1960 年の総選挙後に軍人内閣は退陣し，再びウ・ヌが首相に返り咲いたが，国家経済の悪化や少数民族地域における内戦の激化，仏教の国教化方針とその撤回などの混乱が続くなかで，ネーウィン将軍が 1962 年にクーデタで再度権力を奪取し，それ以後長期間にわたり軍の支配が継続した（矢野 1968）。

　独立直後のビルマは，中央政界の派閥抗争のみならず，地方反乱にも悩まされ続けた。独立直後に共産党とカレン民族同盟が政府に反旗を翻して武装闘争を開始したほか，中国における国共内戦の終結（1949 年）に伴い，内戦に敗れた中国国民党軍残党が国境を越えて流入し，シャン州の山地を占拠した。また 1950 年代後半には，憲法に謳われていた独立 10 年後の連邦離脱権の行使を求める運動が一部の少数民族州において高まり，少数民族による武装反乱が激化していく。1962 年のクーデタの直前には，ウ・ヌ首相が少数民族代表を招き，少数民族問題の打開に関する会議が行われていた。そこで政府が大幅な譲歩を行う可能性が軍によって憂慮されていたことも，クーデタの背景として指摘されている（根本 2014）。

３ ネーウィン政権

▌軍と党国家▐

　クーデタ後のネーウィン政権は，当初は革命評議会による軍事政権として発足した。同政権は社会主義をめざし，クーデタ直後にビルマ社会主義計画党（BSPP）を結成している。軍事政権は民政移管時の着地点として，BSPP によ

る一党制国家の建設を構想していたため，1974 年に施行された新憲法では BSPP が唯一の政党として国家を指導する旨が明記された。同年の憲法施行後に総選挙が行われ，軍政から BSPP 政権へと形式上の民政移管がなされ，ネーウィンが大統領に就任する。さらに 1981 年にネーウィンは大統領職をサンユに譲り，自身は BSPP 議長として国政を指導し続けた。

　このようにネーウィン体制は，共産主義国家に典型的にみられるような党国家体制，つまり国家の下に党があるのではなく，党の下に国家機構全体が置かれる政治体制の構築を指向してきたといえる。しかし共産主義国の党国家体制においては軍が国家ではなく党の所有物となったのに対し，BSPP 政権下のミャンマーでは党が国軍の所有物となっていった。実際に BSPP の幹部ポストは国軍からの出向者によって占められ，自律的な党官僚制の形成は不完全な状態にとどまり続けた。国軍からの支持の調達を至上命題としたネーウィン政権にとって，昇進コースから外れた国軍将校に何らかのポストを提供することが必要であり，その必要を満たしたのが出向先としての BSPP であった。その意味では，BSPP 幹部人事それ自体が，国軍将校の不満を軽減し国軍を安定的に掌握するための重要な手段となっていったのである（中西 2009）。

┃ ビルマ式社会主義 ┃

　ネーウィン政権は社会主義を打ち出したものの，マルクス主義の唯物論は採用せず反共を掲げて独自の理論武装を行ったため，その政策は「ビルマ式社会主義」と呼ばれる。基幹産業の国有化を中心とする社会主義化を進めるかたわら，ウ・ヌ政権期以来の共産党との敵対関係はそのまま継続した。隣接する中華人民共和国とは，政府レベルでは一定の関係を維持したが，党レベルでは中国共産党がビルマ共産党による反政府武装闘争を公然と支援していた。ネーウィン体制下のビルマは対外政策においても共産主義陣営には属さず，外国資本を徹底して排除し，東西両陣営からの影響を遮断したため，鎖国に近い状態となった。極端な輸入代替工業化によって経済は停滞し，ビルマは 1987 年には国連から後発発展途上国の認定を受けるまでに転落した。

激化する内戦

ネーウィン政権は軍事力を背景に，国内少数民族の自治拡大や連邦離脱への要求に対し非妥協的な姿勢で接したため，管区と少数民族州による連邦国家の建前は著しく形骸化した。少数民族地域での内戦状態も激化したほか，1960年代末には，ビルマ共産党軍が中国との国境地域を拠点に，中国共産党の支援を得て大攻勢に転じたことにより，内戦はさらに複雑の度を加えることとなった。共産党や少数民族各派が山岳地帯で展開した武装闘争に際しては，高地で栽培が可能で運搬が容易であり，なおかつ換金価値の高いアヘンの生産が軍資金となった。反政府武装勢力に対抗すべく，政府側も自警団を組織し住民の武装を奨励したほか，これら親政府武装勢力がアヘンを資金源とすることを黙認したため，ビルマ辺境は親政府，反政府などさまざまな麻薬軍閥が割拠することとなった（Lintner 1999）。

長期化する軍政

1988 年の政変

1988 年にはネーウィン体制への国民の不満が爆発し，ラングーン（ヤンゴン）での学生デモを皮切りに，反政府デモが急速に全国に広がる。それを受けて同年 7 月にネーウィン BSPP 議長とサンユ大統領は辞任するが，一党独裁制そのものの打倒を求めるゼネストが 8 月 8 日に全土で行われる。一連の民主化運動は，この 88 年 8 月 8 日にちなんで 8888 運動とも呼ばれる。さらなる民主化を要求する運動の拡大により全土が混乱に陥るなかで，9 月に軍が事態収拾のためにクーデタを宣言し，ソオマウン将軍を議長とする国家法秩序回復評議会（SLORC）の名で全権を掌握した。

軍政当局は当初，総選挙実施までの暫定政権と自らを位置づけ，複数政党制による総選挙の実施を約束し，政党の設立・登録を公認した。軍が民政復帰後の権力移譲の受け皿に想定していたのが，BSPP が改組して成立した国民統一

党（NUP）であり，それに対し，民主化運動の担い手たちは国民民主連盟（NLD）を結成した。この NLD のリーダーとして頭角を現したのが，アウンサンの娘のアウンサンスーチーである。軍政当局は，NLD の活動の締め付けやアウンサンスーチーの自宅軟禁など，さまざまな妨害を試みるが，1990 年に実施された総選挙では，NUP が 10 議席にとどまったのに対し，NLD は全485 議席中 392 議席を獲得した（伊野 2012）。

反故にされた総選挙結果

目算が狂った軍政側は，新たな議会の招集は新憲法の制定後に行われる，つまり選挙結果を受けた民政移管を当面行わない旨の声明を出し，当選したNLD 党員をさまざまな名目で逮捕・投獄するなど，選挙で勝利したはずの第一党に対する権力移譲ではなく取り締まりを本格化した。1992 年にソオマウンの引退を受け SLORC 議長に就任したタンシュエ将軍は，民政移管プロセスの仕切り直しを念頭に，1993 年には軍政の指名によって構成される制憲国民会議を始動させた。しかし，これが 1990 年総選挙の反故を意味するものであることなどから，1995 年には NLD が会議のボイコットに転じ，軍政当局との対話が決裂すると，制憲過程自体が休眠状態に陥り，軍政は民主派に対する強硬姿勢を強めていくことになる。

タンシュエは 1997 年に暫定政権としての SLORC を国家平和発展評議会（SPDC）に改称し，長期支配への意思を明確化するとともに，アウンサンスーチーを数度にわたり長期自宅軟禁下に置くなど民主化勢力への締め付けを継続する。2003 年には地方遊説中のアウンサンスーチーが，軍政の意向によると思われる暴徒の襲撃に遭い，そのまま連行されて自宅軟禁を受けた事件（ディペイン事件）は，西側諸国からの激しい非難を招き，アメリカからの金融制裁が科されるようになる。そうした窮状を打開すべく，2003 年には民主化への7 段階のロードマップがキンニュン首相により発表されるが，そこでは新憲法の制定後に総選挙を行うことが謳われており，1990 年総選挙の結果を反故にする方針が明確化された。2007 年には僧侶も参加する大規模な民主化要求デモが行われたが，これもまた軍政当局の鎮圧を受け，市民のみならず僧侶や僧院もまた政府によるむき出しの暴力の対象となった。

104 ● CHAPTER 6 ミャンマー

新憲法は 2008 年にようやく制定され，それを受けた総選挙が 2010 年に実施されている。憲法の発効は 2011 年であったため，ミャンマーでは，1988 年のクーデタから 2011 年まで，23 年の長きにわたり無憲法状態での統治が継続していたことになる。

脱社会主義化と停戦の実現

軍政当局は 1988 年の権力掌握後，従来のビルマ式社会主義の誤りを認め，社会主義路線を放棄して経済開放政策に転じている。しかし市場経済化のために必要な諸制度の改革は後回しにされ，対外開放はもっぱら木材，天然ガスなど天然資源の外資への切り売りを意味することになった。民主化運動を弾圧して権力を掌握した軍事政権に対する西側諸国からの制裁が継続する一方，資源の切り売りによる国庫への歳入は，軍予算や首都移転などに重点的に振り分けられたため，国民の生活も低水準のまま推移した（工藤 2012）。

1988 年のクーデタ後には，多くの民主化活動家が軍政との闘争を継続すべく，辺境部の少数民族武装勢力に合流していた。そのため軍政当局は，民主化勢力と少数民族との連合を阻止する目的もあり，1989 年から 1990 年代にかけて，矢継ぎ早に少数民族武装勢力との停戦協定を締結した。同時期のビルマ共産党の内部分裂により，その影響から離れた少数民族の武装勢力各派と交渉の余地が生じたことや，社会主義路線を放棄したミャンマーを隣国タイが敵視しなくなり，少数民族武装勢力に緩衝地としての役割が期待されなくなったことも，交渉による停戦を後押しした（クレーマー 2012）。これら停戦協定においてはおおむね，ミャンマー政府と敵対しないことや連邦からの離脱を求めないことと引き換えに，少数民族軍やその実効支配地域の維持が保障されていた。その結果として，正規の国軍以外の武装勢力が支配する領地が各地にパッチワーク状に散在することとなった。

5 テインセイン政権から民主化へ？

軍の権力を温存する制度設計と 2010 年総選挙

　新憲法の制定と総選挙の実施にあたり，軍部は民政移管後も確実に権力を温存できる制度設計を盛り込んだ。新憲法の下では，議会は人口にもとづいて設定された選挙区の代表者から成る人民院と，各管区・州ごとに一定数を選出する民族院の 2 院により構成される。人民院は定数 440 議席で，そのうち 110 議席が軍人枠である。民族院は定数 224 議席のうち 56 議席が軍人枠である。つまり，国会定数の 4 分の 1 が国軍代表にあてられている。これは管区議会，州議会についても同様である。ところで，新憲法の規定によれば，憲法改正には議会の 4 分の 3 以上の賛成が必要とされる。要するに軍の同意がないかぎり憲法の改正が不可能な仕組みである。また重要閣僚の一部（国防大臣，内務大臣，国境大臣）は国軍司令官の指名によるべきことが規定されている。国家元首としての大統領は議会によって選出される。ただし現憲法では大統領への就任にあたり，親族に外国籍者がいないことが条件とされている。これは，イギリス人と結婚し息子がイギリス国籍を有するアウンサンスーチーの排除を念頭に置いた規定である。これら一連の制度設計により，万が一 NLD が選挙に勝利しても，アウンサンスーチー政権は誕生せず，また軍が国政への拒否権を温存することが可能となる。

　そのほか軍部は，民政移管後の受け皿として，軍政の御用大衆団体である連邦団結発展協会（USDA）をベースに連邦団結発展党（USDP）を組織し，2010 年の総選挙に臨んだ。それに対し，民主化運動の代表的勢力であった NLD は総選挙への参加をボイコットした。新憲法に露骨なアウンサンスーチー排除の条項が含まれていること，総選挙を軍政が衣替えするための儀式にすぎないとみなしたことなどが理由である。そのほか，1990 年総選挙の結果にもとづく議会の招集を求めてきた NLD にとって，新たな総選挙の実施はそれ自体が前回の選挙結果の反故を意味するため，そもそも原則論のレベルで受け

106 ● CHAPTER 6 ミャンマー

入れ不可能であった。

テインセイン政権の成立から NLD 政権の成立まで

　軍政への最大の対抗馬と目された NLD のボイコットにより，選挙結果は USDP が連邦議会の 78.7% の議席を獲得する圧勝となった。この結果を受け，2011 年に招集された議会でテインセイン USDP 党首が大統領に選出され，SPDC から新政権への権力移譲が行われてミャンマーは 23 年ぶりに形式上民政に復帰した。

　テインセイン大統領は軍政期に首相を務めた国軍将校であり，そのため民政移管は当初，軍政の事実上の継続とみられていた。しかし SPDC のタンシュエ議長ら，すでに退役年齢を過ぎていた軍政の上級幹部らが民政移管を機に引退し，新政権発足直後にテインセイン大統領とアウンサンスーチーとの直接対話が実現すると，大方の予想に反してミャンマーの政治は民主化に大きく舵を切り始める。民政移管によって国際的孤立からの脱却と経済的発展をめざしたミャンマー政府がその目標を達成するには，アメリカなど主要先進国からの制裁解除が不可欠であった。そのためにはミャンマー民主化運動の象徴とされるアウンサンスーチーとの対話を含む政治的自由化に踏み出すほかないという新政権の判断が，この劇的な方針転換を後押ししたものと思われる（中西 2014；工藤 2015）。テインセイン大統領の就任からほどなくして，検閲の緩和や政治犯の釈放などが相次いで実施され，2012 年の補欠選挙ではアウンサンスーチーの立候補も認められた。同補選では連邦議会，地方議会あわせて 45 議席のうち NLD が 44 議席を確保する圧勝を収め，選挙で当選したアウンサンスーチーもまた国会議員として活動することが可能となった。

　続く 2015 年の総選挙には，前回総選挙をボイコットした NLD も参加した。その結果は，NLD が人民院の 255 議席（定数 440），民族院の 135 議席（定数 224）と，いずれも単独で過半数を占める圧勝であった。上述のように，人民院，民族院は定数の 4 分の 1 が軍人枠となっているため，民選枠の議席のほとんど（人民院 330 議席の 77.3%，民族院 168 議席の 80.4%）を NLD が確保したことになる。この結果を受け，テインセイン大統領の USDP 政権から NLD への政権交代がなされることになった。ただし，NLD の勝利は先に述べた憲

法上の規定により，アウンサンスーチー大統領の誕生をもたらさなかった。大統領への就任が憲法上不可能とされているアウンサンスーチーは，選挙キャンペーン中から，選挙後の新体制において自身が「大統領の上に立つ」と公言してきた。それを受けてアウンサンスーチーのために設置された役職が「国家顧問」である。選挙後はNLDにおけるアウンサンスーチーの腹心が大統領に就任し，アウンサンスーチーが事実上の最高権力者となっている。

国民統合問題

ポスト停戦に向けた少数民族武装勢力の取り扱い

　1988年のクーデタから2010年総選挙までのミャンマー政治は，きわめて前近代的な特徴を備えていた。軍事力以外，何の正統性も持たない中央政府が無憲法状態で統治を行い，地方の武装集団は中央政府の権威を受け入れるか，少なくとも敵対しないかぎりにおいては停戦協定にもとづき支配地域の維持が認められていた。もちろんこれは，新憲法制定までの過渡期において，軍政と少数民族武装勢力がその勢力範囲にしたがって棲み分けたものであるから，あくまで暫定的な現状維持にすぎない。こうした統治構造は，民政移管後の政府が，法治主義や選挙によって表明される民意に正統性の基礎を求めるようになるに及んで変革を迫られることになる。そしてこの変革が，民主化と国民統合をともに完成するうえで1つの障害になっている。

　軍政当局は，新憲法制定から総選挙・民政復帰に至る過程と並行し，停戦下にある少数民族武装組織の国境警備隊への編入を進めた。これは既存の武装勢力を国軍の指揮系統に組み込む試みである。法治主義の貫徹のためには暴力の一元化が必要であり，そのかぎりでは国家の意思の外に存在し続ける武装集団は整理する必要がある。しかしこれは，少数民族側にとっては，停戦協定によって与えられていた事実上の自治の返上を意味する。軍政および現政権はこれまで数次にわたり，期限を設定したうえで，少数民族武装勢力に対し国境警備隊への改組を呼びかけていた。これに応じない場合両者は決裂し，停戦協定で

の枠組み自体が瓦解する。実際に一部の少数民族武装勢力は政府の呼びかけを拒否したため，シャン州コーカン地区やカチン州などを中心に，民主化と相前後してむしろ内戦が激化している地域もみられる（クレーマー 2012）。

　この問題は，独立前から今日まで，ミャンマーが国家による暴力の一元的管理に一貫して失敗し続けてきたという現実を反映している。日本軍政期には日本軍を補完する民兵組織としての BIA が膨張し，イギリスの復帰後もその一部はイギリス植民地軍への編入を拒否し，AFPFL 傘下の大衆団体として独立交渉を後押しした。独立後は国軍内の少数民族部隊の一部が離反して分離独立ゲリラとなったほか，AFPFL 各派もそれぞれ自派の傘下にある民兵組織の支持を競い合ってきた。1950 年代以来の内戦においては，連邦政府の支配地域では自警団の名目で地方民兵の武装が認められ，また武装反乱地域では中国などからの武器の供給が行われてきた。軍政期の停戦協定というのは，地方の住民が末端レベルまで武装してしまっている現状の解決を当面先送りするという措置であったといえる。そしてそれは，民主化後の現在もまだ解決していない。

連邦制をめぐる問題

　政府側は少数民族武装勢力に対して国境警備隊への編入を呼びかける一方，少数民族側は，政府との交渉の争点として，国軍と少数民族軍の対等合併による連邦軍の創設，および「フェデラル連邦制」の導入を要求に掲げている。「フェデラル連邦制」という主張は，ミャンマーが公式には連邦国家（union）を謳っているにもかかわらず，連邦の内実が伴っていないという現実を反映している。実際に現憲法の規定においても，少数民族州はビルマ人地区の管区と同格とされ，管区同様に立法権が大きく制約されるとともに，それぞれの首席大臣は中央政府の任命によることになっている。各管区をビルマ州として統合し，ビルマ州と少数民族州に中央政府の権限を大幅に委譲して連邦の実質化を図るなかで民族自治を実現しようというのが，少数民族側の主張するフェデラリズムの中身である。

　これらの案件について，テインセイン政権が 2014 年の停戦交渉の中で，フェデラリズムにもとづく連邦制の実現をめざし，連邦軍の創設についても対話を継続することで少数民族側と原則合意したものの，その実現へのハードルは

6　国民統合問題　● 109

高い。連邦軍については国軍側が拒否しており，フェデラリズムの導入には憲法の改正が必要であるため，やはり国軍が拒否権を有している（五十嵐 2015）。民政移管に際し国軍が憲法内に埋め込んだ制度上の仕掛けが，民主化後の政府の行動を制約するという展開をここにもみてとることができる。

▌イスラーム教徒排斥運動▐

民主化がもたらしたもう 1 つの国民統合問題は，イスラーム教徒の処遇である。ミャンマーはその人口の圧倒的多数を仏教徒が占めるが，イスラーム教徒もまた人口の 1 割程度を構成している。独立後のミャンマーにおいては，ウ・ヌ政権が一度仏教の国教化を試みて失敗に終わったほか，ネーウィン政権は社会主義を標榜したため宗教自体に無関心であり，また軍政下で起草された現憲法でも仏教に特別の地位を認めてはいるものの国教としての明記はなされていない。このように，仏教は国教としての地位を与えられることなく，少数派宗教にも信教の自由が認められてきた。

しかし近年，多数派仏教徒の間で，イスラーム教徒に対する排斥意識が高まっている。その 1 つの理由は，イスラーム教徒が将来は人口の多数を占めてしまうのではないかという不安である。イスラーム教徒は結婚に際して相手に改宗を求める傾向が強いため，仏教徒との通婚が進めば，イスラーム教徒の人口比が増加していくのではないかという危機感が，イスラーム教徒を危険視する 9.11（アメリカ同時多発テロ）以後の世界的な風潮と重なって，彼らの勢力拡大を法的に封じ込めることを求める運動が展開されている。

近年のミャンマーにおけるイスラーム教徒排斥運動は 969 運動（969 は仏教の三宝の象徴的表現とされる）と呼ばれる。その主唱者はウィラトゥー長老という僧侶である。彼は 2000 年代初頭より過激な反イスラーム運動を展開し，軍政下の 2003 年に懲役刑（イスラーム教徒の殺害に関与した容疑）を科されるが，民政移管後の 2012 年には他の政治囚とともに恩赦を受けている。僧侶による過激な運動は，2013 年に僧院の最高意思決定機関である全サンガ長老会議により禁止されるが，同年には民族宗教保護協会（通称マバタ）が結成され，イスラーム教徒から仏教徒を護るための法制定を目的とする合法的なロビー活動が継続している。これは主に仏教徒女性とイスラーム教徒男性との結婚の制限

を目的とするもので，その結果として，民族宗教保護法と呼ばれる一連の法案が，USDP が多数を占めていた議会での修正を経て 2015 年に可決された（藏本 2016；飯國 2016）。

近年のイスラーム教徒排斥運動の特徴は，それがミャンマーの民主化の申し子ともいうべき側面を持っていることである。軍政時代であれば，僧侶による政治的な意見表明や，国内の不和を招きかねない大衆運動などは，ただちに暴力的鎮圧の対象となってきた。しかし皮肉にも，民主化に伴う言論の自由化は，宗教間の反目を公に表明する機会をも提供してしまっているのである。

イスラーム教徒排斥と国籍問題

イスラーム教徒が排斥されるもう 1 つの理由は，少なからざるイスラーム教徒がインド系，中国系などの出自を持つため，多数派仏教徒の対イスラーム教徒感情が外来者の排斥と結びつきやすい点である。ここで問題となるのが，ミャンマーの国民カテゴリーである。ミャンマーの国籍法では，国民とは第 1 次英緬戦争以前（つまり 1823 年以前）から居住する土着国民，植民地化から独立までの間にミャンマーに定着した準国民，独立後に国籍を取得した帰化国民の 3 つに区分されている。このうち国民として十全な権利を有するのが土着国民であり，他の 2 者は国民としての権利の行使に一定の制約が課せられている。ただし誰の祖先が 1823 年以前から居住しているかを客観的に判定するのはしばしば困難であり，実際にはその多くが植民地期に労働力として移住してきたインド系や中国系の住民は，十把一絡げに準国民とみなされる傾向がある。そのためイスラーム教徒に対しても，インド系，中国系住民への差別感情と連動し，土着国民としての資格を満たさないという認識が醸成されやすい。

この問題が最も先鋭にあらわれているのが現在のロヒンギャ問題である。ロヒンギャはヤカイン州から隣国バングラデシュにかけて居住するベンガル系イスラーム教徒であり，その中には植民地化以前から定住していた者，植民地期にイギリス領インド（バングラデシュは植民地期にはインドの一部であった）から流入した者，20 世紀後半の脱植民地期にバングラデシュから流入した者が含まれている。したがってロヒンギャには，土着国民，準国民，帰化国民のいずれもが潜在的には含まれているが，そのほかに，そもそも強制送還の対象とな

る不法入国者も存在することになる。ロヒンギャのそれぞれの人が，これら4種のカテゴリーのいずれに該当するかを一律に判断することは難しい。ただしミャンマー政府は，公式には彼らを不法入国者とみなし，自国民としては扱わないという立場を維持してきた。自国民ではない不法入国者を保護する責任はミャンマー政府にはない，という論理であり，このことがロヒンギャの排斥や人権状況の悪化を助長している（根本 2014）。

イスラーム排斥運動は当初は，当時の政権与党であった USDP をロビー先とみなして提携し，NLD はそれに反対する立場であったが，政権獲得後は NLD もまた世論の動向を無視しえなくなっている。また上に述べたように，議会内と閣内の双方に軍人枠があらかじめ確保されているため，現在の NLD 政権は国軍との連立が義務づけられている。現在の事実上のアウンサンスーチー政権は，ロヒンギャ問題への対応をめぐり，国内有権者や軍部への配慮と国際世論からの非難の板挟みの中で困難な舵取りを迫られている（根本 2017）。

憲法と民主化

今後のミャンマーにおける民主化を考えた際に障害となるのは，いうまでもなく軍政下で起草された現憲法の存在である。すでにみたように，選挙の結果と無関係に，軍は議会と政府における発言権をあらかじめ確保している。要するに文民統制がはじめから成り立ちえないような制度設計であり，特に国防・治安問題に関しては，民選政治家の当事者能力が極度に制約されている。現在のロヒンギャ問題はそうした問題の典型的な表現といえる。

それと関連するもう1つの問題は，軍の同意がないかぎり憲法改正そのものが不可能になっている仕組みである。「フェデラル連邦制」をめぐる課題は，民族問題のみならず地方自治の問題とも直接に連動している。そのため，この問題の解決には憲法改正が避けて通れず，そこには国軍の拒否権が横たわる。また，現行のアウンサンスーチー政権を可能にしている国家顧問という制度自体が，そもそも憲法上の規定を欠いている。このように，民主化の進展に際して憲法の存在が障害となる局面が多くなった場合，国軍が憲法改正に同意しないかぎりは，改革自体を断念するか，合憲性の疑わしい個別の立法措置の積み重ねによって迂回するか以外の方法がなくなるだろう（中西 2017）。軍政の置

き土産としての憲法が民主化にブレーキをかけるか，そうでなければ民主化が憲法を空洞化していくか，というジレンマが当面は続くのかもしれない。

読書案内┃　　　　　　　　　　　　　　　　　　　　　　　**Bookguide** ●

根本敬（2014）『物語 ビルマの歴史――王朝時代から現代まで』中央公論新社。
⇒ミャンマーの通史。特に近現代政治史の解説が詳細かつわかりやすい。現代政治を歴史的背景のもとに把握するうえで役に立つ。

工藤年博編（2015）『ポスト軍政のミャンマー――改革の実像』アジア経済研究所。
⇒ミャンマーの民政移管とテインセイン政権下での自由化を，各分野の専門家たちが整理したもの。軍政期から民主化までを視野に現代ミャンマーの政治経済を理解するうえで格好の良書。

中西嘉宏（2009）『軍政ビルマの権力構造――ネー・ウィン体制下の国家と軍隊 1962-1988』京都大学学術出版会。
⇒ネーウィン体制でのミャンマー国内政治における軍の役割を専門的に考察したもの。軍の政治関与の論理を明らかにすることは，現在に引き継がれるその遺産を理解するうえでも参考になる。

マーティン・スミス／高橋雄一郎訳（1997）『ビルマの少数民族――開発，民主主義そして人権』明石書店。
⇒ミャンマーにおいては，少数民族地域での民族紛争が国政にも大きな影響を与えてきた。にもかかわらず，多くの民族がさまざまな団体を結成して抗争しているため，なかなかその全貌を把握しにくい。本書はそうした点を各事例に即して解説してくれている。

引用・参考文献┃　　　　　　　　　　　　　　　　　　　　　　　**References** ●

飯國有佳子（2016）「宗教と民族の境界を護る，越える――民主化後のミャンマーにおける宗教対立と女性」川橋範子・小松加代子編『宗教とジェンダーのポリティックス――フェミニスト人類学のまなざし』昭和堂：101-130。
五十嵐誠（2015）「少数民族と国内和平」工藤年博編『ポスト軍政のミャンマー――改革の実像』アジア経済研究所：157-182。
伊野憲治（2012）「軍政下の民主化運動と今後の展望」工藤年博編『ミャンマー政治の実

像——軍政 23 年の功罪と新政権のゆくえ』アジア経済研究所：101-137。

工藤年博（2012）「ミャンマー軍政の 23 年——なにをめざしなにを実現したか」工藤年博編『ミャンマー政治の実像——軍政 23 年の功罪と新政権のゆくえ』アジア経済研究所：3-39。

工藤年博（2015）「ポスト軍政のミャンマー——改革はどこまで進んだか」工藤年博編『ポスト軍政のミャンマー——改革の実像』アジア経済研究所：1-23。

藏本龍介（2016）「ミャンマーにおける宗教対立の行方——上座仏教僧の活動に注目して」『現代宗教 2016』：99-117。

クレーマー，T.（2012）「ミャンマーの少数民族紛争」工藤年博編『ミャンマー政治の実像——軍政 23 年の功罪と新政権のゆくえ』アジア経済研究所：139-166。

中西嘉宏（2009）『軍政ビルマの権力構造——ネー・ウィン体制下の国家と軍隊 1962-1988』京都大学学術出版会。

中西嘉宏（2014）「軍と政治的自由化——ミャンマーにおける軍事政権の『終焉』をめぐって」日本比較政治学会編『体制転換／非転換の比較政治』日本比較政治学会年報第 16 号，ミネルヴァ書房：183-205。

中西嘉宏（2017）「ミャンマーにおける政治と司法——憲法裁の停滞と民主化の行方」玉田芳史編『政治の司法化と民主化』晃洋書房：141-160。

根本敬（2014）『物語 ビルマの歴史——王朝時代から現代まで』中央公論新社。

根本敬（2017）「ビルマ ロヒンギャ問題の憂鬱——『二つの壁』から読み解く」『世界』892：196-203。

矢野暢（1968）『タイ・ビルマ現代政治史研究』京都大学東南アジア研究センター。

Lintner, Bertil（1999）*Burma in Revolt: Opium and Insurgency Since 1948*, 2nd ed., Silkworm Books.

CHAPTER

第 7 章

ベトナム，ラオス，カンボジア

INTRODUCTION

　ベトナム，ラオス，カンボジアは「インドシナ3国」と呼ばれ，ひとまとまりでみなされることがあるが，そもそも3国は異なる文化的背景を持った自律的な政治単位であった。この地域を植民地化したフランスによって初めて「インドシナ」という枠組みが導入されたが，抗仏ナショナリズムが高まるなか，ベトナムはこの枠組みにもとづいてカンボジアやラオスの独立運動を支援し，3国の共闘体制を打ち出した。ベトナム戦争終結後，3国ではそれぞれ解放闘争の担い手であった共産党が政権の座に就いたが，それぞれの国はどのように国家建設を進めていったのか。この章では，3国の独立と国家建設にまつわる苦闘の歩みをみていきたい。

KEYWORDS

カンボジア内戦　第１次インドシナ戦争　第２次インドシナ戦争（ベトナム戦争）
ドイモイ　ホー・チ・ミン　ポル・ポト

ベトナム，ラオス，カンボジア近現代史年表

年	事　項
1887	フランス領インドシナ連邦成立
1930	ベトナム共産党設立，同年インドシナ共産党と改称
1945	仏印処理
	ベトナム民主共和国，独立を宣言
1946	第１次インドシナ戦争本格化
1953	ラオスとカンボジア独立
1954	第１次インドシナ戦争終結，ベトナム南北分断
1964	ベトナム戦争本格化
1970	カンボジアでロン・ノルによるクーデタ
1973	ベトナム戦争終結のためのパリ和平協定締結
1975	カンボジア民族統一戦線，プノンペン制圧
	ベトナム戦争終結
	パテート・ラオ全土掌握，ラオス人民民主共和国成立
1976	ベトナム社会主義共和国成立
	民主カンプチア（ポル・ポト政権）成立
1978	ベトナム，カンボジア侵攻
1979	ポル・ポト政権崩壊，ヘン・サムリン政権成立
	中越戦争
1986	ラオスでチンタナカーン・マイ（新思考），ベトナムでドイモイ（刷新）始まる
1989	ベトナム軍，カンボジアより撤退
1991	カンボジア内戦終結のためのパリ和平協定締結
1993	カンボジア総選挙実施，カンボジア王国成立
1995	ベトナム，アメリカと国交正常化，ASEAN 加盟
1997	カンボジアで政変（７月事変）
	ラオス，ASEAN 加盟
1999	カンボジア，ASEAN 加盟

1 インドシナ植民地化とナショナリズム

植民地化以前のベトナム, ラオス, カンボジア

　ドンソン文化（青銅器文化）が栄えたベトナム北部は, 紀元前2世紀末から約1000年の間, 中国の歴代王朝の支配下に置かれた。10世紀に入って唐の弱体化を機にベトナムは独立し, 11世紀にハノイで李朝が成立, のちに大越と名乗った。宋はその独立を承認する代わりに朝貢を要求し, 大越は宋の科挙官僚制など諸制度を取り入れ中央集権体制を確立した。大越はまた, 海のシルクロード交易拠点として栄えていたチャンパとインドシナ半島東海岸の支配をめぐって争った。15世紀にチャンパを倒した大越は南進を本格化させ, 18世紀には本格的にメコン・デルタに進出し, カンボジア東部を侵食した。縦長の領土で各地の地方権力者が割拠する状態が続いたが, 1802年になって阮福暎が全土を統一し, 国号を越南（ベトナム）として阮朝を創始した。

　ラオスには14世紀半ば頃からラオ族のランサーン王国があったが, 18世紀初頭にルアンパバーン, ヴィエンチャン, チャムパーサックの3つに分裂した。ルアンパバーンとヴィエンチャンはシャム（現在のタイ）とベトナム双方に朝貢した。

　カンボジアではクメール人の王朝であるアンコール帝国が11〜13世紀にかけて最盛期を迎え, ベトナム南部, ラオス, シャム, マレー半島に及ぶ広大な勢力範囲を誇ったが, 15世紀前半にシャムのアユタヤ王国に攻められてアンコールが陥落すると遷都を余儀なくされ, その後はシャムやベトナムと朝貢関係を結んだ。

フランスによる植民地化と「インドシナ」の形成

　阮朝はベトナム統一に際してフランス人宣教師の力を借りたため, キリスト教の布教に寛容な態度を示していたが, 次第に脅威を感じ始め, 宣教師を弾圧するようになった。折しも1840年のアヘン戦争後, ベトナムを中国進出の足

がかりにしようと考えたフランスは，宣教師の弾圧を理由にベトナムに軍艦を派遣して，1860年にはサイゴンを開港させ，1862年には第1次サイゴン条約で南部コーチシナを割譲させた。

続いて，フランスはカンボジアに目を付けた。シャムとベトナムの侵攻を何度も受けてきたカンボジアのノロドム王は，1863年にフランスによる保護国化を受け入れた。フランスはハノイ，フエにも進出し，1884年には第2次フエ条約を締結した。これにより，ベトナムの宗主権を主張していた清朝との間で清仏戦争が起こったが，清は敗れて宗主権を放棄した。ベトナム全土がフランスの植民地下に入り，1887年にフランス領インドシナ連邦（インドシナ連邦）が成立した。

さらにフランスはルアンパバーンを狙い，宗主国であったシャムと1893年に条約を結んでメコン川左岸をフランス領とした。1899年にこれらの地域をラオスと名づけ，連邦に編入した。植民地化以前にはこれらの地域に国と国とを分ける明確な境界線はなく，フランスがシャムや中国との間で結んだ条約によって，それぞれの国の領土と境界の原型が形づくられた。

インドシナ連邦は，コーチシナ直轄地，アンナン保護国，トンキン保護領と，ラオス保護国とカンボジア保護国で構成された。各王朝と行政は残され，インドシナ総督から派遣されたフランス人理事長官の管轄下に置かれた。フランスはインドシナ連邦の統治にあたり，人口が多く，科挙官僚制度の伝統があったベトナム人を行政官吏として重用した。官僚だけでなく労働者もベトナム人がインドシナ各地に送られ，「巡礼圏」（⇒Column ❶-2）を巡るベトナム人が増加した。他方で，ラオス人やカンボジア人で巡礼圏を経験する者は少なく，彼らの不満は統治者や労働者として大量に流入してきたベトナム人に向けられるようになり，反ベトナム人感情が生まれた。

コメの一大生産地であったベトナム，特にコーチシナでは植民地支配の下でインフラが整備され，運河や鉄道が建設された。通信網の整備によってヨーロッパ諸国の米価情報が入手可能になり，コメの輸出市場が拡大，汽船が登場して輸出が飛躍的に伸びた。

118 ● CHAPTER **7** ベトナム，ラオス，カンボジア

植民地下でのナショナリズム運動

　植民地化が進む一方，最後の科挙合格世代であったファン・ボイ・チャウは，日露戦争に勝利した日本に感銘を受け，1905年に日本に渡航する。彼はベトナム人留学生を日本に送る東遊運動を展開したが，1907年の日仏協約によってこの運動は終わった（「ファン・ボイ・チャウとホー・チ・ミン」）。また知識人の中から，ベトナム社会の近代化と改革のために近代的思想・教育や，クォック・グー（ベトナム語をローマ字表記化したもの）を国内で啓蒙する維新運動が起こったが，フランスは彼らを弾圧した。

　ベトナムでは，コメの流通を担った中国人やフランス人農園主などの富裕層と，ベトナム人農民の貧富の差が拡大し，また第1次世界大戦時には徴兵や強制労働に駆り出され，人々の不満が高まっていった。第1次世界大戦後，フランスは植民地開発に投資し，ゴム園や鉱山の開発が進んだ。その結果，ベトナム人の間で中産階級と労働者階級が生まれた。インドシナ総督は彼らを親仏層に育てようと，初等教育にクォック・グーを導入し，インドシナ大学の創設や，クォック・グーの新聞や雑誌の発刊を推進した。しかし，こうした政策はむしろ，劣悪な待遇に抗議する労働者のストライキや労働組合の組織化，ベトナム人下級官吏や教員，学生らの反植民地デモを活性化させる結果となった。

　こうした労働運動やナショナリズム運動を国際共産主義運動と結びつけたのが，ホー・チ・ミンであった（「ファン・ボイ・チャウとホー・チ・ミン」）。彼は渡航先のパリで労働運動と植民地独立運動の連帯を説いたレーニンの国際共産主義運動を知り，共産党に入党する。1930年にベトナム共産党が設立されたが，民族解放よりも階級闘争と帝国主義の打倒を重視するコミンテルンの方針に沿って，同年インドシナ共産党に改称された。そうしてベトナム人党員の間で，カンボジア人やラオス人と連携し，インドシナ全体をフランスの支配から解放する意識が芽生えた（古田 2015）。

　党組織はラオスやカンボジアにも広がったが，カンボジア人やラオス人の党員は少なかった。ベトナムでは識字率もクォック・グーの定期刊行物も増加していたが，カンボジアでは1936年まで，ラオスでは1941年まで現地語の新聞はなく，インドシナの労働者階級の大半はベトナム人で，ナショナリズムや

1　インドシナ植民地化とナショナリズム　●119

階級闘争が広がる土壌は整っていなかった。

日本軍の進駐

　第2次世界大戦の勃発によって1940年にフランスがドイツに降伏すると，日本軍はインドシナに進駐し，フランスと共同支配を開始した（仏印進駐）。フランスは防衛分担金を日本軍に支払い，インドシナ連邦政府は存続し，日本軍はフランスを通じてインドシナに干渉し，コメなどの資源を獲得する二重支配体制が敷かれた。

　階級闘争を優先し，ナショナリズムを抑制することで運動が行き詰っていたインドシナ共産党は，階級闘争よりも日本とフランスの支配からの独立をめざす反帝国主義と民族解放へと路線を転換し，1941年にベトナム民主共和国の樹立を推進する組織，ベトナム独立同盟会（ベトミン）が設立された。そしてベトナム，ラオス，カンボジアは共闘しながらも，それぞれの独立の達成を通じて全インドシナの解放をめざすという方針が打ち出された。インドシナ共産党の拠点であった越北地方には少数民族が多く，運動の過程で連携が進み，多数派であるキン族を超えた，多民族から成る「ベトナム民族」という新しい民族観が独立運動を担うベトナム人の間に形成された。

　仏印進駐を受け，タイはフランス領になったラオスとカンボジアの領土を取り返すべく，フランスに失地回復を要求した。11月にはタイ・仏印国境紛争に発展し，東京条約によりラオスとカンボジアの一部はフランス領からタイ領になった。フランスはこれ以上の割譲を防ぐために親仏ラオス人を育成するラオス刷新運動を開始した。教育の機会を拡大するとともに，1941年に初のラオス語新聞を発刊して，歴史的な侵略者はタイであり，フランスは救世主であると宣伝した。しかしこのラオス刷新運動は，フランスにより首相に任命されたペッサラートが以前から推進していたラオス文学や歴史研究と結びつき，ベトナム同様フランスの意図を超えてラオス・ナショナリズムを醸成していった（「ペッサラート，スワンナプーマー，スパーヌウォン兄弟」^{⇒WEB}）。

　1945年3月，インドシナ半島に連合軍が上陸するとインドシナ連邦政府の対日協力が失われると考えた日本は，フランス軍に対してクーデタを起こしてインドシナを単独支配し（仏印処理），ベトナム，ラオス，カンボジアに対して

それぞれ形式的な独立宣言を行わせた。戦争協力の名目で日本軍とインドシナ連邦政府は農民にコメを供出させ，収穫減も重なり，北部で深刻な飢饉が発生した。後にホー・チ・ミンはこの時の餓死者を約200万人と述べている。彼は日本軍やインドシナ連邦政府の食糧倉庫を襲撃する運動を組織し，これによりベトミンはベトナム全土で支持を拡大していった。

第1次インドシナ戦争

第1次インドシナ戦争の勃発とインドシナ3国の共闘体制の成立

　1945年8月，日本の敗戦に伴い，ホー・チ・ミンは連合軍上陸前の一斉蜂起を呼びかけ，全土で蜂起が起きた（八月革命）。ホー・チ・ミンは1945年9月にベトナム民主共和国の独立を宣言した。しかし，日本軍の武装解除のために北部は中華民国の国民党軍，南部はイギリス軍が進駐することになった。共産党を敵視する国民党軍の圧力により，インドシナ共産党は11月に偽装解散した。イギリスはフランスにベトナム南部の管轄権を移譲し，フランス軍が復帰，フランスとホー・チ・ミンとの独立交渉は決裂して，第1次インドシナ戦争が始まった。

　ラオスでは，10月にラオス人によるラオ・イサラ政府（ラオス臨時人民政府）が設立されたが，1946年のフランス軍の侵攻により，バンコクへ逃れた。この時期になるとラオスやカンボジアでもフランスの復帰に反対する機運が高まり，ラオ・イサラ，クメール・イサラクと呼ばれる運動が現れた。イサラ，イサラクは「自由」を意味し，当初は反フランスで一致した人々やグループの緩やかな集合体だったが，インドシナ共産党はグループの組織化や武器調達，人員派遣などの形で彼らを支援し始める。

　フランスは拡大するベトミン勢力を阻止し，戦争に終止符を打つため，国王の権威を利用した。1949年，ベトナム南部で阮朝最後の皇帝バオ・ダイを擁立してベトナム国を建国し，これとカンボジア王国，ラオス王国に対してフランス連合内での独立を承認した。ベトミンは外交交渉による和平の可能性が消

滅したとみなした。1949年10月に中華人民共和国が成立して中国からの支援が可能になったことから，ベトミンは武力によるフランスの排除に舵を切った。

インドシナ共産党は本格的な戦闘に備えるため，ラオ・イサラやクメール・イサラクと協力して党の指導の下，統一戦線を構築することを企図し，1950年にはクメール・イサラク統一戦線の結成が決定された。1951年，インドシナ共産党は各国で独自の党を結成する方針を出し，ベトナム労働党を結成して，1945年から地下活動に転じていた党の存在を公にした。カンボジアではクメール人民革命党設立運動委員会が樹立され，クメール・イサラク統一戦線は農村部で勢力を拡大した。それに脅威を感じたシハヌーク国王はカンボジア人の支持を獲得するため，フランス連合からの完全独立をめざしてフランスと交渉し，1953年に独立を獲得，1954年3月に外交主権も含む完全独立を達成した。

一方，1949年のラオス王国のフランス連合内での独立承認は，亡命していたラオ・イサラ政府を分裂させた。一部はラオスに戻って王国政府に参加したが，一部はベトミンと連携し，1950年にベトナムでネオ・ラオ・イサラ（ラオス自由戦線）を結成した（「ペッサラート，スワンナプーマー，スパーヌウォン⇒WEB兄弟」）。王族やエリートだけではなく，ラオ族や少数民族から構成される我らこそが真のラオス国家（パテート・ラオ）であると主張し，このことからネオ・ラオ・イサラを含めた解放勢力はパテート・ラオと呼ばれるようになった。

ベトミンはベトナム人民軍をカンボジアとラオスにも大量投入し，ラオス北部にパテート・ラオの解放区が拡大した。フランスは解放勢力の勢いを削ごうと，1953年にラオス王国の完全独立を認めたが，その勢いは衰えなかった。ベトナム人民軍のラオス流入を防ぐため，フランスはベトナム北部山岳地帯ディエン・ビエン・フーに陣地を敷いた。しかし，ベトミンは1954年，ディエン・ビエン・フーの戦いでフランス軍を撃破し，フランスのインドシナからの撤退を決定づけた。

ジュネーブ協定とベトナムの分断

ディエン・ビエン・フーの戦いのさなか，朝鮮戦争とインドシナ問題をめぐるジュネーブ会議がスイスで開催されていた。会議はアメリカやソ連といった

大国が主導し，カンボジア王国とラオス王国の完全独立は正式に承認されたものの，冷戦の影響を受け，ディエン・ビエン・フーでの勝利にもかかわらず，ベトナム民主共和国の独立は認められなかった（⇒第12章①）。ジュネーブ協定で北緯17度線に軍事境界線が設定されてベトナムは南北に分断され，北部にはベトミン，南部にはフランス軍が集結し，2年後に統一選挙が実施されることになった。

ラオスに関しては，ベトナムとの国境にある北部2県がパテート・ラオの軍隊の集結地域として定められ，ラオスも国内に東西対立を反映した陣営がそれぞれの支配地域を有することになった。1955年にラオス人民党が設立され，パテート・ラオが広範囲に人々を結集しながら解放運動を指揮する一方で，水面下では人民党がパテート・ラオの中核となった。

カンボジアでは，シハヌークは1953年に完全独立を獲得していたためジュネーブ会議で強硬な姿勢を貫き，クメール・イサラクはジュネーブ協定で軍事集結地を確保することができず，ベトミンはカンボジア領内から撤退した。シハヌークは1955年の国民投票で99%の支持を獲得し，対立する政党の活動を制限しようとしたが，批判を受けた。そこで自らが政治の主導権を握るため王位を父親に譲り，王制と仏教を謳う超党派の政治団体であるサンクム（人民社会主義共同体）を組織して総裁となった。サンクムは総選挙で圧勝して全議席を獲得し，1960年に父親が死去した後もシハヌークは王位には就かず，国家元首となった。

③ 第2次インドシナ戦争（ベトナム戦争）

┃ アメリカのベトナムとラオスへの介入 ┃

ラオスでは，米ソの介入を防ぐために1957年に右派（王国政府），中立派，左派（パテート・ラオ）から成る第1次連合政府が樹立された。しかし右派勢力の反対により，半年後に連合政府は瓦解し，ソ連がパテート・ラオに軍事援助を，アメリカがラオス王国政府に多大な援助を与えたことで，大国の介入は

決定的となった。1961 年，ケネディ米大統領はラオス問題の平和的解決と中立化構想を発表し，これを受けて 1962 年に第 2 次連合政府が樹立されたが，1963 年に再び瓦解した。

　ベトナムでは，北緯 17 度線はあくまでもフランス軍の撤退が完了するまでの暫定的な軍事境界線だったが，アメリカが介入し，1955 年に南部にベトナム共和国（南ベトナム）が建国され，ゴ・ディン・ジェムが大統領に就任した。

　ベトナム民主共和国（北ベトナム）は南部への武装闘争を抑制していたが，ジェムが統一選挙を放棄し圧政を敷いたことで，南部の党支部から武力抵抗を解禁するよう訴えを受けた。また，分断が固定されることを恐れたベトナム労働党は，限定的な武力闘争を承認する。正規軍の派遣ではなく，南部の人民の主導でジェム政権を打倒すれば，アメリカとの戦争を回避できると考えたからである。しかしこれを受けて南ベトナムでは労働党の予想を超える規模でゲリラ戦が起こり，1960 年には南ベトナム解放民族戦線（解放戦線）が結成され，ゲリラ活動に危機感を抱いたケネディ政権は軍事顧問団を派遣した。しかし，アメリカの支援拡大を背景にジェムは独裁を強め，1963 年にクーデタで暗殺された。さらにケネディに代わったジョンソン政権はベトナムへの介入を強め，1964 年に北ベトナム沖のトンキン湾で北ベトナム軍の哨戒艇がアメリカ軍を攻撃したとされる事件（トンキン湾事件）を口実に北ベトナムへの爆撃（北爆）を開始した。アメリカも北ベトナムも正規軍を投入して，局地戦争になった（⇒第 12 章 ②）。

┃ カンボジアへの戦線拡大 ┃

　戦争が激化するにつれ，北から南への兵士や物資の補給路（ホー・チ・ミン・ルート）が重要になった。カンボジアにはクメール・イサラクの支配区が定められなかったため，北ベトナムはシハヌークと関係を築こうとした。シハヌークはこれに応じ，1965 年にアメリカと国交を断絶して，1967 年には国内に解放戦線の代表部設置とホー・チ・ミン・ルートを承認した。1963 年頃からカンボジア労働者党（1966 年にカンボジア共産党に改称）内で台頭したポル・ポトは，共産主義者を弾圧するシハヌークをめぐってベトナム労働党と意見が対立した。他方でラオスの党書記長はベトナムとラオスの「特別な関係」を強調し，

124 ● CHAPTER 7　ベトナム，ラオス，カンボジア

支配区でホー・チ・ミン・ルートを提供した。ラオスには数万人単位でベトナム人民軍が増派され，パテート・ラオの優勢に一役買った。

1968年に北ベトナム軍と解放戦線が南ベトナムの主要都市を一斉攻撃したテト攻勢の報道以降，アメリカでは反戦機運が高まり，ジョンソン大統領は北ベトナムに会談を呼びかけ，北爆の停止を表明した。

一方，シハヌークは1968年のテト攻勢で北ベトナム軍側が多数の死傷者を出したのを受けて立場を変え，アメリカ軍がカンボジアへの爆撃を激化させていたにもかかわらず，1969年にアメリカとの外交関係を回復した。このシハヌークの行動や独裁的手法は国内の反発を招き，1970年にシハヌークのソ連・中国訪問中にロン・ノル首相はクーデタを敢行した。親米のロン・ノル政権は南ベトナム軍やアメリカ軍とともに解放区を攻撃し，ベトナム戦争はカンボジアに拡大した。シハヌークは北京でカンボジア民族統一戦線（民族統一戦線）を結成し，それまで敵対していたポル・ポトと共闘することを決定した。

4 社会主義の国家建設とカンボジア紛争

┃インドシナ3国の共産化┃

1973年に北ベトナム，アメリカ，南ベトナム，そして南ベトナム臨時革命政府（解放戦線の代表）の4者で「ベトナムにおける戦争終結と平和回復に関する協定」（パリ和平協定）が締結された。協定に定められていたアメリカ軍の撤退は実施されたが，南北統一選挙は実施されず，北ベトナムは軍事作戦に踏み切り，1975年4月30日，北ベトナム軍によるサイゴン解放（西側は「サイゴン陥落」と呼ぶ）でベトナム戦争は終結した。

ほぼ同時期，カンボジアでは民族統一戦線がプノンペンを制圧，1976年に民主カンプチアが誕生する。ラオスでも1974年に第3次連合政府が成立したが，パテート・ラオが1975年8月に全国の地方行政を掌握，12月に王制の廃止を宣言してラオス人民民主共和国を建国した。1972年にラオス人民党から改称したラオス人民革命党による一党独裁体制となった。

南北が統一されたベトナムでは1976年にベトナム社会主義共和国が成立し，ベトナム労働党は再びベトナム共産党に改称した。南ベトナムではただちに社会主義政策が施行され，商業・工業・農業は国有化され，また，共産主義思想教育を受ける再教育キャンプや新経済区と呼ばれる開墾区が設置された。

　ラオスでもベトナムと同様に商業，工業，農業の国有化が実施され，共産主義思想教育が行われた。フランスは植民地時代にラオスのインフラや行政機構，教育制度の整備をほとんど行わなかったため，1975年のベトナム戦争終結後にラオスは自力で国家機構を建設し，社会主義計画経済を遂行するための流通分配システムや行政システムを創出しなければならなかった。しかしラオスでは人材が圧倒的に不足し，インフラ整備は進まず，経済状態は悪化した。その上，国民の多くが信仰する仏教も規制され人心の離反が進んだ。

　カンボジアでは，シハヌークを監禁し，実権を握ったポル・ポト派（クメール・ルージュ）が，旧ロン・ノル政権関係者を殺害し，極端な共産化政策を断行した。文明や経済システムを否定するポル・ポト政権は，200万人のプノンペン居住者を強制的に農村へ移住させた。彼らは「新人民」と呼ばれ，ポル・ポト派やベトナム戦争終結前に共産党支配地域に居住していた農民である「旧人民」とは区別され，農作業やインフラ建設などの重労働を強制された。全人民が集団労働組織に所属させられ，オンカーと呼ばれる革命組織の絶対的監督の下で過酷な労働を強いられ，飢餓が蔓延して多くの人が死亡した。各地に設けられた強制収容所では，ベトナム系の人々や知識人らを中心に一般市民が拷問を受け，処刑された。推計約200万人が命を落としたといわれている。

▐ ベトナムのカンボジア侵攻と中越戦争 ▐

　中国の支持を得たポル・ポト政権は反ベトナム色を鮮明にし，カンボジア共産党内でも「クメール・ハノイ」（北ベトナムで政治・軍事教育を受けた古参のクメール人共産党員）の粛清を進め，ベトナムとの国境紛争を激化させ，1977年末にはベトナムとの断交を宣言した。カンボジア共産党員のヘン・サムリンやフン・センらは粛清を恐れてベトナムへ逃れた。関係の悪化した中国とカンボジアに挟まれたベトナムは，安全保障上の脅威から，1978年12月にカンボジア人の反ポル・ポト組織である救国民族統一戦線とともにカンボジアに侵攻し，

1979 年 1 月にポル・ポト政権を打倒，ヘン・サムリン政権を成立させた。翌月，これに対する報復として中国軍がベトナム北部に侵攻し，中越戦争が勃発した。中国軍はベトナムの北部国境地帯を侵攻したあと撤退し，ベトナムは 3 月に勝利の声明を発表した（⇒第 12 章 ③）。

　プノンペンを追われたポル・ポト派はタイ国境地域へ逃亡して，フンシンペック（シハヌークが率いる王党派），クメール人民民族解放戦線（ロン・ノル政権の流れを汲む共和派のソン・サン派）との 3 派で民主カンボジア連合政府を結成した。他方，ヘン・サムリン率いる救国民族統一戦線は人民革命党を再建し，プノンペン以外の地域でも実効支配を確立し，3 派連合と対立した。国際社会はベトナムのカンボジア侵攻を主権の侵害と捉えて非難し，ヘン・サムリン政権を承認しなかった（⇒第 12 章 ③）。3 派連合は，ポル・ポト派支持の中国だけではなく，東南アジア諸国連合（ASEAN）やアメリカなど西側諸国の支持を得て，国連代表権を維持した。一方ベトナムは 1977 年にラオス，1978 年にはソ連との間で友好協力条約を締結しており，ソ連，ベトナム，ラオスがヘン・サムリン政権を支持した。

　このカンボジア問題は，ベトナムにインドシナ 3 国の関係性について認識の転換を迫ることになった。カンボジア侵攻は，ベトナムにとってはベトナム戦争中のラオスやカンボジアに対するベトナム人民軍の支援とさして変わらないものであったが，それが国際社会から強く批判されたことで，一国民国家として国際社会から承認されたいま，その認識は通用しないことを痛感するに至ったのである。

社会主義計画経済の行き詰まりと難民発生

　カンボジア侵攻による国際社会の批判を浴びるなかで改正されたベトナムの 1980 年憲法は，数少ない同盟者であるソ連の影響を受けて社会主義路線が強く反映されたものとなった。ベトナム社会主義共和国はプロレタリアート独裁国家であり，ベトナム共産党は国家と社会を指導する唯一の勢力であると明記された。また国家指導機関として国家評議会の設置が規定されたが，これは大統領の職務を集団で担う機能を持たせたものであり，ベトナムの対外的な代表としての役割を担っていた。国家評議会は国会の最高常設運営機関でもあり，

4 社会主義の国家建設とカンボジア紛争 ● 127

Column ❼-1　ポル・ポトとカイソーン

　インドシナ 3 国の連帯という形で共闘しながらも，ラオスがベトナムとの共闘を維持し続けたのに対して，カンボジアはポル・ポト時代にベトナムと対立するようになっていった。両者の道が分かれたことにはさまざまな要因があろうが，それぞれの共産党指導者のベトナムとの関係の違いも一因であることは間違いない。

　ポル・ポトは，ベトミンの抗仏運動の影響ではなく，フランス留学時に共産主義に傾倒した人物であった。彼は，シハヌークをめぐってベトナムに反対したり，党名をベトナムに相談なく変更したりと自立的な傾向がみられたが，ロン・ノル政権樹立後に北ベトナムから武器や軍事訓練の提供を受けるなど，共闘関係は維持していた。しかし，1973 年のパリ和平協定締結後，北ベトナムがアメリカの求めに応じ，カンボジア共産党に対してこの協定に参加してロン・ノル政権と和平交渉するよう求め，また和平協定に従って対ロン・ノル戦の主要戦力であったベトナム人民軍をカンボジアから撤退させ，軍事援助も打ち切ったことで，ポル・ポトのベトナムへの不信は決定的になったといわれている。

　一方，ラオスのカイソーンはベトナム人の植民地官吏の父とラオス人の母を持ってラオスに生まれた。ハノイのインドシナ大学で学び，ベトミンの運動に関わるようになる。インドシナ共産党が設置した東部抵抗委員会に初期から参加し，ベトミンと協力して現在のラオス人民軍の起源となる軍事組織を設置し，ラオス人民党設立後は書記長を務め，パテート・ラオを支えた。1965 年にはベトナムとの「特別な関係」を強調する演説を行い，ホー・チ・ミン・ルートを支持して，ベトナム人民軍の増派を得た。ラオス人民民主共和国成立後は首相に就任し，1986 年には「チンタナカーン・マイ」を提唱して，ベトナムと同時期に開放政策に踏み切った。ベトナムと歩みを共にしながら，国民国家としてのラオスの独立と国家建設の道を切り開いてきた。

　カイソーンが使った「特別な関係」という言葉はインドシナ 3 国の連帯を強調する際に使用されてきたが，ベトナムはカンボジアに対しては，1993 年の新政権成立以降，あまり使用していない。一方，ラオス・ベトナム関係においては，今日でも両国の関係を象徴する言葉となっている。

国会議員の中から選出されたメンバーで構成された。

　中国と対立している以上，カンボジアに成立した親ベトナム政権との関係を維持することは，ベトナムにとって安全保障上，重要であった。度重なる戦争による徴兵と軍事費の増加，洪水被害によるコメの不作，社会主義計画経済の失敗などが重なり，ベトナム経済は深刻な状態にあった。中越戦争前後の時期に発生した華僑・華人難民は，ベトナム政府が出国を奨励したともいわれている。共産党政権に対する不満から，ベトナム全土でベトナム人の難民が発生し（⇒第 14 章 ⑤），西側諸国による援助停止や経済制裁を招いた。1977，78 年の食糧生産は 1300 万トンを下回り，外貨準備高は 1980 年の 8000 万ドル，1982 年には 1600 万ドルへと減少した。ヘン・サムリン政権を支えるためにもベトナムは自国の経済状況を改善することが急務となり，ベトナムは 1979 年に新経済政策を施行し，自由主義経済を試験的に導入した。

⑤　自由化路線の開始

┃ ドイモイとチンタナカーン・マイ ┃

　新経済政策は限定的な政策であったためインフレを招き，ベトナムは抜本的な経済改革に迫られた。ソ連で開始されたペレストロイカとベトナム共産党書記長の交代が追い風となり，1986 年 12 月の共産党第 6 回大会でドイモイ（刷新）政策が採択された。現状を社会主義への過渡期と位置づけ，社会主義へ至るために経済力をつける必要性から市場経済を取り入れることを決定したのであった。

　国際環境を改善するため，1989 年にベトナムはカンボジアからベトナム軍を撤退させ，カンボジア問題を前進させた。1991 年 6 月の第 7 回党大会では全方位外交が表明され，中越関係は 1991 年 11 月に正常化した。1994 年にアメリカはベトナムへの経済制裁を解除し，1995 年 7 月にアメリカとの国交正常化が実現した。同年，ベトナムは ASEAN に加盟した。

　社会主義色が強かった 1980 年憲法は 1992 年に改正された。国家評議会の

⑤　自由化路線の開始　● 129

廃止と国家主席（大統領）の新設により，国会議員による選挙で選出された国家主席が単独で元首としての役割を担うことになった。閣僚会議は政府，閣僚会議議長は首相と規定された。対外的に国家元首は国家主席であるが，憲法上，共産党は国家と社会の指導勢力であると定められ，ベトナム共産党書記長は国家主席よりも上の地位にある。党の指導性に関しては，国家全体の利益の忠実な代弁者であると規定され，党は憲法だけではなく法律にも規制されると定められた。また，マルクス・レーニン主義だけではなくホー・チ・ミン思想も指導原理となり，これにより，それまで左派から「民族主義」と批判されたような政策や，儒教などの伝統的価値観も許容されるようになり，思想面でも自由化が進んだ。

　経済状況が行き詰まっていたラオスでも，1986 年 11 月のラオス人民革命党第 4 回党大会において，従来の社会主義路線からの発想の転換を促す政治的スローガンであるチンタナカーン・マイ（新思考）が提唱された。ベトナムと同様，ラオスでも 1979 年から市場経済が部分的に導入され，仏教行事も認められるようになった。

　ラオスには 1975 年の建国以来，憲法，民法，刑法などの法律が存在していなかったが，この党大会で社会主義的法制度と憲法を制定することが決定され，法制度の整備が始まった。1989 年には憲法起草委員会が設置され，1991 年に初めて憲法が公布された。この党大会ではまた，今後の外交政策を決定する重要な要素はイデオロギーではなく，経済・社会開発であることが表明された。また，中越関係の正常化によってこれまでベトナムと歩調をあわせていたラオスと中国の関係も改善された。

内戦終結後のカンボジア

　1991 年，カンボジア紛争の包括的な政治解決に関する協定（パリ和平協定）が調印された。ヘン・サムリン派，ポル・ポト派，王党派，ソン・サン派の 4 派が和平に合意して，国連カンボジア暫定統治機構（UNTAC）の統治下で 4 派が参加する制憲議会選挙を実施すること，複数政党制にもとづく民主主義体制を保障する憲法を制定することが規定された。UNTAC は 1992 年に暫定統治を開始し，日本も治安維持要員として国連平和維持活動（PKO）の派遣を行

130 ● CHAPTER 7　ベトナム，ラオス，カンボジア

った。

　1993 年に UNTAC の監督下で総選挙が実施され，不参加を決めたポル・ポト派を除く 3 派が参加した。王党派のフンシンペックはフンシンペック党，クメール人民民族解放戦線は仏教自由民主党と自由民主党を設立，人民革命党は人民党と改称して，選挙に参加した。選挙はフンシンペック党が勝利し，同党のラナリットが第一首相に，第二党となった人民党のフン・センが第二首相に就任した。新憲法が制定され，カンボジアは国王を国家元首とする立憲君主制となり，シハヌークを国王とし，国号を再びカンボジア王国とした。

　しかし，ラナリット，フン・セン両陣営は次第に対立し，1997 年にはフンシンペック党と人民党が首都で武力衝突する 7 月事変が起こり，ラナリット第一首相は失脚した。カンボジアは国際社会から批判を浴び，同年予定されていた ASEAN への加盟が延期となった。1998 年総選挙では人民党が勝利し，フン・センを単独首相としてフンシンペック党との連立政権が発足した。1999 年 3 月には上院が新設され，二院制となった。国会は上院（議員の任期 6 年）と国民議会（下院議員の任期 5 年）から成り，比例代表制の選挙で議員は選出される。また同年 ASEAN への加盟を果たした。

「民主化」のゆくえ

カンボジア

　複数政党制が導入されたカンボジアであったが，フン・センは 1998 年以来，首相の座を維持し続けており，人民党は独裁的傾向を強めている。2013 年の選挙では野党であるサム・ランシー党と人権党が統合して救国党が結成され，人民党に迫る勢いで議席を獲得した。これを受け，与党の人民党は救国党議員に圧力をかけるようになり，2015 年には救国党党首サム・ランシーに逮捕状を発行して議員資格と不逮捕特権を剥奪し，2017 年 9 月には救国党党首のクム・ソカーを国家反逆容疑で逮捕し，11 月に救国党は最高裁判所から解党を命じられた。最大野党の救国党の解党により，2018 年 2 月の上院選挙では人

民党が全議席を独占し，7 月の下院選挙でもほぼ全議席を獲得し，事実上の一党独裁状態となった。

　背景には，人民党が連携相手としてのフンシンペック党やサム・ランシー党をうまく利用しながら，2006 年に憲法改正に成功したことがある。これにより下院の過半数を占める人民党は，野党が審議を拒否しても本会議を開催し，法案を可決することが可能になり，議会の内規も単独で改正できるようになった（山田 2016）。救国党の解散も，2017 年 2 月に国民議会で政党法を改正し，党首が有罪となったらその政党は解党できるという規定を盛り込んだことで可能となった。

　人民党はもともとベトナムの支援で生まれた人民革命党であり，フン・センは 1980 年代の内戦中からベトナムとの関係を強めてきた。しかし，カンボジアは 2000 年代半ば以降，中国との経済的関係を強化し，中国からの投資，貿易，援助借款を増加させた。カンボジア経済は平均約 7% の GDP 成長率で安定的に推移しており，輸出，援助，観光が経済の柱である。中国は最大の援助国で，同時に中国からの観光客数は国別の観光客数としては最大である。このように中国との緊密な関係から，ASEAN 内では南シナ海の領有権問題で中国寄りの立場をしばしばとっている（⇒第 12 章④）。独裁化や人権問題に対する欧米の批判も中国への傾斜に拍車をかけており，外交的には中立を掲げているものの，カンボジアへの中国の影響力は大きい。

ラオス

　ラオスは ASEAN や世界貿易機関（WTO）などへの参加のために憲法を改正し，2003 年憲法が公布された。また，1991 年憲法制定時にラオスの地方議会は廃止されていたが，2015 年の憲法改正で地方人民議会が復活し，2016 年には県人民議会が設立された。ラオスは三権分立ではなく，国会に権限が集中する権力統合の原則をとっており，国会議員は県を選挙区とし，村ごとに投票が行われる直接選挙で選ばれ，国家選挙委員会と県選挙委員会が候補者を選び，そのほぼすべてが党員である。国会は，以前は人民革命党の決定に追随するだけの機関であったが，立法機関，そして国民の代表機関へと変化してきている（山田 2018）。

またラオスは 1992 年にタイと友好協力条約を締結し，1997 年には ASEAN に加盟し，ベトナムとは依然として「特別な関係」にあるが，全方位外交をとっている。そのラオスと関係が深化しているのが中国であり，2000 年の両国首脳による相互訪問以降，中国は経済，軍事，政治の分野でラオスへの支援を拡大している。輸出入とも最大の貿易相手国はタイであるが，投資では中国が最大の投資国となっている。また，中国－ラオス鉄道が建設中であり，高まる中国の影響力を象徴している。ラオスの GDP 成長率は近年，平均約 7% で堅調に伸びており，アジア開発銀行主導で始まった大メコン圏経済回廊プロジェクトにより，ラオスを通過する東西経済回廊と南北経済回廊が建設されたことも経済発展に貢献している。内陸国ラオスにとっては幹線道路の建設は，最大の貿易相手国であるタイや最大の投資国である中国，そして港湾を持つベトナムなど周辺国とのコネクティビティ（連結性）を高めるのに役立っている。

ベトナム

　経済や外交面では改革を推進してきたベトナムだが，政治面では特に 1989 年のソ連崩壊以降停滞し，1990 年には多党制の導入を拒否，共産党一党支配を堅持する姿勢を明確にした。しかし，党員がさまざまな意見や不満を表明できるシステムがないと，一党独裁制の維持が難しくなっており，近年共産党は応答性を高めている。たとえば，ベトナム共産党大会では近年，重要な問題は評決されるようになった。党書記長の直接選挙は見送られたが，大会代議員の参考投票は行われている。また，各級の党書記については直接選挙が試験的に実施されている。一党独裁体制は堅持しながらも，党が立法，行政，司法のすべてを指導するスタイルからの脱却が模索され，法治国家の建設と行政改革が進められている。法治国家に関しては三権分立は認めていないものの，2001 年の第 9 回党大会において，共産党指導下での立法，行政，司法の三権の区分と協力が提議された。

　国会は一院制であり，2016 年現在で議員数は 500 名，任期は 5 年である。選挙制度は中選挙区制で，祖国戦線（抗仏戦争期に起源を持つ動員組織）が立候補者を推薦する。この推薦を受けない個人立候補も可能ではあるが，2018 年現在では議員の 95% 以上が共産党員である。国会は，共産党の決定を追認す

る機関といった側面が強かったが，現在は権限が強化され，政府が推進する国家プロジェクト案が国会で否決されたり，党幹部の汚職問題が国会の場で追及されたりすることもある。また，行政を担う高級幹部については国会の信任投票が行われるようになった。

2013年に再び憲法が改正され，基本路線を維持したうえで民主化，人権尊重，環境保護を進めるという規定が盛り込まれた。1993年憲法における「公民の権利と義務」の文言は，2013年憲法で「人権と公民としての権利と義務」となった。ASEANでは，人権尊重を法令に盛り込むよう各国に働きかけており（⇒第13章③），加盟する国際組織の規範を意識するようになっている。一方で，宗教活動家や，政府に批判的な見解を述べたブロガーらが逮捕されることが続いており，難民としてアメリカに定住したベトナム系アメリカ人たちが，ホワイトハウスに釈放の嘆願書を送付したり，ロビー活動をしてベトナムの人権問題に関連した決議をアメリカの連邦議会で通そうとしたりするなど活発に運動している。

経済的には2001年の党大会で，自国経済を世界経済に積極的に統合させていく方針が出され，2007年のWTO加盟後は各国企業のチャイナ・プラス・ワン戦略もあり，投資が増加している。2016年には環太平洋パートナーシップ協定（TPP）に参加，欧州連合（EU）や各国との自由貿易協定（FTA）締結など意欲的に経済環境を整備し，GDP成長率は近年では平均6.5%前後となり，順調に成長を続けている。貿易面では最大の輸出相手国がアメリカ，最大の輸入相手国が中国であり，両国との関係を損ねることはできず，外交関係も絡んで慎重な舵取りを迫られている。

外交面では冷戦思考からの脱却がみられる。2003年頃から，特定の陣営に属するのではなく，課題ごとにパートナーシップを組み，大国のパワーバランスをうまく利用しながら自国の安全を守るという方針に転換した。日本，ロシア，中国など10カ国と戦略的パートナーシップを締結，アメリカとは2013年に包括的パートナーシップを締結した。また，2016年にアメリカの対ベトナム武器禁輸措置が全面的に解除された。アメリカとの関係を強化することで南シナ海における中国の台頭を牽制しようとしている。また，2011年の党大会で改訂された綱領では「社会主義各国，インドシナ半島の兄弟国との伝統的

134 ● CHAPTER **7** ベトナム，ラオス，カンボジア

な友好，協力関係を絶えず強化し，発展させる」という一文が削除され，代わりに ASEAN 重視の文が加わった。ラオスとは「特別な関係」を維持しているが，カンボジアとは ASEAN の枠内で協力していこうとしており，「インドシナ 3 国の連帯」思考からの脱却をみてとることができる。

読 書 案 内 | **Bookguide** ●

古田元夫（2015）『増補新装版 ベトナムの世界史──中華世界から東南アジア世界へ』東京大学出版会。
⇒ベトナム人共産主義者がどのようにラオス，カンボジアも巻き込んで大国相手に解放闘争を戦い，世界情勢の中で自らのナショナル・アイデンティティを変容させて国民国家を建設していったかを論じている。
山田紀彦編（2011）『ラオスにおける国民国家建設──理想と現実』アジア経済研究所。
⇒ラオスのチンタナカーン・マイ政策を，国民国家建設の長いプロセスの中に位置づけて，政治，経済，社会面から多角的に論じている。
山田紀彦編（2015）『独裁体制における議会と正当性──中国，ラオス，ベトナム，カンボジア』アジア経済研究所。
⇒現代の中国，ラオス，ベトナム，カンボジアの独裁体制と，その体制維持システムに関してわかりやすく比較分析している。

引用・参考文献 | **References** ●

天川直子編（2004）『カンボジア新時代』アジア経済研究所。
石井米雄・桜井由躬雄編（1999）『東南アジア史 I 大陸部』山川出版社。
石塚二葉（2015）「ドイモイ期ベトナムにおける国会の刷新と政治的機能」山田紀彦編『独裁体制における議会と正当性──中国，ラオス，ベトナム，カンボジア』アジア経済研究所：109-140。
菊池陽子・鈴木玲子・阿部健一編（2010）『ラオスを知るための 60 章』明石書店。
古田元夫（2015）『増補新装版 ベトナムの世界史──中華世界から東南アジア世界へ』東京大学出版会。
古屋博子（2009）『アメリカのベトナム人──祖国との絆とベトナム政府の政策転換』明石書店。
山田裕史（2015）「カンボジア人民党の体制維持戦略──議会を通じた反対勢力の取り込み・分断と選挙への影響」山田紀彦編『独裁体制における議会と正当性──中国，ラオス，ベトナム，カンボジア』アジア経済研究所：141-176。
山田裕史（2016）「人民党一党支配体制下のカンボジア議会の役割──反対勢力の取り込

み・分断による体制維持」『アジ研ワールド・トレンド』アジア経済研究所：18-21。
山田紀彦（2018）「ラオス──成熟する人民革命党支配」清水一史・田村慶子・横山豪志
編著『東南アジア現代政治入門〔改訂版〕』ミネルヴァ書房：161-184。

第 II 部

比較政治

CHAPTER 8 国民国家建設
9 政治体制と体制変動
10 成長・分配
11 模索する民主主義

CHAPTER

第 8 章

国民国家建設

バンコクの中華街

INTRODUCTION

　多くの新興国と同じく，東南アジアにおける国民国家建設は，ほとんどの場合脱植民地化過程の一環として行われた。東南アジア各国は，独立にあたって植民地の政治的版図と住民構成をほぼそのまま引き継ぐことになったため，この恣意的に引かれた線内の住民を国民として読み替えていく必要に迫られた。ただしその雑多な住民構成を国民共同体につくり替えていくに際し，多数派住民と少数派住民との格差が不可避的に生じることになった。多数派と少数派との関係は，かなりの程度まで，その国がめざす理想的国民像のあり方と連動する。そのため，少数派の処遇はいずれの国においても国民形成上の難題であり続けてきた。本章では，少数派をいかに国民共同体に包摂するか，という問題を手がかりに，東南アジアにおける国民国家のあり方を考察することにする。

KEYWORDS

華僑・華人問題　　政教関係　　多文化主義　　同化主義　　分離主義

1　国民形成がつくり出す多数派と少数派

　東南アジア各国はいずれも，植民地列強が画定した分割線に沿って近代国民国家を形成した。ただし，どのレベルの植民行政単位を国民国家とするかについてはそれぞれ異なった展開がみられた。イギリス領マラヤはサラワク，北ボルネオおよびシンガポールと合併してマレーシアとなり，直後にシンガポールを分離することで現在の国家の輪郭が確定した（⇒第2章1，2）。その一方，フランス領インドシナは，ベトナム，ラオス，カンボジアの3国に分かれて独立している（⇒第7章1，2）。ただしいずれの場合も，植民地勢力が便宜的に設定した勢力範囲を国民共同体として読み替えてきた点は同様である。

　国民国家の建設とは，領域を画定して統治機構を整備するだけではなく，その成員の資格を定義して国家の主人公にしていくという作業を含んでいる。この過程から生じてきたのが，インドネシア国民とは何か，マレーシア国民とは何か，といった問い，すなわちそれぞれの国民の自画像である。ただし，いま述べた理由により，いずれの国も国内に雑多な人間集団を抱えているため，典型的国民像から外れる人々が多く出てくる。少数派と呼ばれる人々がそれである。その意味では，誰が多数派となり誰が少数派となり，それぞれに対し国民国家内でどのような地位を与えるかという問題は，各国の国民形成のあり方を直接に反映している。なおここでいう多数派や少数派というのは，必ずしも民族のことだけを意味するわけではない。宗教面での多数派と少数派の関係もまた民族に劣らず重要な点である。各国がそれぞれ多様な民族や宗教によって構成される東南アジアでは，国民統合の問題は常に民族と宗教双方の問題と連動して展開されてきたためである。

1　国民形成がつくり出す多数派と少数派　● 139

国家の輪郭，国民の輪郭

　東南アジア各国における国民国家形成が，いかにして少数派を生み出し，それにいかに対応してきたのかを知るためには，東南アジアにおける国家形成と国民形成の論理をみておく必要がある。その際に重要になるのが，東南アジア各国が，前近代国家から植民地主義の時代を経て独立国家に至る過程をどのようにたどってきたのか，そこで多数派と少数派の序列化がどのようになされてきたのか，またそうした現状のもとで独立後の各国がどのような国民像を理念として追求したのか，といった視点である。

大陸部の場合

　東南アジアの国民国家形成は，大きく分けて大陸部と島嶼部とでそれぞれ両極端ともいえる傾向が見出される。大陸部諸国においては前近代王国が植民地勢力の保護国となる，あるいは植民地勢力によって征服されるという経緯によって，近代国家の輪郭がつくられた。ベトナム，カンボジア，シャム（タイ），ビルマ（ミャンマー）といった国家は植民地化以前にも存在している。そうした経緯から，大陸部諸国では，特定の前近代王国との連続性を前提に国家や国民の歴史が語られやすい。

　これらの国々では，前近代の主要王国を中心に，その周辺の小国などをその版図に編入する形で近代国家の輪郭が形成されてきた。そのため，それぞれの国には前近代王国以来の歴史を中核的に担ってきた支配民族が存在し，彼らの言語，宗教，文化が模範的国民像のあり方を規定する傾向が強い。たとえばミャンマーにおけるビルマ人，ビルマ語，上座仏教などがそうした例である。

島嶼部の場合

　それに対し島嶼部では，ほとんどの場合，前近代国家の版図とは無関係に近代国民国家が形成されている。マレーシアは，半島部マラヤにおいては複数の小スルタン国がイギリスと保護条約を結び，それが脱植民地化過程で白人ラジ

ャに統治されていたサラワクや北ボルネオ会社領であったサバと合併すること
で成立している（⇒第2章①）。インドネシアもまた，オランダがジャワの旧王
国のほかに，周辺群島の小国をも支配下に組み込むことでつくり上げた版図で
ある（⇒第4章①）。フィリピンについては，国家形成が行われる前に比較的早
期にスペインの植民地となったため，カトリック修道会によるフィリピン平地
諸地方の再編統治が前近代国家の役割を代替した（⇒第3章①）。

　したがって島嶼部では，個々の近代国民国家の直接の前身というべき王朝国
家が存在せず，特定の宮廷文化が国民形成における文化的求心力の核とみなさ
れる傾向も希薄である。インドネシアではジャワの旧王国と宮廷文化が一定の
求心力を持つとはいえ，ジャワ島以外の地域の多くはその引力圏に属してこな
かった。以上のような理由から，島嶼部において国民統合の中心は，新たに創
出される必要があった。シンガポールの英語（福建語ではなく）やインドネシア
のインドネシア語（ジャワ語ではなく）のように，多数派住民の母語以外の言語
が公用語となっているのは，それが中立的なシンボルとして機能するためであ
る。またフィリピンのように，そもそも宮廷文化の伝統を持たなかった国にお
いては，スペイン植民地時代に植民者の宗教として持ち込まれたキリスト教が，
人口の多数に共有される文化的シンボルとなるケースもある。マレーシアはや
や例外的に，マレー人，マレー語，イスラーム，スルタンなどに特別の地位を
認めることを国家の基軸としている。これは前近代におけるマレー人のイスラ
ーム王国の伝統を特に重視するという点で，大陸部のあり方に近い。ただしマ
レーシアの国王は半島部9州のスルタンによる輪番制であるため，王権その
ものが，たとえばタイの場合のバンコクなどのような特定の宮廷的伝統に由来
するわけではないという意味では，他の島嶼部国家と共通する。

③　少数派を包摂する方法

同化主義

　東南アジアの新興国が，植民地列強から継承した国境線とその内部の構成住

民を前提に出発するとして，そこではすでに民族面，宗教面において多元的な社会が現実として成立してしまっている。では各国は国民国家形成に際し，どのような論理をもって少数派を包摂するのか。そこにはいくつかのパターンが見出される。

　その1つは，多数派文化への同化は求めるが，それを受け入れるかぎりにおいてその人の出自は問わないという方法である。こうした国民統合のあり方は，タイにおいて典型的に見出される。タイには民族別人口統計が存在しない。タイ国籍を保持する者はあくまでタイ人であり，中国系タイ人，マレー系タイ人，カレン族などといった下位カテゴリーは公的には用意されていない。言語政策においてはタイ語を唯一の国語とし，宗教政策においては信教の自由にもとづく公認宗教制の建前をとる一方，国王が仏教徒であることが歴代憲法で明記され，僧侶や寺院の資格については国家が法律で定めるなど，仏教が事実上の国教に近い地位にある。

　こうした同化主義的な国は，少数派の包摂に柔軟性をみせることがある。少数民族出身者や移民の子孫も，タイ人になりさえすれば社会的上昇を果たすことが可能なためである。タイでは1940〜50年代に華僑に対し華字紙や華校の閉鎖などによる強制的同化政策が行われたが（⇒第5章②），その結果として華僑のタイ人への同化が促進され，現在では華僑系の首相を少なからず輩出するに至っている（村嶋 1989）。その一方，主流派文化への同化のハードルが高い場合，同化政策そのものが少数派との間で摩擦を生み出しうる。南部マレー・ムスリム問題などはその典型である。

多文化主義と機会の平等

　少数派の包摂にあたり，多文化主義の原則の下で差異を公的に肯定しつつ，その一方で機会の平等をも確保するという方法をとるのがシンガポールである。シンガポールでは国民は，華人＝華語（中国語），インド系住民＝タミル語，マレー人＝マレー語というように，民族帰属と母語のセットにもとづいて公式に分類され，それぞれが自分の文化に見合った生活様式を営むことが期待されている（⇒第2章④）。その一方，宅地再開発計画や宗教施設の定期的移転を義務づける法令などによって民族ごとの集住コミュニティが人為的に再編され，英

語教育と英語による公務員採用試験による単一の地位上昇ルートが提供されている。

英語の習得による地位上昇というハードルが一律に課されるということは、幼少時から英語に親しむ家庭環境で育ったかどうかで、地位上昇の範囲や生涯賃金がほぼ決まってしまうということをも意味する。多文化・多言語の共存が奨励されているとはいえ、同じ華人でも英語話者と華語話者との関係は対等ではない。このように、エリート文化（シンガポールの場合は英語）への求心的同化を前提に機会の平等を保障し、それが結果的に、同化の度合いに応じた序列化をもたらしうるという点はタイと似通った部分がある。

アファーマティブ・アクションと結果の平等

国家が自国民の人口構成を民族単位で把握し、各民族の平等を実現するという立場をさらに積極的に進めると、民族間の格差を是正すべく少数派に資源を優先配分するというアファーマティブ・アクションの論理が導かれる。これは人が所属する民族に応じ、その人の権利義務の量を調整するというものである。その最も典型的な例がベトナム（北ベトナムおよび統一後のベトナム社会主義共和国）である。社会主義を採用するベトナムは、隣接する社会主義国である中国とよく似た民族政策を採用している。国家が 54 の民族を認定し、国民はいずれかの民族に属することで、それに応じた権利義務を享受する。少数民族は多数派キン族（ベト族）に比べ、貧困やその他の理由により国民共同体への平等な参加が疎外されているという認識にもとづき、そうした少数民族に対しては大学への入学や公務員への登用などに際し優遇措置が採用されている。そのためには誰がどの民族に属するかについて、国家が統一された基準を提供し、統計的に把握する必要が生じる。こうして政府が作成したリストにもとづいて権利義務の調整がなされるため、国民各自に与えられた民族名称は、特に少数民族の場合はそれ自体が既得権益と化しやすい（伊藤 2008）。

マレーシアの国民統合もまた、国民を民族ごとに区別して把握し、資源を傾斜配分することで結果の平等をめざすという意味では同じであるが、マレーシアにおいてはアファーマティブ・アクションが少数派ではなく多数派に対して適用されてきた点に特徴がある。歴代マレーシア政府は、マレー人の地位向上

のために，公務員の採用枠や大学入学枠などの面で優遇措置を講じてきた。マレー人の権利を守るためには，マレー人を含むブミプトラと，中国系およびインド系の移民少数民族との間には明確な区別が設けられる必要がある。マレーシアの場合，国民としてのマレーシア人と民族としてのマレー人とは別の概念とされているため，移民少数民族によるマレーシア国家への忠誠とマレーシア国籍の取得は，マレー人としての身分をもたらすわけではない。少数派は差異化によって自らのコミュニティや文化を保持しうるが，それは主流派から隔離され，社会的地位上昇の機会が制約されることと同義にもなる。

多数派と少数派の法的序列化

　マレーシアのように，多数派集団をアファーマティブ・アクションによる優遇対象とする場合，民族的多数派と少数派の序列化が法的に正当化されることになる（⇒第2章③）。現在のマレーシアにおいては，国語としてのマレー語の地位，国家元首としてのスルタンの地位，マレー人の特別な地位については公の場で議論すること自体が法的に禁じられている（鈴木 2010）。マレー人の保護自体はイギリスの植民地政策からの継承であるが，独立後はそこに，国民国家マレーシアはマレー人を主体に建設されるべきだとする理念が付け加わっている。これは，マレー人など土着民が，植民地時代に経済的権益をイギリス人や移民少数民族（インド系，中国系）に奪われ，不当に抑圧を受けたという認識にもとづく。脱植民地化をこうした状態からの原状回復，すなわち土着民が植民者から権力を取り返す試みとして捉えた場合，機会を奪われてきた土着民に社会的地位を上昇させる機会を優先的に配分すべきだとする主張が一定の正当性を持つことになる。

　脱植民地化を土着民の権利回復とみなす立場から，国内諸民族の法的地位に差別を設ける方法はミャンマーでも採用されている（⇒第6章⑥）。ミャンマーの国籍法によれば，国民は植民地化以前から居住している土着国民，植民地化以後独立までの間に同国に定着した準国民，独立以後に国籍を獲得した帰化国民の3種に分類される。もちろん個々の国民の祖先が19世紀以前にどこに住んでいたのかを客観的に証明するのはしばしば困難であるため，この3区分の基準は，居住の実態が発生した年月日の厳密な特定ではなく，民族ごとの区

分をもって代用されている。ビルマ人（民族としての Burman）やシャン人など
はその民族名称ゆえに自動的に土着国民であり，中国系，インド系の住民は植
民地期の移民の典型であるため準国民とされる。土着国民と準国民との間には，
大学への入学や公務員の採用・昇進などに際して差が設けられていた。現在で
はこの差別的制度は撤廃されているものの，イスラーム教徒が自動的にインド
系移民とみなされ公務員としての昇進に制約が課されるなど，現実には移民少
数民族に対する差別的な慣行は存続している。

4 宗教と国民統合

　東南アジアの国民統合においては，宗教がしばしば重要な役割を果たす。そ
の理由の1つは，東南アジアの多民族社会において，宗教が民族を区別する
ための公的な指標として用いられてきたことである。もう1つの理由は，国
家がその正統性を宗教に求める場合が多いことである。

上座仏教徒の政治モデル

　まずは仏教徒が多数を占める場合についてみてみることにする。上座仏教社
会における伝統的な国家モデルは，国民全体が一個の檀家を構成し，檀家代表
たる国王が施主として仏教教団を保護する，というものであった。戒律を重視
し出家者による生産活動の忌避を説く上座仏教教団は，その構造上在家者への
依存を必要とし，一方で檀家代表としての為政者の正統性は，仏寺や仏僧への
大規模な寄進によって誇示されてきた（石井 1991）。

　上座仏教社会においては，公権力による仏教教団への関与は前提であるばか
りでなく必要不可欠な美徳とさえみなされる。これは，国家の宗教的中立や信
教の自由といった，近代国家に求められる諸条件との厳しい緊張関係をもたら
しうる。そのため，上座仏教圏の国民統合にあたっては，国家と仏教教団との
関係を近代国家の用語でどのように再定義するか，および，少数派宗教をどの
ように国民共同体に収容するかが大きな課題となってきた。

4　宗教と国民統合　● 145

仏教と近代国家

いま述べた上座仏教社会の伝統的理念に従うかぎり，仏教は憲法で国教に指定されることが望ましい。しかしそれは一面では，非仏教徒の国民共同体への参加を阻害しうる。このジレンマの中で，各国の政府は難しい舵取りを迫られてきた。たとえばミャンマーではウ・ヌ政権が仏教国教化方針を打ち出し，それがウ・ヌ政権崩壊の遠因の 1 つとなった。またタイでも，2000 年代初期に仏教国教化を求める運動が盛り上がったが，非仏教徒勢力を過度に刺激することを回避するための政治判断により，結果的に見送られている。

ただし，仏教の国教化が不首尾に終わることは，それらの国において仏教が公権力との関係で特別な地位を主張することを妨げるわけではない。たとえばミャンマーでは 1980 年代の社会主義政権期に，国家主導による仏教教団の統一が行われ，為政者による仏教寺院への寄進や参拝が行われるなど，仏教教団は国家権力の事実上の保護の下に存続している。現在のミャンマー憲法でも，仏教は国教とは明記されないものの，特別な宗教であると言及されている。

タイの歴代憲法でも，仏教を国教とは明言していないが，その特別な地位については保障してきた。現在でも国王が仏教徒であることは憲法で規定されているが，その一方で国王は諸宗教の保護者であるとも規定されている。そのためタイの政治と宗教の関係（政教関係）は，仏教徒としての国王が，国王に忠誠を誓う諸宗教教団を保護するというきまりになっている（石井 1975）。

こうした非仏教徒対策というのは，じつは近代以前の王権も行ってきた方法である。仏教徒としての王は檀家代表として仏教教団の施主を務めるが，他方では諸民族・諸宗教の上に立ってそれらに保護を与える存在でもある。そのかぎりでは，公権力と仏教教団との相互依存関係は，非仏教徒勢力への寛容と両立可能である。しかしこの寛容は近年急速に失われつつある。特に 2001 年のアメリカ同時多発テロ以後の東南アジア仏教圏において，それぞれの国内に擁するイスラーム教徒勢力に対する差別的・排斥的な運動が生じている。多数派による自己主張の覚醒は容易に国家レベルでの不寛容に転化しうる。民主化以降のミャンマーにおいて，保守的仏教徒による反イスラーム運動（⇒第 6 章 ⑥）が，イスラーム教徒と仏教徒との通婚を制約する立法措置を要求し，それが一

定の成果を挙げているのがそうした例である（藏本 2016）。

イスラーム教徒の国家モデル

　イスラーム教徒にとっての国家モデルもまた，宗教の国家からの分離を想定していない。ただしその理由は仏教徒の国家モデルとは少々異なる。イスラーム教徒は，仏教徒における僧俗の分離や，キリスト教徒における政教分離という発想は原則として共有しない。これは，社会生活の一部のみを切り取って宗教と呼ぶのではなく，信者の社会生活すべてが神意に従って営まれるべきだという立場に由来する。したがって信者のつとめは日々の礼拝にとどまらず，独自の戒律にもとづく食物のタブー，利息取得を原則として禁ずる商取引のルール，婚姻・相続のルール，刑罰の方法など，生活のあらゆる部分に及ぶ。

　この立場からすれば，神意から自由な世俗というものは理論上存在しえず，イスラーム教徒の国家モデルは，宗教と政治の役割分担ではなく融合を理想とする。宗教が統治権力と並立するのではなく，国家そのものが神意によって導かれなければならない。そうした信徒共同体としての国家の理念がウンマと呼ばれる。イスラームは自らの普遍性を主張するがゆえに，理想的統治形態としてのウンマもまた普遍的存在として構想される。

ウンマの理念と現実

　こうした理念には，西欧近代で発生し，その後世界標準となった横並びの主権国家による国際関係というルールと相容れない部分がある。しかし現代の主権国家は，この西欧近代の国際関係のルールに存在根拠を持つ。イスラーム教徒を多数派とする東南アジアの国家も，その例外ではない。インドネシア，マレーシア，ブルネイはイスラーム教徒が国民の多数を占めるが，国家の存在根拠の究極的な法源をイスラーム法に求める，という意味でのイスラーム国家ではない。いずれの国も，西欧近代の法体系の中に自らを位置づけている。そのうち，イスラームを国教とするのがマレーシアとブルネイ，憲法に国教を明記しないのがインドネシアである。これらの国々では，西欧的法体系を大前提にしつつ，イスラーム教徒を対象とするイスラーム法の領域も一定程度確保されている。その多くは民法分野に限られるが，イスラーム法の適用範囲を刑法

4　宗教と国民統合　● 147

などにも拡大しようという運動は常に存在しており，たとえばブルネイでは，2014 年よりイスラーム刑法の導入が実現している。

イスラームと国民統合

イスラーム教徒を多数とする国においては，多数派と少数派との関係を調整するうえで，先に述べた理念型がいくつかの難題をもたらしている。その 1 つは，多数派の側にフラストレーションがもたらされることである。西欧主導の国際関係や国内少数派への配慮から，神意の実現を断念させられているという閉塞感が，イスラーム主義者を中心に醸成されることになる。もう 1 つは，イスラーム主義者の強硬な主張には歯止めがかかりにくいことである。イスラーム強硬派は数の上では少数であるが，しかし多数を占める穏健派にとっても，イスラーム信仰の純化をめざすべきだ，イスラームへの冒瀆と戦うべきだ，という正論には，表立って反論することが難しいためである（多和田 2005）。

国教としての明文規定の有無にかかわらず，イスラーム教徒を多数とする国家においては，その宗教政策に，ある程度イスラームに固有のバイアスが持ち込まれ，それが宗教的少数派の立場にも影響を与える。たとえばインドネシアでは国家は宗教的には中立の立場をとり，公認宗教制度の下で信教の自由が確保されている。しかし一方で，国是である建国 5 原則パンチャシラの 1 つとして「唯一神への信仰」が謳われている（⇒第 4 章②）。こうした規定の結果として，宗教の公認基準が事実上イスラームをモデルとするものになっている。そのため宗教的少数派が自分たちの合法性を確保するためには，イスラームモデルの基準に合わせ，唯一神や聖典や預言者の存在を証明する必要に迫られることになる（福島 1991）。

マレーシアの場合，国家の宗教政策というのが事実上イスラームの保護に終始しているため，むしろ非ムスリム団体は相対的に放任の状態に置かれる。ただしマレーシアではイスラームが国教であるために，イスラーム教団であっても，政府が望む姿から逸脱した場合は，国教の保護を名目に公権力の強権的介入を受ける場合がある。また非ムスリム側も，イスラームへの否定的言及は刑事罰の対象とされるため，宗教間の力関係は常に不均衡である。

5　分離主義と紛争

植民地主義の遺産としての国境線

　東南アジアで新たな国民像を構築・共有していく際にしばしば問題となるのは，新生国家の輪郭についての合意をどう形成するかという点である。これはある程度までは植民地主義の遺産である。列強の都合によって引かれた国境線は，往々にして民族分布を反映していない。地理的に互いに遠く隔たった複数の民族が同じ国境線の中に囲い込まれる一方，その辺境にあっては同一民族の居住圏が国境線で分断されることになる。これが第 1 の問題である。第 2 の問題は，植民地の多くがその内部にさまざまな法的地位を持つ雑多な政治単位を含んできたことである。これは大国と小国の間に主権が重層的に配置されていた前近代東南アジア国家（⇒第 1 章②）の上に，西欧列強が場当たり的な進出を重ねてきた結果として，1 つの植民地（たとえばイギリス領ビルマ，イギリス領マラヤ，フランス領インドシナなど）がその内部に直轄領や保護国などをモザイク状に抱え込むことになったことに由来する。それらの結果として，国民形成過程では，しばしば分離主義運動を伴うような武力紛争が発生してきた。その典型例として，以下ではミャンマー，インドネシア，フィリピンの例を挙げる。

ミャンマーの内戦

　たとえばミャンマーでは植民地時代，植民地政庁が直接統治する管区ビルマと，イギリスとの保護協定にもとづき土侯による間接統治が行われていたシャン州など少数民族州とが，行政上はまったく別の取り扱いを受けていた。そのためビルマ・ナショナリズムによる独立運動も，主に管区のビルマ人たちの間で展開され，1948 年の独立にあたっても，少数民族州が必ず新生ビルマ国家に参加しなければならない必然的理由は存在しなかった（⇒第 6 章①）。

　この温度差を解消すべく，独立を目前に控えた 1947 年に，アウンサンが少数民族の土侯と会談を行い，彼らを説得して連邦への参加をとりつけたのが同

5　分離主義と紛争　●149

年のパンロン協定である。これはあくまでアウンサンと土侯との協定であったため，各土侯国の住民の意向は問われず，また，カレンなど一部の主要少数民族は協定の場に招かれなかった。さらに同協定には，一部の民族に対し，独立10年後の連邦離脱権が保障されていたため，独立から10年を経た1958年が近づくに及んで，シャン州を中心に連邦離脱権の行使を求める運動が強まり，連邦軍と少数民族勢力との武力衝突の拡大をもたらしていく。

1988年に成立した軍事政権は，少数民族武装勢力との相次ぐ停戦協定により内戦の鎮静化に一定の成功を収めたが，これはあくまで現状の凍結である。この問題の抜本的解決のためには，少数民族側からのいわゆる「フェデラル連邦制」への要求にも一定程度配慮する必要が生じ，それは現在のミャンマー国家のあり方にも及ぶ問題となる（⇒第6章⑥）。ミャンマーがいま直面しているこの難題は，多数派 - 少数派関係の再調整が，国民共同体そのものの再定義をめぐる問題と連動するということを示す典型例である。

インドネシアの分離主義紛争

インドネシアも独立以来多くの分離主義紛争を経験している。現在はパプアと呼ばれているニューギニア島西半分は，植民地時代は西イリアンと呼ばれ，オランダ領ニューギニアであった。オランダ領東インドではなかったため，インドネシアが独立した際にはオランダ領としてとどまったが，スカルノ大統領はこの地域の領有を声高に主張し，1960年代前半には軍事作戦を展開した。オランダは1963年に国連による暫定統治を認める形で領有を放棄し，事実上インドネシアの施政下に入った。スハルト政権は1969年に住民投票を行い，インドネシア帰属を正当化したが，住民投票は不正であったとする現地民によってゲリラ闘争が展開されるようになった。

ポルトガルの植民地であった東ティモールは，1974年のポルトガル民主化に伴う海外植民地の放棄で独立の機運を得た。しかし，独立派とインドネシア統合派との間で内戦が起こり，独立派が勝利を収めて東ティモール民主共和国の成立を宣言すると，インドネシア軍が侵攻し，1976年にここを併合した。併合後も独立派ゲリラの掃討作戦は断続的に続き，ゲリラを匿っているとして一般住民を対象とした人権侵害も起こった。1991年には州都ディリで虐殺事

件が起こり，インドネシアは国際社会から強い批判を浴びている（⇒第4章⑤）。

そのほかインドネシアでは，宗教的理由にもとづく地方反乱や分離独立運動が発生している。東インドネシアのマルク諸島はキリスト教徒が多く，独立に際してはイスラーム教徒を多数とするインドネシアへの編入を拒んで反乱に訴えた。また1949～62年にかけては，ジャワ島西部，スラウェシ島南部，スマトラ島北部（アチェ）で，イスラーム国家の樹立をめざすダルル・イスラーム運動（⇒第4章②）と呼ばれる反乱が起こった。

これらの地域の反乱は軍によって鎮圧されたが，地域住民の不満は残った。特にアチェではイスラーム法施行の要求が継続し，1970年代半ばには武装ゲリラである自由アチェ運動が結成され，分離独立闘争が再燃した。2004年のスマトラ沖大地震・津波の災害をきっかけとして独立派ゲリラと政府との間で和平交渉が進み，2005年に和平協定が締結されたが（⇒第11章⑤），この事例は1950年代の宗教をめぐる対立が紛争の火種としてポスト・スハルト期にまで引き継がれていったことを示している。

┃ フィリピン南部のムスリム分離主義 ┃

キリスト教修道会が中心となって植民地経営を行ってきたフィリピンでは，キリスト教化の影響が及ばなかったルソン島北部山地や，イスラーム教徒が多いうえに比較的遅れて植民地化された南部ミンダナオ島では，フィリピン国内の主流派キリスト教徒に対する反感が根強く，フィリピン独立後も分離主義を伴う運動が展開されてきた。

特にイスラーム教徒が集住する南部では，長らくスペイン領フィリピンの統治の外にあったため，フィリピンへの編入を異教徒の敵国による征服とみなす意識が根強い。このことが，フィリピンの脱植民地化過程において，キリスト教徒多数派住民との一体感の形成を困難にしている。

南部ムスリム地域は，アメリカ領期から独立初期にかけ，中北部からの移民を奨励する政策により社会不安が生まれていたが，1965年の大統領就任以降，国家による統制を強めつつあったマルコスの統治下で急速に緊張が高まり，1972年の戒厳令発令とともに分離独立をめざす闘争が本格化した（⇒第3章②）。この時期に並行して反政府運動を率いて影響力を誇示した共産党の動きと連動

⑤　分離主義と紛争　● 151

しつつ，マルコスによる権威主義時代において深刻な紛争が続いた。1986年の民主化後は政府と反乱勢力との話し合いが進められているが，南部では和平プロセスは道半ばである（⇒第11章 ⑤）。

移民少数民族の国民化という課題

華僑・華人の流入と複合社会

　国民形成に際し，東南アジア各国に共通の問題となったのが移民少数民族の取り扱いであり，その最も典型的な事例が華僑・華人をめぐる問題である。中国から東南アジアへの移民は，前近代以来継続して行われてきたが，移住者の数が激増するのは植民地期においてである。植民地体制下での経済開発に際し，不足する労働力需要を補うため，主に中国東南部から多くの労働移民が導入された。これは独立を維持したタイについても同様である。

　移民の導入によって植民地期の東南アジアに成立した多民族社会を，複合社会と呼ぶ場合がある。複数の民族が，互いに隔離されたままで共存する社会のあり方である。商業・金融部門に進出した移民少数民族の一部が土着民に対し経済的に優位に立つようになったこと，あるいは彼らの多くが自らを一時居留者とみなし移住先への愛着が希薄であったことなどにより，彼らはしばしば土着民から敵視された。この問題が，ポスト植民地期の国民統合上の問題として引き継がれることになる。

　新たな国民国家建設への華僑・華人の包摂に際して議論となったのが，国籍問題である。植民地期には国民国家が存在しなかったので，彼らが中国籍であったり，植民地宗主国の国籍であったりしても何ら問題はなかった。たとえば旧海峡植民地の華僑たちは，清朝からの保護を期待しつつ植民地での政治にも参加していた（篠崎 2017）。彼らの一部リーダーが清朝の在外公館領事となったり，植民地政庁から官職を授与されたりしていたのはその典型例である。

　しかし独立を機に，彼らがどこの国民なのかといった点が，国民国家にとっての重要争点として浮上するようになった。中国政府は血統主義による国籍付

与を行ってきたため，中国系移民の子孫は中国籍となり，このことが国籍認定に際し，出生地主義の原則をとる居住国の国民統合と抵触することにもなった。

華僑・華人の国民共同体への包摂

20世紀後半の東南アジアにおいて，華僑・華人系住民の国家への包摂方法は国ごとに異なる。タイでは，華僑・華人への国籍付与と同化政策が同時に進められたのに対し，ミャンマーでは華僑・華人など移民少数民族に対しては，一般国民とは異なる準国民という特殊なカテゴリーを用意している（⇒本章③）。マラヤ（マレーシア）では，独立に至る過程で華僑・華人の市民権問題が論争となり，最終的に彼らへの国籍付与と引き換えに，マレー人の特別な地位（国語や国教，スルタンなど）を認めるという取引が成立し，それが原則として現在まで受け継がれている（⇒第2章②）。インドネシアの場合，華僑・華人に対する文化的同化政策が強行される一方で，国籍証明書の携行を常時義務づけるという行政面での差別的な取り扱いは残されていた（貞好 2016）。

華僑・華人問題は，しばしば国際政治に連動してきた。これは中国本土での政治闘争が華僑・華人を通じて東南アジアに持ち込まれてきたためである。20世紀初頭の孫文による革命運動は東南アジアの同胞たちを支持基盤とし，日中戦争に際しては中国本土での反日運動がそのまま東南アジアに波及し，中国の国共内戦期には国民党・共産党の双方が東南アジア華僑・華人の支持を競い合った（原編 1993）。冷戦期には，華僑・華人と中国本土の政治との結びつきは，中華人民共和国による共産主義革命の輸出と同義に受け取られた。たとえばかつてのマラヤ共産党やインドネシア共産党は華僑・華人系の党員を多く擁することで知られ，マラヤでは共産党が1940〜50年代に激しいゲリラ戦を展開し，インドネシアでは1965年の9・30事件に際し，華人が共産党シンパとみなされて虐殺や逮捕の対象となった（⇒第4章②）。人口の4分の3を華僑・華人が占めるシンガポールが，自らを華人国家とみなされることに対して最大限に慎重であったのは，華僑・華人を中国共産党と同一視する周辺国への配慮からにほかならない。冷戦期のタイにおける華僑・華人に対する強制的同化政策もまた，華語学校の教員や華字メディアを通じて中国共産党のプロパガンダが浸透することへの予防策として進められた（Skinner 1957）。1967年に

6 移民少数民族の国民化という課題 ● 153

ミャンマーで発生した排華暴動は，中国の文化大革命に影響を受けた現地の華僑・華人学生が行った扇動をきっかけに発生し，中国との外交関係を一時的に極度に悪化させるに至っている。

　東南アジア各国における国民統合が直面してきた課題とは，民族的・宗教的に多様な人間集団を，恣意的に引かれた国境線で切り取り，そこから 1 つの国民を創り出していくという試みである。そこで生じてきた問題の基本的な構図は，各国それぞれ似通っている。しかし東南アジア各国は，それぞれが国民統合に関する独自の理念にもとづき，この似通った課題の解決のためにそれぞれ異なる対処法を採用してきた。その意味では，少数派問題をめぐる各国の対応方針は，それぞれの国のユニークさを映し出しているともいえるのである。

読書案内 | 　　　　　　　　　　　　　　　　　　　　　　　　　Bookguide ●

石井米雄（1975）『上座部仏教の政治社会学──国教の構造』創文社。
⇒タイおよび近隣の上座仏教徒諸国における政教関係を歴史的視野から
　比較しモデル化を行っている。

床呂郁哉・西井凉子・福島康博編（2012）『東南アジアのイスラーム』東京
　外国語大学出版会。
⇒東南アジア諸国のイスラームのあり方を，政治，経済，文化，歴史な
　ど多面的に考察している。

原不二夫編（1993）『東南アジア華僑と中国──中国帰属意識から華人意識
　へ』アジア経済研究所。
⇒近現代における国際関係の変遷の中で，東南アジアの華僑と呼ばれる
　人々がいかに中国と東南アジア双方の政治と関わり，いかにして現地化
　していったのかを考察している。

引用・参考文献 | 　　　　　　　　　　　　　　　　　　　　　　　References ●

アンダーソン，B.／白石隆・白石さや訳（2007）『定本 想像の共同体──ナショナリズ
　ムの起源と流行』書籍工房早山。
石井米雄（1975）『上座部仏教の政治社会学──国教の構造』創文社。
石井米雄（1991）『タイ仏教入門』めこん。

伊藤正子（2008）『民族という政治——ベトナム民族分類の歴史と現在』三元社。

藏本龍介（2016）「ミャンマーにおける宗教対立の行方——上座仏教僧の活動に注目して」『現代宗教 2016』：99-117。

黒田景子（2012）「パタニの二つの顔——『仏教国』タイの辺境とイスラーム教育の中心」床呂郁哉，西井凉子，福島康博編『東南アジアのイスラーム』東京外国語大学出版会：145-170。

貞好康志（2016）『華人のインドネシア現代史——はるかな国民統合への道』木犀社。

篠崎香織（2017）『プラナカンの誕生——海峡植民地ペナンの華人と政治参加』九州大学出版会。

鈴木絢女（2010）『〈民主政治〉の自由と秩序——マレーシア政治体制論の再構築』京都大学学術出版会。

竹田いさみ（2006）『国際テロネットワーク——アルカイダに狙われた東南アジア』講談社。

多和田裕司（2005）『マレー・イスラームの人類学』ナカニシヤ出版。

土屋健治（1991）『カルティニの風景』めこん。

根本敬（2014）『物語 ビルマの歴史——王朝時代から現代まで』中央公論新社。

原不二夫編（1993）『東南アジア華僑と中国——中国帰属意識から華人意識へ』アジア経済研究所。

福島真人（1991）「『信仰』の誕生——インドネシアにおけるマイナー宗教の闘争」『東洋文化研究所紀要』113：97-209。

村嶋英治（1989）「タイ国における中国人のタイ人化」岡部達味編『ASEAN 諸国における国民統合と地域統合』日本国際問題研究所：115-141。

Skinner, G. William（1957）*Chinese Society in Thailand: An Analytical History*, Cornell University Press.

CHAPTER

第9章

政治体制と体制変動

軍と民主化勢力の間で調停を行うタイの国王（1992年5月）。（写真提供：共同通信社）

INTRODUCTION

　独立後の東南アジアでは，ほぼすべての国で冷戦を背景として共産主義勢力と反共産主義勢力の間で激しい権力闘争が展開され，その帰結として強権支配を基本とする権威主義体制が成立した。しかし，一見すると同じように独裁的にみえる権威主義体制でも，支配アクターが異なれば，その支配の仕組みは異なる。支配の仕組みが異なれば国家と国民の関係も異なり，体制変動の性格も違ってくる。支配アクターの相違は権威主義体制の支配のあり方にどのような違いをもたらし，体制変動の性格をどのように規定するのか。この章では，権威主義体制の下にありながらも国ごとに異なる政治の仕組みとダイナミズムをみていきたい。

KEYWORDS

一党独裁体制　一党優位体制　軍事政権　権威主義体制　個人支配体制　体制変動

1 民主主義と権威主義

　第 2 次世界大戦後，東南アジア諸国は欧米列強の植民地支配や日本軍政から脱して，独立国家を樹立した。図 9.1 は，1945 年から 2015 年までの東南アジア諸国の 5 年刻みの政治状況を表したポリティ・スコアである。ポリティ・スコアとは，比較政治学の分野で広く用いられる政治体制の度合いを測る指標をいう（⇒Column ❾-1）。

　この図をみるとわかるように，多くの国が独立した当初は民主主義か中間政体であったが，1950 年代後半から 1960 年代にかけて独裁（権威主義）化が進み，1970 年代から 1980 年代半ばにかけて民主主義の国はなくなり，独裁か中間政体かのどちらかになった。では，どのように各国で民主主義は挫折し，権威主義化していったのだろうか。この章ではまず，それについて考えたい。

　さらに図 9.1 をみると，民主主義と権威主義の間で行ったり来たり大きく動く国（フィリピン，インドネシア，タイ，ミャンマー）とあまり大きく動かない国（マレーシア，シンガポール，ベトナム，ラオス，カンボジア）があることがわかる。この振れ幅の大きさの違いはどのようにみればよいのだろうか。あわせて考察していきたい。

2 権力闘争と権威主義体制の成立

脱植民地化と新たな権力闘争

　東南アジアにおける権威主義体制は，その国の支配をめぐる権力闘争を伴っ

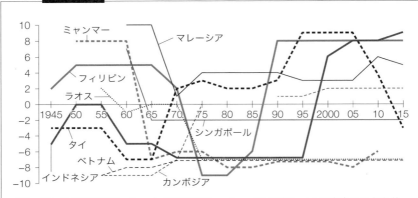

CHART 図9.1 1945〜2015年までの東南アジア諸国のポリティ・スコア

(注) 10〜6が民主主義，5〜−5が中間政体，−6〜−10が独裁，10は完全な民主主義，−10は完全な独裁である。外国による統治期，内戦期，移行期についてはここでは数値を示さない。人口50万人以下のブルネイと2002年に独立した東ティモールも含まない。
(出所) Polity IV Project, http://www.systemicpeace.org/polity/polity4.htm

て成立したが，こうした権力闘争は独立した直後から始まっていた。植民地時代に宗主国と結託して支配層の一部を構成していたエリート／既得権層と，新たに台頭した勢力という対立構図が浮上し，後者は主に共産主義勢力であり，前者は反共産主義（反共）勢力であった。

実際に1940年代後半から60年代にかけて，東西冷戦を背景に，ほぼすべての東南アジアの国々で共産主義勢力と反共勢力との間で激しい権力闘争が起こっている。搾取を基本とする植民地支配の下，宗主国と結びついた現地支配層と，搾取の対象であった被支配層（その多くは農民）との間で階級分化が進み，社会的矛盾が広がっていたからである。共産主義勢力は被支配層と共闘し，宗主国のプレゼンスが一時的に空白となった日本軍政期に抗日ゲリラとして農村部を中心に勢力を拡大した。彼らは植民地宗主国の排除のみならず，社会革命による共産主義体制の樹立を望み，彼らと共闘する農民は土地改革などを通じた階級格差の是正を求めた。他方，既得権層すなわち，フィリピンであれば地主・寡頭支配層，マラヤ（現マレーシア）であればマレー人王族層，ベトナムであれば地主層が反共勢力を構成した。インドネシア，タイ，ビルマ（現ミャ

Column ❾-1　政治体制とそれを測る指標

　政治体制とは「国家を運営するリーダーを選出し，国家の意思を決定し，それを執行するという国家全体のしくみを定めたルール，制度，規範の総体」である（砂原・稗田・多湖 2015）。政治体制は，大きく民主主義体制と非民主主義体制に分かれ，後者は独裁や専制などと呼ばれることもあるが，現在では権威主義体制が非民主主義体制を指す総称として使われることが多く，本書でも権威主義体制と呼ぶことにする。民主主義と権威主義は白黒はっきりと分かれるわけではなく，両者の間は連続的である。ある国の政治体制がどこに位置づけられるかを測る指標はいくつかあり，その代表的なものがポリティ・スコアとフリーダム・スコアである。

　ポリティ・スコアは，複数政党制にもとづいた公正で競争的な選挙が行われているか（政治参加の度合い），政府の権力が立法府や司法府などによって制約されているか（権力分立の度合い）などを主な基準としているのに対して，フリーダム・スコアは政治参加の度合いに加えて，言論・報道・デモの自由がどれだけ保障されているか（市民的自由の度合い）なども基準とする（「ポリティ・スコアとフリーダム・スコアの基準」^{⇒WEB}）。両指標とも，体制変動すなわち，民主主義から権威主義への変化，権威主義から民主主義への変化を連続的に捉えることができるのが利点である（久保・末近・高橋 2016）。しかし，あくまで数値化された指標にすぎないため，政治体制や体制変動の性格まで明らかにすることはできず，それらを捉えるためには地域研究の視座からの質的な分析が欠かせない。

ンマー）では，最も強力な反共勢力は軍であった。

　冷戦下で各国の権力闘争は旧宗主国や大国の介入を招き，さらに暴力的な様相を帯びた。ベトナムは宗主国フランスと，その後はアメリカとの間で戦争を経験し，ベトナム戦争下でラオスとカンボジアもアメリカによる激しい爆撃にさらされた（⇒第7章②，③）。また，インドネシアでは9・30事件後の共産主義者の大虐殺（⇒第4章②）にアメリカ CIA の後押しがあったといわれている。ビルマでは共産党による武装闘争を中国が支援したことで紛争が長期化し（⇒第6章③），フィリピン，マラヤでも治安当局による共産主義者の掃討作戦が展開されたが，それぞれ宗主国であったアメリカ，イギリスの支援を受けた

② 権力闘争と権威主義体制の成立　● 159

（⇒第 3 章 ②，第 2 章 ②）。

　権力闘争に勝利したグループは支配アクターとなり，権威主義体制を成立さ
せた。彼らは権力を握る過程で，もしくは権力を握ったあと，政敵を強権的に，
国によってはかなり暴力的なやり方で排除，粛清している。この強権性は新た
に成立した政治体制の権威主義的な性格を決定づけた。

共産主義政党が権力を掌握したインドシナ 3 国

　ベトナム，ラオス，カンボジアのインドシナ 3 国では，1975 年にそれぞれ
アメリカとの戦争や内戦に勝利を収め，共産主義政党が権力を握った。

　ベトナムは，旧封建支配層を傀儡化して植民地支配を維持しようとしたフラ
ンスとの間で独立戦争（第 1 次インドシナ戦争）を戦った。この戦争にベトナム
は勝利したものの，今度は共産主義政権の打倒を企図したアメリカの介入を受
ける（第 2 次インドシナ戦争もしくはベトナム戦争）。結局，1945 年から 1975 年
まで 30 年間にわたる闘争のすえ，1976 年に南北が統一されてベトナム社会
主義共和国が成立した。その後の急激な社会主義化政策によって，南ベトナム
では旧支配層から一般市民にいたるまで資産を没収され，一部は難民となって
出国した（⇒第 7 章 ②，③，④）。

　ラオスは 1953 年にフランスからラオス王国として独立を果たしたが，アメ
リカの支援を受けた右派の王国政府，北ベトナムの支援を受けた左派のパテー
ト・ラオ，中立派の 3 派間で内戦が起こった。1974 年に 3 派連合政府が成立
するものの，1975 年に北ベトナムが南ベトナムのサイゴンを陥落させると，
ラオスでは王政廃止が宣言され，パテート・ラオが主体となったラオス人民民
主共和国が成立した（⇒第 7 章 ②，③，④）。

　カンボジアでは，1970 年にアメリカの支援を受けた右派のロン・ノル将軍
がクーデタを起こしたあと，ベトナム戦争中のアメリカによる爆撃もあって国
内は混乱状態に陥った。ロン・ノル派による左派へのテロが凄惨を極めたこと
で人心はロン・ノル政権から離れ，ポル・ポト率いるクメール・ルージュ（共
産党）が台頭する。1975 年にクメール・ルージュはプノンペンを陥落させて
権力を掌握したが，その支配の下で農本主義にもとづく極端な共産主義化がと
られ，旧政権の支持層を中心に多くの人々が虐殺の犠牲となった。しかし，ベ

160 ● CHAPTER 9 政治体制と体制変動

トナムの侵攻を受けて1979年にポル・ポト政権は瓦解し，その後10年以上にわたり内戦状態が続いたが，この間ベトナムの後ろ盾を得た人民革命党（共産党）が権力基盤を固め，1980年代半ばまでにカンボジアのほぼ全域で実効支配を確立した（⇒第7章③，④）。

既得権層が支持する政党が権力を確立したマレーシアとシンガポール

マレーシア（マラヤ）とシンガポールでも政党が権力を握ったが，共産主義を掲げる政党ではなく，植民地時代に宗主国イギリスの庇護を受けたマラヤのマレー人，シンガポールの華人英語話者層がそれぞれ主体となった政党であった。

第2次世界大戦後，マラヤのマレー人政党である統一マレー人国民組織（UMNO）はイギリス植民地当局とともに，日本軍政期に抗日ゲリラとして勢力を拡大したマラヤ共産党の弾圧を進め，これを弱体化させた。1957年のマラヤ独立の際にすでに権力を確立していたUMNOは，1963年のマレーシア成立後，ブミプトラと呼ばれるマレー人の優位性を確立するため，1965年には華人が約7割を占めるシンガポール州の離脱を認め，さらに1971年以降はマレー人優遇政策をとり，マレー人の優位性に異を唱えることを憲法で禁じた（⇒第2章②，③）。

シンガポールではマレーシアから独立する以前，主に華人の英語話者層を支持母体とする人民行動党（PAP）が，選挙対策のために華語（中国語）話者層を支持母体とする共産党と協力関係を構築していた。しかし，いったん権力を握ると，PAPは共産党との協力関係を破棄し，共産主義者の掃討を徹底的に進めた。マレーシアから独立したあと，PAP政権は共産党を非合法化している（⇒第2章②，④）。マレーシアとシンガポールにおけるUMNOとPAPの権力の確立は，その支持母体である社会層の権力の確立を意味するものであった。

政治経済の行き詰まりから生じたフィリピンの独裁

フィリピンでは独立後，土地と利権を独占し，パトロン・クライアント関係を通じて支持者を囲い込んできた地主／伝統的寡頭支配層と，土地改革や格差解消を求める農民の支持を動員した共産主義勢力との間で権力闘争が展開され

てきた。1960年代になると工業化が鈍化して，農村部から流入した出稼ぎ労働者を工業セクターが吸収できず，働く場所を失った人々によって都市部に巨大なスラムが形成された。出口のみえない状況の中で，経済開発と土地改革を主眼とする全面的な社会改革の断行を訴えたマルコスが都市部の新興中間層などの支持を得て，1965年に大統領に当選する（第3章②）。

しかし，土地改革は地主の強い抵抗を受けて頓挫し，1960年代末には新たに毛沢東主義系の共産党／新人民軍が台頭して政治的緊張が高まっていった。こうした行き詰まりの中，マルコスは1972年，戒厳令を布告し，憲法と国会を凍結した。彼は伝統的寡頭支配層と共産主義者双方を含むさまざまな勢力を強権的に抑え込むことで改革を実現するための政治環境をつくり出そうとしたが，自らに権力を集中させることで独裁政治を招来させた。

▌軍が権力を握ったタイ，ビルマ，インドネシア▐

タイ，ビルマ，インドネシアでは強力な反共右派勢力を構成していた軍が政治の実権を握り，タイとインドネシアでは軍が権力を握ったあと左派に対する苛烈な弾圧が行われた。

タイでは1950年代半ば以降，ピブーン政権の腐敗と選挙での不正を批判する左派系の学生運動や労働運動の台頭を警戒していた軍が，サリット将軍を中心として1958年にクーデタで政治の実権を握った（末廣 1993）。サリットは左派活動家を逮捕し，労働組合に解散を命じた。1973年にいったん民政移管が行われたものの，インドシナ3国で共産主義政権が相次いで誕生したことに脅威を感じた政府・軍は，1976年に苛烈な民主化運動弾圧を行い，続く数年間，東北部に逃げていった左派グループに対して掃討作戦を展開した（⇒第5章②，③）。

ビルマでは，1940年代後半に共産党がビルマ政府に対して武装闘争を始めたが，軍はその鎮圧作戦の主体となった。共産党のみならず，辺境地域における少数民族の武装闘争に対峙したのも軍であった。共産党や少数民族との闘争や文民政権の失政で国内が混乱するなか，軍は政治的プレゼンスを高め，1962年にネーウィン将軍はクーデタで政府から権力を奪取した（⇒第6章②）。

インドネシアでは，1960年代前半のスカルノ政権下で共産党が次第に台頭

し，危機感を強めた軍は国民党右派やイスラーム系政党とともに反共右派勢力を構成した。1965年に9・30事件が勃発すると，スハルト将軍を中心とする軍は事件を鎮圧し，共産党関係者の大規模な虐殺を主導した。軍の政治的プレゼンスを背景として，スハルト将軍は1968年に大統領に就任し，その後自らに権力を集中させて独裁的な支配を確立していった（⇒第4章②，③）。

３ 権威主義体制の支配の仕組み

　このように権威主義体制が成立し，権力闘争がほぼ収束したことで，東南アジア各国では政治は安定し，経済成長のための開発政策が本格的に始まって国家機構は整えられ，支配の仕組みも確立していった。通常，権威主義体制下では行政府に権力が集中して立法府と司法府を凌駕する。この点は東南アジアの権威主義体制でも同様である。しかし，国ごとにみていくとその支配の仕組みは多様であることがわかる。この節では支配アクターと，政府・議会・軍・司法といった統治機構との関係性から，それぞれの支配の特徴を明らかにしていきたい。

┃ 共産党による一党独裁──ベトナムとラオス ┃

　ベトナムとラオスでは共産主義政党による一党独裁が確立した。一党独裁とは，憲法で唯一の政党と認められた政党（多くの場合，共産党）が国家を永続的に支配する体制である。党は権力の中枢から末端に至るまで官僚機構のようなピラミッド型の強固な組織構造を持ち，トップに立つ指導者の能力や人格に左右されることなく，長期間にわたって権力を維持する。両国ではそれぞれ憲法で唯一の政党として定められた共産党や人民革命党が「民主集中制」という考え方にもとづいて，あらゆる政治権力を独占的に握っている。

　両国とも党は政府の上に立ち，党の指導者は国の指導者より上位にある。ベトナムでは国の最高指導者は共産党書記長であり，第2位が国会で選出された国家主席（＝大統領），第3位が首相である。ラオスでは，現在は党書記長が国の最高指導者である国家主席を兼任し，第2位が首相である。両国ともに

3　権威主義体制の支配の仕組み　● 163

議会は存在するが，立法のための機関というよりは，党の政策を追認する役割が主である。選挙は行われるものの，選出される議員の9割以上が共産党員であるため，選挙は政府に対する信任投票にすぎない（中野 2009）。司法も党に従属する存在である。軍もまた共産党のための軍隊であり，党が軍をイデオロギー的に指導するという前提があるため政軍関係は安定しており，軍によるクーデタは起こりにくい。共産党は政府，議会，司法，軍といったすべての統治機構の上に立ち，これらを指導，監督している。

┃ 一党独裁と一党優位の間で揺れ動くカンボジア ┃

ポル・ポト政権を崩壊させ 1979 年に政権の座に就いた人民革命党は，一党独裁を基本とする共産主義政党であり，内戦中に官僚機構や軍・警察に浸透して，ベトナムやラオスのように党が国家を指導する体制を築いた。しかし，内戦が終結し，1990 年代初頭の国連による暫定統治期に複数政党制が導入されると，共産主義を放棄して人民党と改称した。1993 年選挙で勝利したフンシンペック党と権力を分有し，短い民主的な移行期を経て，1997 年にフンシンペック党から権力を奪取したあとは権威主義化していった。

1998 年の選挙で勝利を収めた人民党は，フン・セン首相の下で一党優位体制を築いていった。一党優位体制（一党支配体制とも呼ばれる）の下では，党の権力は支配的であるものの，複数政党制がとられ，一定程度競争的な選挙が定期的に行われる。このような一党優位体制の下で，2000 年代末までに人民党が行政府・立法府・司法府の長，軍・警察のトップ，地方首長のポストを独占し，ほとんどの統治機構は実質上，党の支配下に置かれることとなった（山田 2017）。複数政党制と選挙があったため一党独裁ではなく一党優位に分類されうるが，近年野党への弾圧を強めて，2017 年には最高裁判所から最大野党の救国党に解党命令が出され，2018 年の総選挙では人民党が全議席を獲得するに至った。その支配は限りなく一党独裁に近づいている。同時に，フン・セン首相の親族や側近が党や軍の高位のポストを占めるなど，フン・センによる個人支配も強まっている。

164 ● CHAPTER 9 政治体制と体制変動

競争的選挙と複数政党制の下での一党優位——マレーシアとシンガポール

　マレーシアとシンガポールでは，それぞれ建国時から 2017 年まで与党（マレーシアでは与党連合である国民戦線 BN，シンガポールでは PAP）が一度の政権交代もなく，権力を握る状態が 50 年以上継続した。両国は，憲法で複数政党制が保障され，選挙で野党が勝利すれば政権交代が行われる可能性のある一党優位体制である。ただし，政府を批判するメディアを封じ込める，選挙の区割りを与党に有利なように操作する，予算の恣意的な配分で有権者を与党側に惹きつけるといった手段を使って，両国の与党は常に選挙に勝ってきた（鷲田 2017）。シンガポールに比べると，マレーシアのほうが選挙での競争性が高く，また与党内でエリート間の競争や対立があり，一党優位体制に揺らぎが生じることがしばしばある。それに対してシンガポールでは，与党内部や政治エリートの間に対立や分裂がほとんどなく，それが体制安定の理由の 1 つになっている（田村 2000）。

　同じ政権与党が長期にわたって継続することで，両国では政府と与党の融合が進んだ。特にシンガポールでは顕著であり，党幹部は国家官僚でもある（岩崎 2005）。与党議員が多数を占める議会や司法に対しても政府の優位が確立している。また，イギリス植民地統治の伝統から軍に対する文民統制も揺るぎないため，軍によるクーデタの可能性はきわめて低い。

大統領による個人支配——フィリピンとインドネシア

　フィリピンとインドネシアでは，政党や軍ではなく，大統領個人に権力が集中する支配体制が成立した。支配者個人とその側近（クローニー，取り巻き）に国家の意思決定の権限が集中（クローニズム）し，パトロン・クライアント関係にもとづく支持者へのアメ（ポストや利権の付与）と反対者へのムチ（暴力的弾圧）を通じて支配を行う体制である。

　フィリピンのマルコスは民主的な選挙で選出された大統領であったが，1972 年に戒厳令を布告して，反対者を弾圧して権力を確立した（⇒第 3 章 ②）。インドネシアのスハルトは陸軍将校として 9・30 事件を鎮圧し，大統領に就任した後は軍を従属させていった（⇒第 4 章 ③）。それぞれ親族や自らに忠実な

人物を通じて官僚機構，与党，軍を支配し，自分を支持する者にはポストや利権を与え，反対する者は容赦なく弾圧し，時に反対者にもポストや利権を提供することで支持者にするというアメとムチによる支配の手法がとられた。フィリピンでは一定期間国会は開かれず，インドネシアでは大統領が自ら国会議員を任命・解任することで議会を従属させた。選挙は実施されたが，自らが設立した与党が圧勝するよう政府・軍をあげてこれを支援させ，選挙不正も行われた。官僚機構や司法の独立性は低く，縁故主義や利権分配にもとづく不合理な経済運営や汚職が蔓延した。

政軍関係をみると，インドネシアとフィリピンで軍の統制のあり方は異なる。フィリピンでは文民政治家出身のマルコスが自分と同郷・同民族の将校を優先的に登用することで他の将校の不満を買った（山根 2014）。インドネシアのスハルト大統領は陸軍出身であり，軍に対して偏った人事政策を採ることは少なく，軍人に官僚機構，議会，地方政府，国営企業などに天下りさせ，同時にビジネスの機会を広く提供したことで軍の統制に成功し，政軍関係を安定させた（⇒第4章③）。

軍事政権──ミャンマーとタイ

軍事政権は，軍がクーデタによって政治の実権を握り，軍事評議会を設置して直接統治を行う体制である。その統治はしばしば憲法のない状態で行われることが多い。ビルマの軍政は，1962年にネーウィン将軍がクーデタで政治の実権を握り，軍事評議会を設置することで始まった。1974年に形式上の民政移管が行われたが，実質的には軍の支配が続いた。官僚機構に多数の軍人が出向したことで，イギリス植民地時代に培われた文民官僚の伝統は破壊された（中西 2009）。ビルマ式社会主義を掲げたネーウィンはビルマ社会主義計画党という政権与党をつくり，議長には自らが就任し，多数の軍人が与党を通じて議会に送り込まれた。軍人は国営企業に天下りするなど国家機構のあらゆる分野に進出し，これらのポストは軍人の既得権と化した。1988年に反政府運動によってネーウィンは失脚したが，軍はクーデタを行って再び権力を握り，2011年まで長期にわたって軍政を継続した（第6章④）。ベトナムやラオスにおいて国家の上に党があるとすれば，ミャンマーでは国家の上に軍があったと

いえる。

　タイでも軍による政治権力の奪取が繰り返し行われてきたが，ミャンマーのような長期にわたる軍政ではない。クーデタのあと軍政は自らの望む政治的秩序を実現するために新憲法を起草し，一定期間のうちに民政移管するという暫定的な性格の軍政であった。しかし，軍が望む秩序が実現しなければ，再びクーデタに訴えて政治の実権を握った。

　近代化の過程で自律的な官僚機構が形成されたタイでは，軍政下で文民官僚の伝統が破壊されたミャンマーとは異なり，軍人の官僚機構への進出はほとんどなかった。また，軍を牽制することのできる政治的権威が存在しないミャンマーとは異なり，国王の権威が非常に強いタイでは国王の指示があれば軍は政治から撤退せざるを得ない。同じ軍政とはいえ，タイとミャンマーでは軍政の統治のあり方は大きく異なっている。

4 権威主義体制における国家と国民の関係

　権威主義体制下では国民は政治参加の権利を制約され，政府への批判や政治的意見の表明も難しい。それでも，支配の仕組みが異なることで国家と国民の関係にも多様性が出てくる。その多様性に着目しながら，権威主義体制における国家と国民の関係をみていこう。

党の社会への浸透——ベトナム，ラオス，カンボジア

　ベトナムとラオスは共産党のネットワークを社会に浸透させることで国民を管理してきた。党のネットワークは社会の末端部まで行き渡り，国民を動員・監視する機能を果たし，党や政府への批判や民主化要求は当局による逮捕・投獄の対象となる（中野 2009；山田 2018）。しかし，共産党政権に対する目立った対抗勢力のないベトナムとラオスでは体制が安定しているため，政府が国民に対して剥き出しの暴力を振るうことはほとんどない。

　ベトナムとラオスでは近年，一党独裁体制維持のために民意を重視する姿勢をみせるようになった。ラオスでは国会会期中に国民の意見や不満を受け付け

るホットライン（専用電話回線，電子メール，ファックス，私書箱）が設けられ，行政や司法の判断に不満がある場合は国民が議会に申し立てることができる制度が整備された（山田 2018）。また，ベトナムでは原子力発電所建設が，2011年の福島原発事故によって地域住民の反対が高まるなかで撤回された。そして，2013年の憲法改正では，初めて「民主化と人権尊重を進める」という文言が入った。

人民党支配下のカンボジアでも，ベトナムやラオスのように党のネットワークを社会に張り巡らせることで国民を支配しようとしている。人民党は党員数の拡大を図り，18歳以上の国民をすべて入党させることをめざし，入党しない者を野党支持者とみなし，弾圧した。不利益を被らないよう人民党にやむなく入党する人も多いが，人民党のやり方に反発して選挙では野党に投票する人が増え，2013年選挙では野党が躍進した（山田 2013）。しかし，これに脅威を感じた与党は野党政治家やその支持者，政府に批判的なメディアに対する弾圧を強化し，2017年に最高裁は最大野党の救国党に解党命令を出した。ベトナムとラオスでは複数政党制がないゆえに体制が安定し，国民に対する暴力が控えられているのに対して，複数政党制があり競争的な選挙が行われていたカンボジアでは，ベトナムやラオスよりも民主的な制度の下にあるがゆえに国家による抑圧と暴力が拡大したという皮肉な現実がある。

▌法治主義と応答性──マレーシアとシンガポール▐

マレーシアとシンガポールでは，秩序と治安を維持するためと称して言論・報道・集会の自由を制約しているものの，自ら法律で定めたルールの範囲内で権力を行使し（鈴木 2010），甚だしい権力の濫用や暴力にもとづく支配を行うことはまれである。マレーシアでは 1998 年のレフォルマシ運動（⇒第 2 章 ③）以来，政権幹部の汚職への批判や政権交代を求めて大規模なデモであるブルシ（清廉）運動がたびたび行われてきたが，警察による運動参加者への弾圧はそれほど暴力的なものではなく，繰り返される反政府デモは 2018 年の政権交代の伏線になったともいえる（伊賀 2018）。

また，国民の異議申し立てに対する政権側の応答性の高さも注目に値する。シンガポールの PAP 政権は経済成長の恩恵を安価な公共住宅の提供などの形

で国民に還元し，外国人移民受け入れのような国民の不満が明確に表明された問題では柔軟に政策転換するなど，国民に対して応答的な態度をみせている。そのことが同国における政治的安定の鍵になっている（⇒第2章④）。

恣意と暴力と温情にもとづく支配——フィリピンとインドネシア

フィリピンとインドネシアは，強大な権力を握ったマルコス大統領とスハルト大統領による恣意と暴力と温情にもとづく支配であった。この体制では大統領その人が「ルール」であり，大統領の意向で「ルール」は変化する（増原2010）。このような支配では異議申し立てのリスクは大きく，大統領の意向次第で国民はみせしめのために殺害されることすらあった。

他方で，大統領は「国民の父」として温情的に振る舞った。政治・行政のポストを付与することで批判的なエリートを体制側に取り込み，補助金によって食糧や灯油など生活必需品の物価を抑え，公共事業には手厚い予算をつけて国民を慰撫した。大統領の親族はその権威を利用して巨大な財閥を形成し，膨大な蓄財を行うが，慈善事業を通じて気前よく還元し，国民の支持を得た。大統領と国民との間にはこのように物質的な利益と支持・忠誠とが交換されるパトロン・クライアント関係が形成され，この関係に入ろうとしない国民は「不服従者」として監視と弾圧の対象となった。

軍政による徹底した統制——ミャンマー

ミャンマーの軍政下では，国民の政治参加と市民的自由は著しく制約され，選挙は行われず，憲法が停止されて，国民の言動は厳しく監視・統制された。軍事政権では政府に対する反対は軍に対する反対と同義であるため，反政府運動は軍による暴力的な弾圧を招く。1988年と2007年に起こった大規模な反政府デモの際には，デモに参加した多くの僧侶，学生，市民が逮捕され，殺害された。厳しい統治の下で国民は軍政に服従するしかない。軍政は国際社会から厳しく批判されて経済制裁を科されたが，それによってダメージを受けたのは国民であり，社会と経済は長期にわたり停滞した。

4 権威主義体制における国家と国民の関係 ● 169

■ 軍政と国民の間に立つ国王？──タイ

　タイにおいてミャンマーのように軍が国民の上に君臨するような軍政とならなかったのは，国王の存在があったからである。1958 年から 1963 年までのサリット軍政時代に国王を父と崇めるタイ式民主主義が提唱され，政権の正統性の源泉とすべく国王の美化が推し進められた。タイ社会における国王の権威は高まっていき，1973 年の反政府デモの際には国王が軍による学生の虐殺を停止させ，軍政幹部に国外退去を命じた（⇒第 5 章②，③）。1992 年に民主化デモで軍の発砲によって流血が起こった際にも，国王は軍に発砲の停止を命じ，軍政と民主化勢力との間を調停した。国王，軍，国民という 3 者関係で政治が動いてきたタイでは，軍と国民との対峙が後者に大きな犠牲をもたらしたミャンマーとは異なり，反政府デモの際の国民の犠牲の度合いは国王の態度で決まる。そして，国王の「臣民」ではないとみなされた人々（1970 年代の共産主義者や 2006 年以降のタックシン支持者）に対しては，王権の代行者たる軍による弾圧が容認された。

　2016 年，70 年にわたり国民に敬愛されたプミポン国王（ラーマ 9 世）が崩御した。翌年には新国王のワチラロンコンが即位したが，彼は前国王のような国民の人気はない。国王，軍，国民の 3 者関係が変化すれば，それは長期的にタイ政治を大きく変えることになるかもしれない（永井 2018）。

⑤　政治体制の持続と変動

　この章の冒頭でポリティ・スコアについて言及し，民主主義と権威主義の間で振れ幅の小さい国と大きい国があることを指摘した。前者は，ベトナム，ラオスといった一党独裁体制の下で，あるいはマレーシア，シンガポール，カンボジアといった一党優位体制の下で，いずれも長期にわたって権威主義的支配が持続してきた国である。それに対して，民主主義と権威主義の間で振れ幅の大きな国は，個人支配のフィリピン，インドネシア，軍政のタイ，ミャンマーである。この 4 国では権威主義から民主主義への政治体制の変動が起こって

いる。以下では，この政治体制の持続と変動について検討してみよう。

党による持続的な支配

　一党独裁と一党優位の国々に共通しているのは，1つには支配アクターが政党であり，与党が政府と融合して，議会，軍，司法を従属させたことで，統治機構や政治エリートの間での競争が抑制されてきたということである。統治機構やエリートでの間の競争が高まれば，反体制勢力がいずれかと連携して体制変動の契機が生まれる可能性があるが，こういった国々ではそれが抑えられるため，急激な体制変動が生じにくい。ただし競争的な選挙が行われ，政治エリート間の競争が激しいマレーシアは，2018年に政権交代が実現した。

　一党独裁体制と一党優位体制の国々に共通するもう1つのことは，カンボジアを例外とするが，暴力の使用が軍政や個人支配と比べると少ないということである。暴力的弾圧が少なければ国民は政府に対する恐怖や憎悪の感情を増幅させることなく，異議申し立ても穏健な形をとる。加えて，党は地域社会の末端にまでその組織を浸透させ，予算や資源の分配をコントロールしつつ，国民の不満を和らげようと努めている。エリート間の競争の抑制と非暴力的な支配，そして国民に対する応答的態度によって，これらの国々の体制は持続的で長期的なものになったと考えられる。

大規模な反政府運動と個人支配体制の崩壊

　1980年代末の冷戦終結と前後して人権を重視する規範が国際的に広がり，欧米諸国は発展途上国に対して民主化と人権擁護を積極的に促すようになった。こうした国際情勢を背景に，東南アジアでも権威主義体制から民主主義体制への変化，すなわち体制変動が起こった。ただし，個人支配体制であったフィリピン，インドネシアと，軍政であったタイ，ミャンマーでは体制変動のあり方が異なる。まず，個人支配体制についてみていこう。

　個人支配体制では，大統領親族や側近への富の集中や汚職の蔓延が国民の批判を招き，縁故主義にもとづく非効率的な経済運営は経済危機を深刻化させ，大規模な反政府運動の発生を促しやすい。フィリピンでもインドネシアでも大規模なデモの背景には経済危機があった。加えて，個人支配体制では選挙や国

5　政治体制の持続と変動　● 171

民投票は支配者の権力維持を正当化するためのみせかけとして行われ，選挙での不正も甚だしいため，政府に対する不満が広がっても，その不満は選挙や国民投票という制度を通じては解消されず，ゆえに制度外の大規模な反政府運動という形をとって異議申し立てが表明されたのである（増原・鈴木 2014）。

　大規模な反政府運動が発生すると，軍や与党は大統領から離反しやすくなる。この体制では，広範な人事権を持つ大統領が，ポストを分配することで飼いならした忠実な政治エリートを通じて与党，議会，軍，官僚機構をコントロールするが，大統領との近さやポストの配分をめぐってはエリート間に競争があり，それが激化してエリート間のまとまりが低下すると，政権は社会に対して脆弱となる。インドネシアでは，そのようなタイミングで大規模な反政府運動が起こり，スハルト大統領をそれまで支えていた軍や与党の内部が大統領を支持するグループと支持を撤回するグループにそれぞれ分裂し，後者が反政府勢力と結びついたり，日和見的な態度をとったことで，比較的短期間で体制は瓦解した（増原 2010）。フィリピンでは軍の一部が離反し，大統領に対するクーデタ未遂を起こして大規模なデモが起こるきっかけをつくり，インドネシアでは与党議員が離反して反政府運動に同調し，閣僚や軍も大統領への支持を撤回し，体制を崩壊させた（⇒第3章 ②，第4章 ③）。

軍政による反政府運動の弾圧と上からの民主化

　軍が統治に全面的に関与する軍政では，個人支配のように大規模な反政府運動が起こっても，それが直接的に軍政の崩壊をもたらすことは少ない。軍政に対する反対は軍に対する反対とみなされ，反政府運動が軍による武力弾圧の対象となるからである。軍政はむしろ，軍の組織的利益に適い，自らが望む政治的秩序をつくり出すために憲法を改正して上からの民主化を進め，それが一定の段階に達したところで民政移管する，すなわち軍政を終了させることが多い。

　タイでは，1973年と1976年に大規模な反政府運動が起こったが，前者は国王の調停によって沈静化し（同時に民政移管），後者は軍によって弾圧された。1980年代になると，プレム政権が上からの民主化を進め，1988年の選挙で民政移管を完了させた（⇒第5章 ③）。1991年に軍は再びクーデタで政治の実権を握り，1992年に大規模な民主化運動が起こるとこれを武力で弾圧したが，

このときも国王が調停に入り民政移管が行われた。2006年と2014年のクーデタのあとは，軍政は憲法を改正して，タックシンの政党が権力を再び握ることのないように選挙制度や議会制度を改めたうえで民政移管を進めている。

　長期の軍政が続いたミャンマーでも，1988年と2007年に起こった大規模な反政府運動は軍によって徹底的に弾圧されたが，2008年以降，上からの民主化が軍政によって進められた。国際社会からの経済制裁もあって長引く経済停滞から脱却するために，2003年に民主化ロードマップが作成され，これに沿ってテインセイン政権下の2008年に憲法が改正され，2010年には選挙が実施された。2011年，テインセイン大統領は民主化指導者であるアウンサンスーチーと直接対話を行い，両者は民主化を進めていくことで合意した。2015年選挙での国民民主連盟（NLD）の圧勝によってアウンサンスーチー政権が生まれたことで民政移管は完成した（工藤編 2015）。しかし，2008年憲法は軍の政治的プレゼンスを認める内容であり，その改正は容易ではない。軍が主導するロヒンギャ弾圧にみられるように，いまだ軍の政治への関与は大きく，軍はミャンマーの民主主義のゆくえを左右する存在となっている。

　タイにせよ，ミャンマーにせよ，軍による政治への関わりは，これらの国々における民主主義の定着を阻んでいるといえる。

読書案内 | Bookguide ●

武田康裕（2001）『民主化の比較政治——東アジア諸国の体制変動過程』ミネルヴァ書房。
⇒東南アジアを含む東アジア諸国の政治体制と体制変動のさまざまな事例について，比較政治学の理論にもとづいた理解を深めることができる。

中村正志編（2012）『東南アジアの比較政治学』アジア経済研究所。
⇒比較政治学のアプローチで東南アジア諸国の政治体制，政治変動，政治制度，地域機構をわかりやすく解説する良書。

引用・参考文献 | References ●

伊賀司（2018）「活性化した社会運動と市民社会の変貌——ブルシ運動による街頭デモの日常化」中村正志・熊谷聡編『ポスト・マハティール時代のマレーシア——政治と経済

はどう変わったか』アジア経済研究所：173-222。

岩崎育夫（2005）『シンガポール国家の研究——「秩序と成長」の制度化・機能・アクター』風響社。

工藤年博編（2015）『ポスト軍政のミャンマー——改革の実像』アジア経済研究所。

久保慶一・末近浩太・高橋百合子（2016）『比較政治学の考え方』有斐閣。

末廣昭（1993）『タイ——開発と民主主義』岩波書店。

鈴木絢女（2010）『〈民主政治〉の自由と秩序——マレーシア政治体制論の再構築』京都大学学術出版会。

砂原庸介・稗田健志・多湖淳（2015）『政治学の第一歩』有斐閣。

玉田芳史（2003）『民主化の虚像と実像——タイ現代政治の変動メカニズム』京都大学学術出版会。

田村慶子（2000）『シンガポールの国家建設——ナショナリズム，エスニシティ，ジェンダー』明石書店。

永井史男（2018）「タイ——『国王を元首とする民主主義』国家」清水一史・田村慶子・横山豪志編著『東南アジア現代政治入門〔改訂版〕』ミネルヴァ書房：113-139。

中西嘉宏（2009）『軍政ビルマの権力構造——ネー・ウィン体制下の国家と軍隊 1962-1988』京都大学学術出版会。

中野亜里（2009）『ベトナムの人権——多元的民主化の可能性』福村出版。

増原綾子（2010）『スハルト体制のインドネシア——個人支配の変容と一九九八年政変』東京大学出版会。

増原綾子・鈴木絢女（2014）「二つのレフォルマシ——インドネシアとマレーシアにおける民主化運動と体制の転換・非転換」日本比較政治学会編『体制転換／非転換の比較政治』日本比較政治学会年報第 16 号，ミネルヴァ書房：207-231。

山田紀彦（2018）「ラオス——成熟する人民革命党支配」清水一史・田村慶子・横山豪志編著『東南アジア現代政治入門〔改訂版〕』ミネルヴァ書房：161-184。

山田裕史（2013）「変革を迫られる人民党一党支配体制」『アジ研ワールド・トレンド』19（12）：4-7。

山田裕史（2017）「カンボジア——人民党一党支配体制下の政軍関係」日本比較政治学会 2017 年度研究大会報告論文。

山根健至（2014）『フィリピンの国軍と政治——民主化後の文民優位と政治介入』法律文化社。

鷲田任邦（2017）「権威主義的政党支配下におけるゲリマンダリング—— GIS を用いたマレーシアの事例分析」日本比較政治学会編『競争的権威主義の安定性と不安定性』日本比較政治学会年報第 19 号，ミネルヴァ書房：57-83。

CHAPTER

第 10 章

成長・分配

フィリピンのマニラ首都圏では、5人に1人がこのようなインフォーマルな居住地に住んでいる。

INTRODUCTION

　植民地統治の下で一次産品の生産地となった東南アジアの国々にとって、工業化は経済を成長させ、貧困を撲滅するために不可欠であった。しかし、その帰結は、冷戦期に西側諸国から資本や技術を引き寄せることで工業化による経済開発に成功した国、西側からの援助を受けつつも、汚職やクローニズム、政治の不安定化によって円滑に開発政策を実施できなかった国、社会主義による経済運営を行い、経済停滞に直面した国と、さまざまである。経済成長のゆくえや成長の果実の分配は、各国政府の正当性や政治の安定性を左右してきた。この章では、各国における経済成長の軌跡、経済成長に影響する政治的要因、分配をめぐる政治についてみていく。

KEYWORDS

アジア通貨危機　　クローニー・キャピタリズム　　所得格差　　中所得国の罠　　東アジアの奇跡

1　経済と政治

▌誰が何をどのくらい得るか▐

　前章でみたような政治的な権利や機会を分配する政治の仕組みと同じくらい重要なのが，そのようなゲームのルールの中で，誰が経済的な機会や富をどのくらい得るかという問題である。限られた資源をめぐり，さまざまなグループや個人の間で繰り広げられる戦いは，ときに流血や体制変動を伴う対立へと発展しうる。

　その意味において，経済成長を実現させ，適切な分配を行うことは，政府の重要な仕事である。経済成長は，人々の所得水準や，教育，保健・衛生，インフラの質を向上させるだけでなく，全体のパイを増やすことによって，希少価値をめぐる戦いの苛烈さを緩和する。また，公平な分配は，貧しい人や，教育やビジネスの機会に恵まれない人にも，資源や機会，安心感を与えることで，人々が平和に暮らし，また，才能を伸ばすことを可能にする。こうした分配は，人を育て，新しい考え方や新しいモノを生み出し，やがて経済成長につながる。

　ただし，経済成長の結果として所得や資産の格差が拡大していけば，裕福な人たちとそうでない人たちの間の対立が生まれうる。優遇される人々とそうでない人々の間の亀裂が，政治的な亀裂と一致するような場合は，既存のゲームのルールへの異議が唱えられ，政治体制が不安定化する可能性がある。政府の仕事は，分配を通じてこのような事態を避けることである。しかし，実際には，政府自体が分配を歪めることもあるし，成長を阻害してしまうこともある。とりわけ，政治的権力を握っている集団が，経済的な富も独占するような場合，彼らは自身の利益に資する政策を実施することで，平等な分配を妨げてしまう。

CHART | 表 10.1　東南アジア諸国の 1 人当たり GNI（1970〜2015 年）

	1 人当たり GNI（米ドル，実質）					
	1970 年	1980 年	1990 年	2000 年	2010 年	2015 年
シンガポール	960	4720	11,450	23,670	44,790	52,090
ブルネイ	—	—	12,550	14,800	32,910	38,010
マレーシア	360	1790	2,370	3,420	8,230	10,570
タイ	210	710	1,490	1,990	4,610	5,720
フィリピン	220	700	720	1,220	2,750	3,550
インドネシア	90	510	620	560	2,530	3,440
ベトナム	—	—	130	400	1,270	1,990
ラオス	—	—	190	280	1,000	1,740
東ティモール	—	—	—	—	3,010	2,180
ミャンマー	—	—	—	—	830	1,160
カンボジア	—	—	—	300	750	1,070

（出所）　World Development Indicators.

国家間の所得格差

　第 2 次世界大戦後の東南アジア諸国における経済活動は農林業や鉱業，中継貿易に限られていた。独立後，各国は工業化や農業の近代化によって，所得を上げようとした。しかし，その成果は各国によって大きく異なる。

　東南アジアには，①高所得国のシンガポール，ブルネイ，②上位中所得国のマレーシア，タイ，③下位中所得国のフィリピン，インドネシア，ベトナム，ラオス，東ティモール，ミャンマー，カンボジアが並存している。なかでも，1 人当たり国民総所得（Gross National Income：GNI）の最も高いシンガポールと，最も低いカンボジアとの間には，約 50 倍もの所得格差がある（表 10.1）。

　ふんだんな石油資源を持つブルネイのような国を除けば，このような所得レベルの違いは，経済成長に必要な資本，労働力，技術やアイデアといった各要素を，各国がどのくらい多く集め，またどのくらい効率的に使うことができたかによっている。ただし，必要な資本や労働力，技術を集め，使うのは必ずしも簡単ではない。たとえば，農業国が工業化を進める場合，労働力は農村部から集める必要があるが，多数の人を工場の働き手とするためには，機械化や化

1　経済と政治　●**177**

CHART 図 10.1 先発 5 カ国の GDP 成長率（1961〜2016 年）

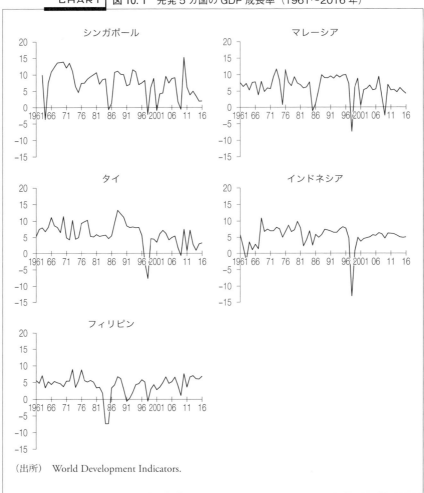

（出所） World Development Indicators.

学肥料によって農業生産が効率的になり，農村部で人手が余ることが 1 つの条件になる。また，人手を確保できたとしても，モノをつくるための工場や機械，技術は，国内には存在しないことがほとんどである。

　実際，東南アジアの国々の多くは，独立時にはコメやゴム，スズ，砂糖，コーヒーなどの一次産品の生産に特化するか，中継貿易を主な活動としていた。そのため，これらの国々が工業化をめざしたとき，資本や技術を国外から受け

> **Column ⓾-1　GNI**
>
> 　一定の期間につき，ある国の居住者が国内外から得た所得の合計を指す。GNI は，国内の政府や民間セクターによる消費，投資，貿易収支を合計した国内総生産（GDP）に，海外からの所得の純受取を合算したものに等しい。海外からの所得の純受取とは，居住者が国外で得る株式売却益や配当，賃借料，給与などの所得から，非居住者が国内で得るこれらの所得を引いたものである。
>
> 　2016 年 7 月時点で，世界銀行は，1 人当たり GNI が 1025 ドル以下の国を「低所得国」，1026 ドル以上 4036 ドル以下の国を「下位中所得国」，4036 ドル以上 1 万 2475 ドル以下の国を「上位中所得国」，1 万 2476 ドル以上の国を「高所得国」と分類している。

入れる必要が生じた。また，工業化に必要な発電所や道路，港湾，工業用地の整備にも，やはり資本が必要だった。

　第 2 次世界大戦後の東南アジアにおける経済成長の度合いの違いは，これらの課題に対する各国の対応の違いによって，説明することができる。まず次節では，冷戦期に西側とつながり，1960 年代以降，順次工業化を始めたシンガポール，マレーシア，タイ，インドネシア，フィリピン（いわゆる ASEAN 5）からみていく。

ASEAN 先発国

西側とつながり成長した ASEAN 5

　ASEAN 5 は，それぞれ 1960 年代に開発行政機構を整え，経済成長へ向けたさまざまな政策を実施した。たとえば，国内外から資本を集めるための投資奨励法や，工業団地の建設による製造業の奨励などが，これにあたる。

　これ以外にも，いくつかの共通点があった。まず，冷戦期にアメリカ，イギリス，日本などの西側諸国とのつながりにより，貿易，投資，援助の恩恵を受

けたことである。とりわけ，軍事援助や経済援助を元手とする道路や港湾をはじめとするインフラ整備は，工業化の基盤となった。

　もっとも，西側とのつながりは多様である。たとえば，タイは，共産主義封じ込めを目的とした東南アジア条約機構（SEATO）に加盟し（⇒第 12 章②），インドシナ冷戦の前線基地の提供と引き換えに，アメリカから軍事援助や経済援助を受けた。同じく SEATO に加盟していたフィリピンも，ベトナム戦争時の派兵や基地供与の見返りを受け，アメリカからの軍事援助は約 3 倍に増加した。

　シンガポールとマレーシアは，SEATO には加盟しなかったものの，西側との通商上のつながりから，朝鮮戦争やベトナム戦争のための軍事物資貿易で，大きな貿易黒字を得ることになった。最後に，インドネシアは非同盟運動のリーダーであったものの，1965 年の 9・30 事件後に共産主義勢力が粛静され（⇒第 4 章②），アメリカからの経済援助が飛躍的に増大し，これが石油産業の基盤づくりに使われた（Stubbs 2005）。

　ASEAN 5 に共通する 2 つ目の特徴は，政治的な反対派を抑え込む強い長期政権の下で，工業化が推進されたことである。これらの国々は，経済開発のための行政機構を整備し，長期経済計画を立案，実施した。しかし，優れた計画があっても，反対に直面して挫折しては意味がない。実際，工業化はさまざまな反対を引き起こす。たとえば，外国資本の流入による競争激化を恐れる国内の資本家は，外資の自由化に反対するだろう。さらに，賃金の安さが外国資本にとって魅力的である場合，労働組合による賃上げや労働条件改善の訴えは，政府にとっても経営者にとっても，受け入れがたい。

　シンガポールやマレーシアにおいては，議会の圧倒的な多数を維持する優位政党，タイにおいては軍事政権，インドネシアとフィリピンにおいては強い権限を有する大統領がそれぞれ権力を握り，反対派を抑え込み，経済政策を実施した。たとえば，シンガポールでは，人民行動党（PAP）が国内治安法などの法律によって，野党党員や労働組合幹部を次々と逮捕した（⇒第 2 章④）。これと並行して，PAP は土地収用法（1966 年）によって国土の大半を国有地とし，工業用地や国営住宅を建設するとともに，経済開発庁（1960 年設置）による長期計画を着々と実施していった。また，労働組合は，全国組織である国家労働組合会議の下に統合され，その要職は PAP 党員が握った（Pereira 2008）。政治

的安定を背景に，シンガポールは外資100％の会社設立を許可し，アメリカ，イギリス，オランダ，日本といった西側先進工業国の資本誘致に成功し，いち早く輸出志向型工業化の軌道に乗った。産業構造は，1970年代には家電や半導体，1980年代には石油化学やIT産業中心のそれへと，きわめて速いスピードで変化した（岩崎 2013）。

　また，1947年から1973年まで軍事政権が続いたタイでも（⇒第5章 ②），1950年に国家社会開発省がつくられ，経済官僚による5カ年経済計画の策定が始まった。サリット政権の下で投資奨励法（1958年）が制定されたことで，日本やアメリカから資本が流入し，1960年代から70年代にかけて，繊維や食品加工といった軽工業中心の工業化が本格化した。タイのお家芸ともなった自動車の組み立てが始まったのも，この頃である。しかも，労働組合の活動は1972年まで禁止され，農村部の余剰労働とあいまって，製造業を支える低賃金労働の供給が可能になった。

「東アジアの奇跡」

　こうして経済的，政治的インフラを築いたASEAN 5のうち，1983年の債務危機から1986年のエドサ革命にかけての混乱（⇒第3章 ②）を経験したフィリピンを除いた4カ国は，1980年代半ば以降，年平均10％を超える経済成長率を実現した。この背景には，貿易の自由化と世界的な金融の自由化がある。マレーシア，タイ，インドネシアによる外資誘致のための投資促進措置や，製造業への外資投資要件の緩和は，1985年のプラザ合意を契機とする日本資本の海外進出を引き寄せ，程度の差はあるが，各国で輸出志向型の製造業の成長を促した（表 10.2）。また，これら3カ国が為替取引や外資系金融機関の規制緩和を行ったことで，アメリカなど先進国の資本が流れ込み，不動産や金融分野への投資が活発化した。このことは，のちに資産バブルを引き起こし，アジア通貨危機の一因となったものの，短期的にみれば経済成長率を押し上げることになった。

　1980年代半ばから90年代半ばにかけてのシンガポール，マレーシア，タイ，インドネシアの高度経済成長は，「東アジアの奇跡」と呼ばれている。世界銀行が1993年に刊行した『東アジアの奇跡——経済成長と政府の役割』は，こ

2　ASEAN 先発国　●181

CHART | 表 10.2 ASEAN 10 カ国の輸出の対 GDP 比率（1970, 90, 2010 年）

	輸出の対 GDP 比（%）		
	1970 年	1990 年	2010 年
シンガポール	126.1	177.2	199.3
ブルネイ	—	61.8	67.4
マレーシア	45.8	74.5	86.9
タイ	15.0	34.1	66.1
インドネシア	14.2	27.3	24.3
フィリピン	21.6	27.5	34.8
ベトナム	—	36.0	72.0
ラオス	—	11.3	35.8
ミャンマー	—	—	0.1
カンボジア	—	—	54.1

（出所） World Development Indicators.

の 4 カ国と日本，韓国，台湾，香港などの「高度成長を遂げるアジア」（High Performing Asian Economies）による「市場友好的アプローチ」が，「東アジアの奇跡」の要因であったと論じている。この本では，これらの国々の政府が，インフレや財政赤字を避けながら健全なマクロ経済運営を行いつつ，民間セクターと良好な関係を築いて輸出志向型工業化を進め，新しい技術を生み出すために研究開発を支援し，さらに教育や土地改革などの分配を促進したことが主張された（世界銀行 1994）。

アジア通貨危機後のマレーシアとタイ──「奇跡」から「罠」，「限界」へ？

しかし，このような議論は，1990 年代半ば以降，さまざまな角度からの批判にさらされるようになった。たとえば，ポール・クルーグマンは，東南アジアにおける経済成長は，もっぱらカネとヒトを大量に投入したために起きたのであって，技術力によって牽引されたのではないと論じた（Krugman 1994）。

1990 年代末になると，このような批判はさらに強まっていく。この契機になったのが，1997〜98 年のアジア通貨危機である。アジア通貨危機は，1997 年 7 月，国外の投資家によるタイの通貨バーツの投機的な売りを契機に，株式や不動産，消費者金融といった分野に流入していた海外短期資本が急速に国

外に流出したことに始まる。タイだけでなく，周辺国マレーシアやインドネシアの通貨もこれに伴い暴落した。資本流出，株価の暴落，不良債権の発生により，3カ国は大幅なマイナス成長を経験することになった。通貨危機の直接的な要因は短期資本の流出だったが，これらの国々の経済に対しては，政府と緊密な関係を持つ取り巻き（クローニー）実業家が，政府の許認可，公共事業，優遇税制，低金利融資，財政配分などを通じて財をなす「クローニー・キャピタリズム」（縁故資本主義）が蔓延しているという批判が向けられた。

　通貨危機の翌年には，これらの国々の経済成長率は回復に向かうが，成長率がアジア通貨危機前のレベルに戻ることはなかった。とりわけ，マレーシアとタイについては，2000年代後半以降，「中所得国の罠」という言葉がまことしやかに語られるようになった。

　この2カ国は，1980年代半ば以降，低賃金の優位を活かした輸出産業で経済成長を遂げたが，中国やベトナムなどの周辺国が同じ戦略で成長するなかで，比較優位を失った。こういう状況に直面した国が，自前で高い技術力を持つ製品をつくる能力や，新しいアイデアに特徴づけられるサービスを生み出すような十分な基盤を持たない場合，先進国型の経済に移行することができず，中所得国の地位に延々ととどまり続けることになる。これが，「中所得国の罠」の議論の核である（Yusuf and Nabeshima 2009）。

　さらに，輸出志向型の成長そのものの限界も指摘されている。先進国から投資や技術を呼び込み，国内の労働力を使ってモノをつくり，先進国に輸出するという「ファクトリー・アジア」型の成長は，金融危機や高齢化を背景とする先進国の需要停滞と，東南アジア各国での賃金上昇を要因として，限界を迎えているといわれている。このような限界を超えるために，労働者に対する教育や訓練，福祉，給与を手厚くし，アジアで生み出し，アジアでつくり，アジアで消費する経済への移行が提唱されている（Choi and Rhee eds. 2014）。

┃ 開発ガバナンスと経済パフォーマンス ┃

　すでに述べた共通項にもかかわらず，ASEAN 5 諸国の1人当たり GNI には大きな違いがある（**表10.1**）。この違いは，各国の経済政策の違いと，経済ガバナンスの違いから，ある程度説明できる。

Column ⑩-2　輸入代替工業化／輸出志向型工業化

　輸入代替工業化政策とは，もっぱら輸入に頼っている工業製品を，国内で生産することができるようになることをめざす政策である。国外から輸入される完成品に対して高い関税や輸入数量割り当てを課す一方で，自国の為替レートを切り上げ，生産に必要な資本財や中間財の輸入を奨励することで，国内生産者にとって有利な条件をつくり出す。他方で，輸出志向型工業化とは，関税などで国内市場を守ることはせず，原則として開放経済を維持する一方で，輸出実績の優れた企業に対して税金の優遇や低金利での政府貸し出しをするといった方法で，競争力のある輸出企業をつくろうとする政策である。

　まず，マレーシアから分離独立し，小さい国内市場しか持たなかったシンガポールは，工業化の開始と同時に一貫して多国籍企業を誘致し，早い段階から輸出志向型工業化による経済成長を進めた（⇒第2章④）。また，PAP党員が役員を務める政府系企業が，政府の長期政策に従った戦略的分野への投資を行うことで，経済計画を一貫して実現することが可能になった。この背景には，PAPの圧倒的な権力でもって，国内の中小資本家や労働者が政治的に弱体化され，経済政策への強い反対勢力が不在になったという政治的な要因がある（Pereira 2008）。

　他方で，ある程度の規模の国内市場を持ち，かつ，地場資本家が政治的な影響力を持っていたマレーシアやタイでは，工業化開始と同時に，いくつかの産業で国内の生産者を保護するための輸入代替工業化戦略が採用され，外資主導の輸出志向型工業化による経済成長の本格化は，1980年代半ばまで待たねばならなかった。また，これらの国々では，政治的な影響力を持つ資本家を利するような政策がとられたことも指摘できる。たとえば，タイでは，閣僚や官僚を役員として受け入れることで政治的な影響力を持っていた財閥の利権保護のために，銀行の新規参入が禁止され（1962年），また，1980年代の金融自由化の時代には，銀行に対する監督の甘さが顕著になっていった。これが，アジア通貨危機の要因の1つになったといわれている（岡部 2009）。

　マレーシアでは，1971年以降，最大与党の支持基盤である多数派民族のブ

ミプトラに対して，経済的機会や資本を優先的に分配するブミプトラ優遇政策がとられている。ブミプトラの資本所有割合を外資による直接投資の認可基準にするなど，効率性が削がれる慣行が続いていることが，近年の対内直接投資の停滞の一因であるといわれている。

さらに，インドネシアやフィリピンでは，それぞれスハルト，マルコス両大統領が工業化を謳ったものの，成果は十分ではなかった。

インドネシアでは，1960年代後半の投資法制定以来，石油やその他の鉱物資源への外国投資が集まった。1970年代の石油ブーム終了後の80年代には，政府は資本集約型，技術集約型の製造業に力を入れるようになり，その結果，1980年代には製造業が輸出額においても，GDP比においても，石油セクターに取って代わった。しかし，こうした成長の中で恩恵を受けたのは，大統領と個人的なつながりのある実業家や国営企業だった。クローニーたちの台頭の結果として1990年代までに経済官僚は力を失い，財政規律は失われ，大統領の親族や取り巻きが国家財政を食い物にするようになっていった（⇒第4章3）。こうしたインドネシアの開発体制を，「捕食国家」（Evans 1989）とする見方もある（Thee 2012）。

民主化後，ユドヨノ大統領（2004～14年）の下で政治的な安定が実現すると，国営企業の民営化，外資向けの投資優遇税制の導入などの一連の改革と，農林業，通信，製造，鉱業など多様な分野における成長が志向されるようになった。しかし，一次産品や鉱業主導の経済は持続しており，中国経済の成長を背景に，石炭やパーム油などの資源への依存が再び強まっている。現在，インドネシアは，製造業の生産性上昇と，そのためのインフラ整備を課題としている（佐藤 2011）。

フィリピンでは，マルコス大統領が1972年に輸出加工区を設置し，輸出向けの繊維産業や家電の生産が始まった。しかし，同時に，マルコスの家族や旧友などの取り巻き実業家による国家財政の私的流用や公共事業の実施によって特徴づけられるクローニー・キャピタリズムが，フィリピンの経済政策を左右するようになり，フィリピンは，クローニーによるインフラ事業の実施のために260億ドルにものぼる多額の対外債務を積み上げた（ベリョ＝キンレイ＝エリンソン 1985）。

2 ASEAN 先発国 ● 185

1983年に野党議員ベニグノ・アキノ2世が殺害されると，外国の投資家の不安が掻き立てられ，フィリピンは債務危機，経済危機に直面した（⇒第3章②）。債務危機，マルコス政権の崩壊とそれに続く政治不安は，投資家の警戒心を生み，外資流入は停滞した。これが，1980年代半ば以降に外資主導の高度成長を享受した他のASEAN先発国と，フィリピンとの経済成長の違いを説明する主な要因である（Hill and Piza 2007）。1992年に大統領に就任したラモスは，フィリピンを成長するアジアの仲間入りさせることをめざし，債務返済，国営企業の民営化，発電所などのインフラ整備，規制緩和を進めた。2000年代半ば以降，フィリピンは，若い労働人口，ビジネス・プロセス・アウトソーシングをはじめとするサービス業の成長，フィリピン人出稼ぎ労働者の送金などを主な成長の源泉として，独自の成長モデルをつくり，他のASEAN5諸国に遅れ，ようやく経済成長の軌道に乗りつつある（井出 2017）。

　ASEAN5の事例に明らかなように，経済政策を立案，実施する政府の強さや安定性，さまざまな利益を持つグループからの自律性によって，経済政策の質やその成否は左右される。逆に，債務危機に続き権力を失ったマルコス，アジア通貨危機を契機に大統領の座を降りたスハルトの例に明らかなように，経済成長の成否が政府の正当性を左右することも事実であり，経済成長と政治が互いに影響していることがわかる。

3　ASEAN後発国

社会主義経済の停滞と改革

　カンボジア，ラオス，ミャンマー，ベトナム（いわゆるCLMV諸国）は，独立後，社会主義にもとづく国家建設を始めた。ASEAN5が西側からの援助や投資の恩恵を受けていた時代，カンボジア，ラオス，ベトナムのインドシナ3国は，社会主義経済の停滞に加えて，武力紛争のただ中にあった。そのため，経済成長へ向けた諸政策の実施は，ASEAN5よりも数十年遅れて始まることになる。

これら3カ国は，商工業の国有化，農業の集団化，価格・為替統制をはじめとする計画経済を実施し，実業家の国外逃亡や農業生産の停滞，貿易赤字に直面した。これに加えてベトナムは，1978年のカンボジア侵攻（⇒第7章④）に由来する経済制裁にも直面していた。ペレストロイカを契機とするソ連圏からの援助の減少を受けて，ベトナムとラオスは1986年にそれぞれドイモイ（刷新），チンタナカーン・マイ（新思考）を掲げ，集団農業の廃止，外国投資法の制定，国営企業改革，物価統制の縮小，経済特区の設置による漸進的な市場経済化を進めた。

　カンボジアでも，クメール・ルージュによる貨幣制度の廃止や私有財産禁止，内戦，人民革命党による計画経済の結果として，経済は停滞した。ソ連とベトナムの改革は，ベトナム兵のカンボジアからの撤退と，外国援助の減少をもたらした。冷戦の代理戦争としての性格を持っていた内戦は次第に意味を失い，人民革命党による市場経済への移行（1989年），内戦終結（1993年）へとつながった。

　ビルマ連邦（のちのミャンマー）では，ネーウィン政権（1962～88年）の下で，ビルマ式社会主義（⇒第6章③）と呼ばれる統制経済が実践され，経済は混迷を極めた。1988年以降は，外国投資法や金融機関法，民間工業企業法などが制定され，きわめて漸進的な経済改革が始まったものの，民主化の停滞を理由に，アメリカや欧州連合（EU）などの先進国による経済制裁がたびたび科せられ，経済成長を押し下げる要因となった。

┃ 成長するCLMV諸国 ┃

　1980年代半ば以降，市場原理を導入し，また，内戦を終結させたインドシナ地域には，先進国からの援助が増加した。また，ASEANやWTOへの加盟を契機に，ベトナムとカンボジアでは，製造業の成長が始まった。

　とりわけ，ベトナムの工業分野の成長は著しい。ドイモイ後，マクロ経済の安定化を達成したベトナムは，1994年に工業化路線を決定した。中国，アメリカとの国交正常化（それぞれ1991年，1995年），ASEAN加盟（1995年），越米通商協定（2001年），WTO加盟（2007年）により，国際社会，国際経済への統合を進めたベトナムにおいて，1990年代には食品や繊維が中心であった

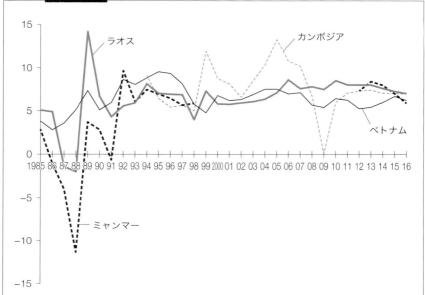

CHART 図 10.2 CLMV 諸国の GDP 成長率（1985〜2016 年）

（注）　カンボジアは，1993 年までデータなし。ミャンマーについては，1999 年から 2010 年にかけての統計が正確でないことが専門家によって指摘されている（Kudo et al. 2013: 2-3）。また，これ以降の統計についても，その正確さについては，注意を要する。
（出所）　World Development Indicators.

輸出品目は，2000 年代以降には家電や半導体へと変化し，輸出の対 GDP 比率も飛躍的に増加した（図 10.2）。このような成長は，ASEAN 先発国における生産コストの上昇や，中国投資のリスク分散の必要性といった課題に直面した外資企業が，ベトナムに資本を流入させたことにもよっている（藤田 2012）。

　こうした成功にもかかわらず，近年，機械設備や部品，原材料の輸入に由来する貿易赤字の持続，効率の悪い国有企業の存続，人材不足などの要因によって，ベトナムが中所得国の罠にはまるのではないかという議論も出てきている（トラン 2010）。なかでも，国有企業改革は，役員ポストがベトナム共産党員のパトロネージとして使われているという事情もあり，見通しは明るくない。

　カンボジアも，外資主導の輸出志向型工業化をめざし，1994 年に投資法を制定し，2004 年には WTO に加盟した。しかし，2000 年代には繊維・衣類

の輸出による高度成長が実現したが，縫製品以外の輸出品はなかなか育たず，また，人件費も高騰しつつあり，輸出品の多様化や生産性の向上が課題となっている（道法・林 2016）。

輸出志向型の製造業とは異なる経済成長の軌跡をたどっているのが，ラオスとミャンマーである。ラオスの成長は，銅，金，銀や石灰などの鉱物資源と水力発電による電力輸出を主な牽引役としている。2010 年代以降は，人件費高騰を理由にタイやベトナムからこれらの国々に工場を移設する事例が増え，繊維をはじめとする製造業も拡大しつつある。しかし，ラオス人の多くがタイやマレーシア，ベトナムといった所得水準の高い国に移住していることもあり，労働の質と量ともに不足しているという問題点を抱えている。ミャンマーの急速な成長も，工業化によるものではなく，主に天然ガスや鉱物の輸出によっている。ミャンマーでは，2011 年の民政移管（⇒第 6 章 ⑤）以降，テインセイン大統領のもとで外国投資に関するルールの明確化，貿易の自由化，経済特区開発，為替変動相場制導入などの経済改革が進められた。一連の民主化，改革努力により，経済制裁は解除され，石油や天然ガスを中心に，外資が流入し，経済成長が続いている。

4 分配をめぐる闘争

経済成長と分配・貧困

工業化のタイミングは異なるものの，多くの東南アジア諸国は，外国資本を誘致し，輸出志向型の工業化を進めた。このような工業化の段階で外国資本誘致の決め手となるのが，インフラや安価な労働者である。そのため，工業化の初期の段階には，労働組合活動の制限や，農村部の余剰労働者の雇用により，賃金を抑える方法が取られる。

こうした工業化は，低賃金や所得格差をもたらす。**表 10. 3** のとおり，工業化に成功した東南アジア諸国では，経済的不平等の度合いが高い。もちろん，経済格差の原因は賃金格差だけではない。最低賃金や社会保障の対象とならな

CHART | 表 10.3　ASEAN 諸国の所得分配と貧困率（2007〜13 年）[1]

	所得分配		ジニ指数[2]	貧困者比率[3]
	上位 10% のシェア	下位 10% のシェア		
シンガポール	—	—	45.8[4]	—
マレーシア	34.6	1.8	46.3	0.3
タイ	29.2	2.9	37.8	0.0
インドネシア	31.9	3.1	39.5	6.8
フィリピン	31.3	2.7	40.1	8.3
ベトナム	26.8	2.7	34.8	2.8
ラオス	29.8	3.2	36.4	22.7
東ティモール	25.0	3.9	30.4	43.5
ミャンマー	31.7	3.0	38.1	6.5
日本（参考）	24.8	2.7	32.1	0.3

（注）　1　2007 年から 2013 年の間の数値で，各国それぞれ最新のものを表記している。
　　　　2　所得ベース。ジニ指数とは，所得分配の不平等の度合いを測る指数で，0〜100 の値
　　　　　をとり，指数が高くなればなるほど不平等の度合いが高くなる。一般的には 40 を超
　　　　　えると不平等度合いの高い社会とみなされる。0〜1 の値をとるジニ係数という指標
　　　　　もある。
　　　　3　1 日当たり 1.9 米ドル（購買力平価 2011 年）以下で生活する人口の割合。
　　　　4　シンガポール統計局，2016 年数値。
（出所）　World Development Indicators.

い非正規労働の蔓延，工業化最優先の開発戦略の中で農村が置き去りにされる
結果としての都市と農村の格差，歴史的背景に根ざす民族間の経済格差など，
格差はさまざまなところで起こりうる。

　もっとも，アジア通貨危機を契機に，東南アジアでもソーシャル・セーフテ
ィーネットや社会保障制度拡充の必要性が議論されるようになり，格差や貧困
の是正が重要な政策目標となった。タイにおける 30 バーツ医療制度（2002 年）
や失業保険（2004 年）の導入，インドネシアにおける国民皆保険制度（2014
年）の導入にみられるように，いくつかの国で社会保障制度が構築，拡充され
ている。しかし，全体としてみれば，公務員や企業の正規労働者以外の人々に
対する保障は必ずしも十分でなく，また，こうした社会保障スキームの対象と
なっていたとしても，年金の受給金額が十分でない事例や，そもそも保険料が
適切に支払われていないことも多く，政府による再分配は必ずしも十分とはい

えない。

工業化や不十分な社会保障に由来する経済格差や貧困は，政治的亀裂を生み出し，政治体制を動揺させる場合や，経済成長を阻害する場合もある。ここでは，いくつかの事例をみていきたい。

外国人労働者と市民

ASEAN 先発国の中でも，工業化に成功したシンガポール，マレーシア，タイで問題になっているのが，低賃金外国人労働者への依存である。外国人労働者への依存は，国内で人材が不足している場合や，他国に先んじて工業化した国が，大きな余剰労働力を持つ周辺国の工業化によって安価な労働力というアドバンテージを奪われる場合に起こる。

たとえば，タイとマレーシアの工業化が本格化した 1970 年代末から 1980年代にかけてのシンガポールでは，安い労働者を大量に雇用して生産を行う労働集約型産業から，コンピュータや工業デザイン，研究開発といった知識集約型産業への転換が図られた。新しい産業を立ち上げようとすれば，それに見合った人材が必要となる。そのため，シンガポール政府は，国内の研究機関への集中的な投資を行うとともに，外国人高技能労働者を受け入れるようになった。他方で，従来型の製造業からの圧力も強く，マレーシアをはじめとする周辺国からの非熟練労働者の受け入れも続け，2004 年には中技能労働者の受け入れも始まった。

この結果，シンガポールでは人口の約 4 割を外国人が占めることになった。非熟練外国人労働者の供給により，同レベルの市民労働者の賃金は抑えられ，また，中レベルの技能労働者をめぐっても，高齢のシンガポール人中技能労働者が，若い外国人労働者に置き換えられる事例がみられるようになった（Pang and Lim 2016）。

このような賃金抑圧や，雇用機会をめぐる競争の激化について，シンガポール人有権者は次第に不満を募らせるようになった。これが 2011 年の選挙において野党支持票として表明され，PAP の得票率は独立以来最低の 60.1% となった（⇒第 2 章④）。投票箱を通じて表明されたこのような不満に対し，PAP 政府は，労働者に占める外国人比率の削減，全国賃金評議会を通じた最低賃金の

4　分配をめぐる闘争　● 191

値上げ勧告，専門職・管理職の市民向け求人の促進などの対応を迫られた（田村 2016）。

低コスト生産を売りにした外資主導の輸出志向型工業においてシンガポールに取って代わったマレーシアとタイも，1990年代以降，ベトナムや中国の台頭に対応するために，インドネシア，カンボジア，ラオス，ミャンマー，バングラデシュといった国々から安い移民労働者を受け入れるようになり，これが国内の労働者の低賃金への不満を惹起した。マレーシアでは，1990年代後半以降，労働組合が最低賃金の法制化を求めて野党連合を支持するようになった。労働者でもある有権者の支持回復をめざして，政府は2012年，初めて民間セクターのほとんどを対象とする法定最低賃金を導入した。同様に，タイでも，都市部貧困層への対応として，最低賃金の引き上げが相次いでいる。ただし，これらの国における最低賃金政策の実施は，経営者や外資企業の顔色を窺いながら進められるため，賃金の上昇は緩慢であるうえに，制服代や住居費の天引き，さらには非正規雇用の蔓延など，実施局面における抜け穴も少なくない。

地域間格差

タイでは，地域間の経済格差が，政治体制を揺るがした。サリット政権期（1958～63年）のタイ（⇒第5章②）では，道路や港湾などのインフラ建設が本格化したが，経済インフラはバンコクやその他の都市部に集中した。1970年代以降，農村の窮乏状況を訴える左派の運動が活性化したものの，軍事政権や不安定な議会制民主主義の下で，政府は農村部の要求に対して十分に対応しなかった。

その結果，バンコクを中心とする都市部と，農村が広がるその他の地域の格差は拡大していった。2014年の時点で，貧困層の80％が農村地域に居住している（World Bank 2017）。2001年に政権を握ったタイラックタイ党のタックシンは，工業中心の経済の下で置き去りにされた農村部に対して，籾米担保制度，30バーツ医療制度，農家債務軽減をはじめとする手厚い保護を行い，農村部で支持を固めた。しかし，農村部有権者の支持を背景に選挙に勝ち続けるタックシンに対して，これを脅威とみなした国王や官僚，都市部の中・上層は，2006年，国軍によるクーデタという方法でタックシンを政権の座から引きず

り降ろした（⇒第5章④）。このような新興エリートのタックシンと，伝統的エリートの間の権力闘争は，地域間の経済格差と敵対心を背景とした大規模なデモを伴いながら長期化し，2014年のクーデタにもつながった。

経済成長の恩恵が不均衡に分配された結果として，直接的な利益分配を求める農村地域と，透明性やグッド・ガバナンスといった価値を求めるバンコクなどの都市部という異なる政治的志向を持つ勢力がつくり出されたことが，2000年代のタイの政治変動の背景にある（末廣 2009）。タイ政治の経験は，著しい経済格差に由来する国民内部の亀裂や不満が政治的に動員されると，選挙や議会といった民主的な制度が崩壊しうることを示している。

民族間の分配

マレーシアでは，1969年に民族暴動が起きたのを契機に，政府は，多数派のブミプトラと，華人を中心とする非ブミプトラの間の経済格差是正をめざす新経済政策を1970年に策定した（⇒第2章③）。この政策の下，ブミプトラは高等教育機関への入学や公共事業の入札，住宅購入といったさまざまな分野で優遇を受けてきた。1985年には，ブミプトラが国内資本の30%を所有するという目標が5カ年経済計画文書『マレーシア計画』に書き込まれ，これが今日でも重要な政策目標となっている。

このような民族間の分配が政治的争点となれば，民族間の敵対につながりうる。これを避けるため，マレーシアでは，民族政党連合国民戦線（BN）をつくり，BN以外の勢力の政治活動を制限した。その結果，ブミプトラと非ブミプトラの経済格差は著しく縮小した。1970年，ブミプトラの平均所得は華人のそれの43.7%にとどまっていたのに対して，2014年には72.3%まで上昇している（Economic Planning Unit）。にもかかわらず，ブミプトラ優遇政策は既得権となり，これを廃止することは困難になっている。

長年にわたるブミプトラ優遇政策の実施は，ブミプトラ与党議員や取り巻き企業の優遇とそれに伴う汚職，機会の不平等に憤る非ブミプトラの頭脳流出をもたらしている。民族間の機会の不平等への不満を背景に，2008年以降，非ブミプトラは野党を支持するようになり，2018年には長らく続いた与党BNの優位が，終焉を迎えた（⇒第2章③）。

東南アジアの多くの国は，外資主導の輸出志向型工業化により高度経済成長を実現した。しかし，このような経済成長は，経済格差を伴い，また，低コスト・低賃金・低生産性に特徴づけられる経済の限界ももたらした。経済格差が政権や政治体制を揺るがしうることを考えれば，政治リーダーの課題は，より公平な分配を実現することである。労働者に対する手厚い分配が，労働の質を上げることに寄与するならば，中所得国の罠を乗り越えるうえでも有益である。

　とはいえ，公平な分配の実現に舵を切るためには，低コスト型生産で成功したビジネスマン，分配のための課税に反対する有権者，政府の財政バランスににらみをきかせる投資家を納得させねばならない。それ以上に難しいのは，不公平な分配パターンの中で勝ち組となったリーダー自らが，自身の既得権にメスを入れることだろう。分配が大きな政治的争点となったいま，成長と分配と政治的安定とを実現することは，より難しくなっているといえる。

読 書 案 内　　　　　　　　　　　　　　　　　　　　Bookguide ●

末廣昭（2000）『キャッチアップ型工業化論──アジア経済の軌跡と展望』名古屋大学出版会。
⇒主にタイの事例にのっとりながら，アジアの工業化の軌跡を担い手，イデオロギー，制度・組織の各点からひもとく開発経済学の基本書。

末廣昭（2014）『新興アジア経済論──キャッチアップを超えて』岩波書店。
⇒1990年代以降の東アジアの地域経済の成長パターン，成長に伴うリスクや社会問題を包括的に論じるアジア経済論の新しい古典。

原洋之介（2001）『現代アジア経済論』岩波書店。
⇒アジア経済を，地域の歴史の中で培われた固有のシステムとして捉える刺激的な著作。歴史的な連続性や地域的な広がりの中で，現代アジア経済の諸問題を捉える手がかりを与えてくれる。

引用・参考文献　　　　　　　　　　　　　　　　　　References ●

井出穣治（2017）『フィリピン──急成長する若き「大国」』中央公論新社。
岩崎育夫（2013）『物語 シンガポールの歴史──エリート開発主義国家の200年』中央

公論新社。

岡部恭宣（2009）『通貨金融危機の歴史的起源——韓国，タイ，メキシコにおける金融システムの経路依存性』木鐸社。

佐藤百合（2011）『経済大国インドネシア—— 21 世紀の成長条件』中央公論新社。

末廣昭（2009）『タイ——中進国の模索』岩波書店。

世界銀行／白鳥正喜監訳（1994）『東アジアの奇跡——経済成長と政府の役割』東洋経済新報社。

トラン・ヴァン・トウ（2010）『ベトナム経済発展論——中所得国の罠と新たなドイモイ』勁草書房。

田村慶子（2016）「シンガポール 2015 年総選挙と権威主義体制の行方」『国際政治』185：33-48。

道法清隆・林憲忠（2016）『カンボジア経済の基礎知識』日本貿易振興機構。

藤田麻衣（2012）「WTO 時代のベトナムの工業化」『転換期のベトナム：第 11 回党大会，工業国への新たな選択』日本貿易振興機構アジア経済研究所：83-110。

ベリョ，ワルデン，デビッド・キンレイ，エレーン・エリンソン／鶴見宗之介訳（1985）『フィリピンの挫折——世銀・IMF の開発政策とマルコス体制』三一書房。

Choi, Byung-il and Chongyong Rhee eds. (2014) *Future of Factory Asia,* Asian Development Bank and Korea Economic Research Institute.

Economic Planning Unit (Malaysia), "Mean Monthly Gross Household Income by Ethnic Group, Strata and State, Malaysia, 1970-2014." http://www.epu.gov.my/en/socio-economic/household-income-poverty.

Evans, Peter B. (1989) "Predatory, Developmental, and Other Apparatuses: A Comparative Political Economy Perspective on the Third World State," *Sociological Forum,* 4(4): 561-587.

Hill, Hal and Sharon Faye A. Piza (2007) "The Philippine Development Record: A Comparative Assessment," in Severino, Rodolfo C. and Lorraine Carlos Salazar eds., *Whither the Philippines in the 21st Century?,* ISEAS.

Krugman, Paul (1994) "The Myth of Asia's Miracle," *Foreign Affairs,* 73: 6.

Kudo, Toshihiro, Satoru Kumagai and So Umezaki (2013) "Five Growth Strategies for Myanmar: Re-engagement with the Global Economy," *IDE Discussion Paper,* No. 427.

Pang, Eng Fong and Linda Y. C. Lim (2016) "Chapter 7: Labor, Productivity and Singapore's Development Model, in Linda Y. C. Lim ed., *Singapore's Economic Development: Retrospection and Reflections,* World Scientific: 135-168.

Pereira, Alexius A. (2008) "Whither the Developmental State? Explaining Singapore's Continued Developmentalism," *Third World Quarterly,* 29(6): 1189-1203.

Stubbs, Richard (2005) *Rethinking Asia's Economic Miracle: The Political Economy of War, Prosperity and Crisis,* Palgrave Macmillan.

Thee Kian Wie (2012) "Ch. 4: Indonesia's Economic Development During and After the Soeharto Era: Achievements and Failing," in *Indonesia's Economy since Independence,* Singapore: ISEAS: 69-89.

Yusuf, Shahid and Kaoru Nabeshima (2009) *Tiger Economies under Threat: A Comparative Analysis of Malaysia's Industrial Prospects and Policy Options*, The World Bank.

World Bank "Thailand Overview," http://www.worldbank.org/en/country/thailand/overview (2017 年 10 月 8 日最終アクセス).

CHAPTER 第11章

模索する民主主義

「汚職撲滅委員会を守れ」と掲げるインドネシア市民のデモ。(写真提供:EPA=時事)

INTRODUCTION

　権威主義から民主主義へと移行したフィリピン,タイ,インドネシア,ミャンマーでは,民主的な制度が導入され,自由で公正な選挙が行われ,国民は政府を批判することもできるようになった。しかし,汚職が蔓延し,政治家への不信が拡大して,デモによって政治を浄化しようとする運動が盛んになった。司法もまた,積極的に政治に介入するようになった。国民のデモや司法の政治への介入は,その国の民主主義にどのような影響を与えるのだろうか。また,インドネシアやフィリピンでは国内の武力紛争を平和的に解決することが試みられているものの,その解決は容易ではない。この章では,東南アジアの国々でどのように民主主義とグッド・ガバナンスの両立がめざされているのかを考えていく。

KEYWORDS

汚職　街頭デモ　グッド・ガバナンス　軍の統制　司法　制度改革　武力紛争

1 民主主義とグッド・ガバナンス

　1986 年にマルコス体制が崩壊したフィリピン，1992 年に軍政が終わったタイ，1998 年にスハルト体制が終焉したインドネシアでは，民主的制度が導入され，自由で公正な選挙が行われるようになった。また，2011 年の民政移管後に上からの民主化が進んだミャンマーでも，2015 年に自由で公正な選挙が実施された。しかし，フィリピン，タイ，インドネシアでは民主化過程において汚職問題が深刻化し，国民の政治家不信の高まりから大規模なデモが頻繁に起こるようになった。タイでは選挙で支持政党が勝てないことに不満を募らせた中間層が選挙を否定するようになり，2006 年と 2014 年には軍によるクーデタが起こって権威主義体制に戻っている。

　こうした問題をみると，民主的制度が構築されて自由で公正な選挙が行われるだけでは，グッド・ガバナンス（よい統治）やアカウンタビリティ（国民への説明責任）が保障された政治が実現するわけではないことがわかる。選挙で選ばれた政治家が恣意的に振る舞い，権力を濫用し，汚職に手を染めれば，民主主義の質は低下し，国民の批判は大規模なデモとなって表れる。また司法が為政者による権力の濫用を抑制し，汚職を取り締まろうとして政治に介入すれば，過剰な政治的影響力を持つことにもなろう。自治や独立を求めて武装闘争を行うグループとの和解の問題では，武力を用いずに武装勢力とどのように妥協するか，国民にその妥協をどのように受け入れさせるかが問われる。この章では，民主主義であるからこそ起こるさまざまな問題に対して政府や国民が直面している葛藤と，解決を模索する彼らの営みを明らかにしていきたい。

民主的制度の導入と政党政治の変化

　権威主義体制の終了とともに,フィリピン,タイ,インドネシアでは憲法の改正によって支配のルールが大きく変わった。それは,大統領の任期・権限の制約や直接選挙制の導入,民選議員の中から首相を選ぶ制度の導入などを通じて,権力を分散し,国民の政治参加を拡大することを主眼としていた。ルールの変化に伴って自由で公正な選挙が行われるようになり,以前とは異なる政党政治が展開されるようになった。

制度改革を通じた民主化

　フィリピンの1987年憲法では,マルコス独裁の再来を防ぐべく,大統領の任期は1期6年に制限され,再選は禁じられることになった。また,大統領の非常時立法権は廃止され,縁故主義を防ぐために大統領の親族が政府の主要ポストに就くことも禁じられた。上院は大統領による戒厳令の布告を無効にすることができ,大統領の弾劾については下院がそれを発議する権限を持ち,上院が弾劾を行う唯一の機関であると定められた(⇒第3章③)。

　タイでは1997年に憲法が改正され,軍人の首相就任を防ぐために民選議員の中から首相を選ぶ制度が導入された。下院ではそれまで中選挙区制がとられており,この制度が教育レベルの低い,腐敗した地方実業家出身の国会議員を生み出したとの批判を受けて,小選挙区比例代表並立制が導入され,議員候補者は大卒者に限るという規定が憲法に入った(玉田 2003)。

　インドネシアでも,スハルトによる長期にわたる独裁の反省から,1999年以降4回にわたって憲法が改正され,大統領の再選は1回きりとなり,任期は最大でも2期10年に制限されることになった。また,大統領が有するさまざまな権限を国会が監視する規定が導入された(⇒第4章④)。2004年には大統領選挙の直接選挙制が,2005年には地方首長選挙の直接選挙制が導入され,国民は国家と地域の政治指導者を自ら選ぶことが可能になった。選挙制度はスハルト体制期には州レベルを選挙区とする比例代表制であったものが,県・市

Column ⑪-1　民主主義と国民の政治への関与

　民主主義は「民衆支配」を意味するギリシャ語に起源を持つとおり，原理的にはすべての市民が統治に主体的に関与する政治を意味する。しかし政治共同体が大きくなればなるほど，すべての市民が統治に関わることは難しくなる。したがって，選挙で国民から選ばれた人間に統治を委ねる代議制民主主義が現代世界では主流になっている。国民の委任を受けた政治家は国民に対する説明責任を有するが（待鳥 2015），選挙によって選ばれた国会議員，首相，大統領が必ずしも説明責任を果たし，民意に適った政策を実行するとは限らず，汚職や権力の濫用は国民の政治家への不信を増大させる。

　政治の腐敗や権力の濫用を防ぐために，メディアや国民は政府や議会を監視し，場合によっては国民が街頭デモや集会の形で異議申し立てを行うことがあり，このような直接行動は民主主義においては国民の権利として認められている。また重要な政治的決定や政策については，国民投票が行われて国民に判断が委ねられることもある。国民の政治への関与を支えるうえで，情報提供を行うメディアの役割は大きく，また国民の政治的意思を測るための世論調査も重要である（飯田・松林・大村 2015）。近年ではソーシャル・メディアなどインターネットが，国民の意思を政府や政治家に伝える手段，あるいは政治的動員を促す手段となりつつあり，民主主義における国民の政治への関与のあり方を大きく変えつつある。

レベルを選挙区とする比例代表制に変わり，2004 年選挙では非拘束名簿式が導入されて，それまで政党にしか投票できなかった有権者が候補者個人を選ぶことができるようになった（松井・川村 2005）。

　このような制度改革によって，3 国ともに国民の政治参加は拡大し，競争的な選挙や政権交代が行われるようになった。執政府・立法府・司法府の三権分立が確立し，中央集権的な体制は改められて地方自治・地方分権が導入された。報道や結社の自由が保障されたことで，メディア，市民団体，NGO による権力の監視や政府への異議申し立てが日常化した。

有権者の行動と政党政治の変容

　このような制度改革は，選挙における有権者の投票行動と政党政治に変化を

もたらした。フィリピンでは，伝統的寡頭支配層を中心としたパトロン・クライアント関係にもとづく二大政党制が崩れて多党制となった。この変化の理由として，工業化や都市化によって農村社会が大衆社会へと変容して地主と小作人との伝統的な権力関係が薄れたこと，大統領再選禁止規定が導入されたことで現職大統領の再選を担う機能を失った政党は，1期限りの大統領を担ぐ「神輿の担ぎ手」としてみなされ，有権者に人気の高い大統領候補を擁立するために次々と新党が結成されるようになったことなどが指摘されている（五十嵐2011；Kasuya 2008）。有権者の投票行動が候補者のパーソナリティ重視へと変わり，テレビタレント候補者が票を集めて，当選した大統領の政党に大量の議員がくら替え（党籍変更）し，与党は大統領個人政党の様相を帯びることになった（⇒第3章3）。

　タイでは，小選挙区比例代表並立制が導入されて初めてとなった2001年総選挙で，実業家出身のタックシン率いるタイラックタイ党が議席のほぼ半数を獲得し，2005年の選挙では4分の3の議席を得て圧勝した（⇒第5章4）。この圧勝の背景には選挙制度の変更だけではなく，人口の多いタイ東北部での農民票の獲得もあった。タックシンは首相になったあと農村部で草の根経済の振興に努め，貧困層のための医療保険制度を導入し，これらの政策を評価した農民がタックシンの政党を支持するようになった（末廣2009）。小選挙区制が導入されたことで，農民は自分の投票行動が自らの利害に影響を及ぼすことを知った。このように，タイでも選挙制度の変更は有権者の投票行動を大きく変え，タイラックタイ党「一強」の政党政治をつくり出した。

　インドネシアでは民主化後，大きな選挙制度の変更はなかったが，スハルト体制期のような政府の与党への支援がなくなったことで比例代表制の効果がそのまま現れ，社会のイデオロギーや宗教の多様性を反映して中小政党から成る多党制が出現した。2004年選挙から非拘束名簿式，すなわち比例順位に関係なく候補者を選ぶことができる制度が導入されると，有権者の投票行動には候補者のパーソナリティ重視の傾向が出てくるようになり，地元で顔の知られた有力者や有名政治家の親族，テレビによく出てくる候補者に有権者は票を投じるようになった。

2　民主的制度の導入と政党政治の変化　● 201

3 汚職取締りの政治

民主主義体制下での汚職の「拡大」

　権威主義体制下でも汚職は蔓延していたが，それは権力者とその周囲にいる
グループが私利私欲のために自らの権力を濫用して不正に国家の富を収奪する
ことで起こるとみなされていた。権力の独占と富の独占は同時に起こるものと
捉えられ，だからこそ民主化運動の際には民主化だけでなく，汚職の撲滅も訴
えられたのであった。では，民主化して汚職は減ったのであろうか。少なくと
もフィリピン，タイ，インドネシアの3国に限っていえば，民主化によって
汚職が減ることはなく，むしろ「ひどくなった」という印象を国民に与えた。
　しかし，権威主義体制よりも民主主義体制の下で汚職が「ひどくなった」と
いうのは，あくまで印象にすぎない。そもそも権威主義体制下では権力者の汚
職を取り締まったり報道したりすることが難しく，両体制下の汚職の数や規模
を比較することは困難である。汚職が拡大したようにみえるのは，競争的な選
挙が行われるようになって候補者が有権者の票をカネで買ったり，選挙資金の
援助を行う企業に対して利権を分配したりするといった，候補者（政治家）・支
援者（企業）・有権者（国民）の間のギブアンドテイクで政治が動くことが常態
化し，メディアへの規制が取り払われて汚職報道の数が一気に増え，国民が汚
職行為を見聞きする機会が拡大したからである。世界各国の企業や専門家を対
象としたアンケート調査にもとづいて算出された汚職認識指数をみると，3国
ともに数値は以前よりも改善しているが（「汚職認識指数」），政治家や官僚の汚
職に向けられる国民の視線は厳しい。

選挙と汚職

　最初からほぼ勝敗が決まっている権威主義体制下の選挙とは異なり，民主主
義体制の下では競争的な選挙と汚職は切っても切れない関係にある。フィリピ
ンではパトロン・クライアント関係や強権的な政治から解き放たれて自由にな

った有権者，特に都市部の貧しいスラムに暮らす有権者は，選挙に際して金品の配布を強く期待するようになった。政治的競争の過熱化は候補者のバラマキに拍車をかけ，候補者は金品配布競争に参入しないと当選できないとまで考えるようになった。また，政府から地方に分配される公共事業予算であるポークバレルは，汚職の温床として長らく批判されてきたものの，地方での集票に結びつくため，これを廃止・縮小することができない現実がある。

タイでは，1980年代の「半分の民主主義」の時代に地方の実業家が集票請負人を通じて農民から票を買って国会議員に当選し，当選後にビジネスの利権を握って資金を回収し，事業拡大に利用する金権政治が蔓延した（⇒第5章③）。政治家は腐敗しているというイメージが広がり，1992年の民主化以降，汚職を取り締まるために法律における汚職の定義が拡大し，甚だしい資産の増加は「異常な蓄財」として汚職に含められるようになった（外山 2013）。タックシンの登場で農民の投票行動は大きく変わったが，「腐敗した政治家が愚かな農民の票を買っている」というイメージはそのまま残った。

インドネシアでは民主化以降，競争的な選挙と地方分権の導入によって，スハルト体制期には主に権力者のまわりで展開されていた汚職の構造は一変した。中央・地方の議会選挙に加えて，大統領選挙や地方首長選挙の導入によって選挙の規模と数は大きく拡大し，政党は選挙キャンペーンや票集めのために巨額の選挙資金を必要とするようになった。政党は企業に莫大な寄付を募り，実業家を政党にリクルートし，実業家出身の国会議員が増えていった。少数政党はこぞって大統領への支持を表明し，連立内閣に入って閣僚ポストを獲得し，閣僚ポストを得た政党が監督する省庁の資金を横領したり，許認可権を濫用して不当に利益を得るといった汚職が横行するようになった。また，地方分権化によって政策や予算の権限が中央から地方に移譲されたことで，地方自治体も開発プロジェクトや各種利権をめぐる汚職の温床となった（岡本 2015）。

都市中間層と反汚職運動

汚職の深刻化によって国民の政党や政治家への信頼は低下した。汚職取締りの徹底を望む点で，フィリピン，タイ，インドネシアともに国民の間で明確な合意が存在する。都市中間層を中心とした市民による汚職の告発や啓蒙活動，

3 汚職取締りの政治 ● 203

汚職に反対するデモ，汚職取締り機関を支持するデモが展開されるようになり，こうした活動やデモは汚職の改善に一定の役割を果たしている。他方で，汚職を批判する大規模なデモが繰り返され，政治家が糾弾されるなかで，彼を支持するグループとの分断が激しくなり，社会的分裂を助長する一因ともなった。

フィリピンでは，1986年のピープルパワー革命を担った都市中間層の流れを汲むNGOや市民団体が1987年憲法で法的主体として認められ，ネットワークを築いて社会の不満や要求を政治へと伝えるようになった。同時に，ジャーナリストや学者によって汚職の報道や調査が積極的に行われるようになり，それにもとづいて市民団体が汚職関係者を告発するケースが少なからず出てきた。エストラーダ大統領の汚職疑惑に対して議会が弾劾裁判に踏み切ると，都市中間層が中心となって，マルコス政権崩壊以来の大規模なデモとなったピープルパワー2を動員し，エストラーダは退任を余儀なくされ，その後逮捕された（⇒第3章③）。

しかし，貧困層は自分たちと出自を同じくするエストラーダに強く共感しており，中間層が彼を失脚させたことに失望した。彼が逮捕されると，貧困層はエストラーダを擁護する大規模なデモであるピープルパワー3を動員し，社会の亀裂が顕在化した（日下 2013）。しかし，エストラーダのあと大統領に昇格したアロヨは，自身の度重なる汚職疑惑で国民の信頼を失墜させ，中間層・貧困層の別なく大規模な反アロヨ・デモが行われて，大統領退任後に逮捕されている。2010年に汚職撲滅を公約に掲げて当選したベニグノ・アキノ3世大統領は，国民の汚職撲滅の声に応えて，汚職の告発を促すために行政裁判の制度改革と人員の拡充に努めた。

タイでも1990年代に市民運動やNGOの活動領域が拡大し，1992年に民政移管を実現した大規模なデモを組織した都市中間層は，民主化以降も人々を動員してその要求を政府に訴えた。腐敗した国会議員への彼らの不信は顕著であり，2005年以降は大規模な反タックシン・デモを主導した。タックシンが導入した貧困者向けの医療保険制度や農村振興策は，貧困人口の多いタイ東北部では人気を博したが，この政策の恩恵を受けない都市中間層には「無知な農民」の票を得るためのバラマキ政策としか映らなかった。彼らは選挙をボイコットし，大規模なデモや集会を繰り返して政治的混乱をつくり出し，軍による

204 ● CHAPTER 11 模索する民主主義

クーデタを招来させた。

　実際には農民や貧困層は民主化の過程で有権者意識を高め，政策を重視した投票行動をとっており，中間層が考えるように決して「無知」ではない。選挙で勝った政党が政権を握るべきだとの彼らの主張は正当である。しかし，中間層はクリーンな政治をめざす自分たちこそが民主主義を代表していると主張し，選挙の結果を否定した。

　このような中間層と貧困層の対立は黄シャツ派と赤シャツ派の抗争となってタイ社会を分裂させたが，それは誰の声が政治に反映されるべきなのか，数の多い大衆なのか，数の上では劣ったエリートなのかという民主主義にまつわる根源的な問題を背景にしている。しかし，いずれにせよ，タイの中間層が選挙を否定したことは，軍によるクーデタを招き，タイの民主主義に致命的な結果をもたらした。

　インドネシアでは汚職対策として，2003 年に汚職撲滅委員会（KPK）が設置され，盗聴を含む強い捜査権限を与えられて，国会や官僚機構，警察などに巣食う汚職を次々と暴いて数多くの政治家や政府・警察の高官を逮捕し，国民から強く支持されるようになった（岡本 2017）。汚職追及のターゲットになった警察や国会議員は，あらぬ事件をでっち上げて KPK の幹部を逮捕したり，KPK の廃止やその権限の制約を盛り込んだ法案を繰り返し国会に提出したりしているが，国民の KPK への支持は一貫して高く，特に人権 NGO や反汚職の市民団体の担い手である都市中間層は，たびたび KPK を支持する大規模なデモを行ってきた。国民の強い支持によって，大統領は KPK の権限や独立性を制約するような制度変更を拒否し続けている。

　インドネシアにおける反汚職デモは，特定の政治家や政党をターゲットにしたものではなく，あくまで KPK を支持するという形をとっているため，タイのように社会の分裂を引き起こす事態には至っていない。むしろ，ガバナンスの改善に大きく寄与するものとなっている。

4 民主化過程における司法

司法が政府に従属して独立性をほとんど持ちえなかった権威主義体制下とは異なり，民主化によって司法は独立的となり，政治に積極的に介入するようになる。それは政治の司法化と呼ばれるが，東南アジアにおいて司法が民主化過程に及ぼす影響は国ごとに異なる。この節では，司法がフィリピン，タイ，インドネシアの民主主義にどのような影響を及ぼしてきたのかをみていく。ここで注目するのは，司法が権力者による強権や汚職にどのように対処しようとしてきたのか，また政治対立を仲裁する機能を司法がどのように果たそうとしてきたのかという 2 点である。

┃ フィリピン──独立性を発揮する司法と大統領の介入 ┃

フィリピンでは，大統領が最高裁判所の判事や長官の任命権を持つものの，判事はいったん任用されれば定年まで務めるため，現職の大統領は前職が任命した判事を辞めさせることはできない。したがって最高裁は大統領に対して一定の独立性を持ち，大統領の強権に対峙することがある。

前節でもみたとおりエストラーダは，弾劾裁判の行き詰まりに反発した中間層を中心とする大規模な批判デモによって辞任を余儀なくされた（⇒第 3 章 ③）。エストラーダは後に政権交代の違憲性を訴えたが，最高裁はこれを却下し，デモによる超法規的な政権交代に合憲の判断を下した（日下 2017）。最高裁は汚職と権力の濫用を批判されていたアロヨ大統領に対しても厳しい態度をとり，汚職疑惑の追及を封じ込めるためにアロヨ政権が出した街頭デモ制限令や非常事態宣言に対して 2006 年に違憲判決を下している。

しかし，近年では司法の独立に対する政治的な反撃とみられるケースが目立つ。2012 年には，アキノ政権が逮捕をめざしたアロヨ前大統領の国外逃亡を支援する判断を下したコロナ最高裁長官が，弾劾裁判で罷免となっている。コロナに代わって最高裁長官となったセレーノは，2016 年に大統領に選出されたドゥテルテが進めた麻薬撲滅作戦に対して法的手続きに則るよう強く求めた

が，それに対してドゥテルテ大統領は長官を「敵」と非難し，下院は公金の不正使用を理由に彼女の弾劾手続きを開始した。政府はセレーノの最高裁長官就任時における資格不備の確認を要求し，2018年5月に最高裁は多数決で資格の不備を認め，セレーノを罷免した。背景にセレーノ自身の資質や人望なども絡んでいたとはいえ，大統領の強権的な政策に反対した長官を，政府の求めに応じて最高裁自らが免職したことは，司法の独立に対する疑義を生むことになった。

▌タイ──中立性を失い民主主義を後退させる司法▌

タイでも司法は権力者の強権や汚職を阻もうと動いたが，タックシン派対反タックシン派という政治対立の構図の中で，後者に加担する判決を出し続けたことで民主主義を後退させる結果をもたらしている。

2001年総選挙を受けて成立したタックシン政権は，その金権体質や強権的な政治手法が中間層の批判を招いた。中間層を中心として形成された反タックシン派によるデモで社会が混乱状態に陥ると，国王から積極的な対処を促された最高裁判所は，2006年，行政裁判所と憲法裁判所との合議でタックシンのタイラックタイ党が勝利した選挙の無効判決を出した。この司法判断は，選挙で勝ち目がないため選挙自体をボイコットしていた黄シャツ派や民主党などの反タックシン派勢力の意向に沿ったものであった。そしてこれ以降，司法機関による選挙結果の否定が繰り返されることになる。2006年のクーデタ以後，憲法裁はタイラックタイ党とその後継政党に対する解党命令や，これらの政党が勝利した選挙の無効判決，タックシンに近い首相の失職判決を出し続け，タックシン勢力への徹底した弾圧を主導するようになった（⇒第5章④）。

司法がこのような行動をとった背景として，政府に対する司法の独立性の高さと，司法と国王との関係の近さを指摘することができる。2007年憲法では，憲法裁判事を選出する判事選考委員会の構成は，司法代表が6割を占め，議会代表は4割，政府代表はゼロであった。裁判官は国王と非常に近い関係にあり，国王に忠誠を誓い，「国王を元首とする民主主義」を擁護することを宣誓した上で判事に就任する。国王を凌ぐ人気ゆえにタックシンに対して国王が脅威を抱き，その意に従う形で憲法裁がタックシン派勢力潰しの判決を出し続

④ 民主化過程における司法 ● 207

けたとみられている（玉田 2017）。憲法裁は政治的中立性を完全に喪失して，正当な理由なく選挙結果を否定し，首相を失職させ，さらにはタイ社会の分裂を助長させた。その結果，タイの民主主義は大きく後退することになった。

┃ インドネシア──政治対立を抑える司法 ┃

インドネシアの司法の役割は，大統領の強権や汚職を抑えようとするのではなく，国家機関の間で生じる対立や選挙結果をめぐって起こる対立を抑えようとする側面にみることができる。

インドネシアの最高裁判所や憲法裁判所は，大統領を弾劾したり，その権限を抑制するといった機能は持たない。大統領を弾劾する権限を持つのは国会であるが，憲法裁は国会が大統領を弾劾しようとするとき，大統領が憲法違反を行ったとする国会の意見書に判断を示す権限を持つ。国民の直接選挙によって選ばれた大統領が議会によって安易に罷免されることを防ぎ，大統領と議会の対立をめぐる政治危機が生じないよう，中立的な立場から大統領と議会を調停することが期待されている。

憲法裁は同時に，法律の違憲審査でも重要な役割を果たしており，統治機構や政治制度をめぐる違憲審査で機構や制度の改革や刷新を促している（川村 2018）。国会は 2014 年に地方首長選挙法を改正して地方議会首長の直接選挙制を廃止し，これに対して民主主義を後退させると国民から強い反対が出たが，憲法裁はこの法律に違憲判決を下し，民主主義を守る役割を果たした（相沢 2017）。

憲法裁の判事 9 人は，最高裁，国会，大統領によって 3 人ずつ選ばれ，長官と副長官は判事による互選で選ばれる。これによって憲法裁の独立性と中立性は一定程度保たれ，憲法裁に対する信頼につながっている。議会選挙，大統領選挙，地方首長選挙の結果に対する異議申し立てを審査する憲法裁は，その公平性への信頼が担保されることで選挙結果への信頼も保証され，憲法裁設立以前に地方首長選挙で起きていたようなカネや暴力を伴った対立が生じることを防いでいる。2014 年大統領選挙の際には，敗北した側の候補者による選挙結果への異議申し立てを却下し，選挙の正当性を保証して政治的緊張を鎮めた。

憲法裁への信頼を大きく揺るがす憲法裁長官の買収事件も起きたが，この長

官は厳罰に処され，さらに憲法裁は外部の有識者から成る倫理評議会を設置して信頼回復に努めている。フィリピンやタイのように大統領や首相を失職させることのできる強い司法ではないが，インドネシアの憲法裁判所は政治に巻き込まれることなく，世論の動向を注視しながら中立的な立場から政治対立を抑える役割を果たし，インドネシアの民主主義を支えているのである。

5 武力紛争の平和的解決

分離独立問題の平和的解決の手段としての特別自治

　東南アジアにおける国内の武力紛争は，権威主義体制下で行われた弾圧の結果，激化したものであり，その多くは国境に近い少数民族や宗教的少数派のいる地域で起こっている。

　こうした地域は，低開発の状態に置かれ，土地や資源は政府による搾取の対象となり，多数派への同化を強いられることもあった。それに対する住民の異議申し立ては，権威主義体制下で問答無用の弾圧につながった。弾圧を受けた住民が反発し，国家からの分離独立をめざす武装闘争を組織すると，その鎮圧のために軍事作戦が行われて，女性や子どもを含む住民へのさらなる暴力が彼らの怒りを増幅した。度重なる弾圧を受けてさえ武装闘争が継続される理由はここにある。

　新しく成立した民主的政権は人権尊重を掲げ，武力紛争を平和的に解決することを謳った。しかし，分離独立運動は既存の国民国家の領域を一部であれ，切り取ろうとする運動である。ゆえに，民主的政権においても国民国家の枠組みは暴力を使ってでも死守したいという本音がある。そこで，国民国家の枠組みを変えずに武装闘争を断念させる手段として提示されたのが，特別自治であった（Miller ed. 2012）。他地域よりも大きな行政や財政面での権限，鉱物資源収入の割当拡大，教育や司法の分野での高度な自治を付与するといった内容である。妥当な解決方法であるようにもみえる特別自治の提案は，しかしながら，紛争の解決につながることもあれば，つながらないこともある。ここでは，主

にインドネシアの東ティモール，パプア，アチェとフィリピンのミンダナオの武力紛争の和平プロセスをみながら，民主主義体制における武力紛争の解決の成否について考えてみたい。

軍の統制の成否と紛争の平和的解決

武装ゲリラに武装闘争を放棄させるためには，武器を置いたあとで政府軍によって皆殺しにされるのではないかという彼らの不安を取り除く必要がある。そのために政府は停戦合意を遵守して，軍を完全に統制し，現地の部隊が勝手に武力行使に及ばないように抑えなくてはならない。政府が軍のコントロールに成功するかどうかは，紛争の平和的解決の重要な鍵の1つになるが，軍は武装勢力を国家の領土を切り取ろうとする分離独立勢力であると認識しているので，話し合いによる解決ではなく，あくまで軍事的手段で解決しようとするかもしれない。軍事的手段で武装勢力を鎮圧すれば，それは軍の功績となって国民の軍に対する評価の上昇につながる。このように軍事的オプションを優先させようとする軍を政府が統制できなければ，武装勢力に武器を置かせることは難しい。

ミャンマーでは，民政移管後も軍の政治的プレゼンスが大きく，そのことが少数民族との紛争やロヒンギャへの軍事的弾圧を激化させて，民主主義の先行きを暗いものにしている（⇒第6章⑥）。テインセイン大統領は2015年に全土停戦と少数民族との政治対話を実現するために，少数民族がかねてから求めていた連邦制構想を進めようとしたが，軍はそれに反対し，少数民族地域での戦闘を継続した（五十嵐 2015）。また，ロヒンギャに対する軍の徹底弾圧も大きな問題になっているが，アウンサンスーチー政権は軍による人権侵害を抑えられていない。軍が政府の統制の下に置かれていない国で，いかに民主主義や人権が損なわれているかがわかる。

軍の統制に失敗した東ティモールとパプア

民主化後のインドネシアでも，政府による軍の統制は武力紛争の平和的解決の成否を大きく左右している。東ティモールとパプアは軍の統制に失敗した例である。

インドネシア政府は，民主化後の 1999 年に，東ティモールでの独立運動の活発化を受けて，特別自治を受け入れてのインドネシア残留か，独立かを選ばせる住民投票の実施を住民に対して提案した（⇒第 4 章 5）。しかし，住民投票に反対であった軍は，その実施までの半年間，政府の意思に反して秘密裡に東ティモールの残留派民兵を煽動して，住民に対する脅迫や殺害を行わせた。そして，住民投票後に民兵は住民を殺害し，家屋に放火して大規模な騒乱を起こし，多くの犠牲者を出した。オーストラリアを中心とする多国籍軍が騒乱を鎮圧し，その後，国連による暫定統治を経て東ティモールは独立したが，インドネシア政府は軍の行動を抑えられず，軍の後ろ盾を得た民兵が騒乱を煽動して，平和的な紛争の解決とはならなかった。

パプアも政府が軍の行動を抑えられずに問題を悪化させた例である。民主化後，パプアでも独立運動が再燃したが，銅や金など希少金属を産出するパプアを手放すという選択肢は政府にはなく，住民投票は実施せず特別自治で問題を解決する方針を示した。ワヒド大統領は穏健派のパプア独立グループとの対話を重視したが，武装勢力と穏健派独立グループを同じ分離独立勢力とみる軍はそれに不満であり，メガワティ政権期になると穏健派独立グループの指導者を暗殺してしまう。これがパプア住民の反発を呼び，国会はパプアを対象とした特別自治法を制定したものの，むしろ分離独立要求は高まっていった。それに対して軍や警察は住民を拷問，殺害する行為を繰り返すようになった（井上 2013）。政府が特別自治を提示しながら，しかし交渉相手となるはずであった穏健派指導者を軍が殺害し，暴力行為を繰り返したことで紛争の平和的解決は遠ざかっていった。パプアの紛争は現在も解決していない。

軍の統制に成功したアチェ

アチェの紛争は，政府が軍の統制に成功したことで和平協定に合意することができた事例である。政府はパプア同様，2001 年にアチェ特別自治法を制定し，特別自治を付与することで分離独立問題の解決を図ろうとしたが，アチェ住民はこの自治案に難色を示し，武装勢力と軍との戦闘も再開した。2003 年にメガワティ政権は軍の要求で非常事態を発令，国際社会の仲介努力もむなしく軍事作戦が始まった（本名 2013）。

しかし，2004 年 12 月にスマトラ沖大地震・津波が起こったことで転機が訪れる。地震と津波でアチェは壊滅的な被害を受け，武装勢力は一方的に停戦を宣言した。軍はこれを機に軍事作戦で武装勢力を壊滅させようとしたが，国際機関，NGO，各国の支援団体がアチェに殺到したことで，軍事作戦の展開が難しくなった。また，2004 年に大統領に選出されたユドヨノは軍出身であったが和平推進派であり，フィンランドが申し出た和平仲介を受け入れ，軍事作戦を主張する軍を抑えた。2005 年 1 月から 7 月にかけてヘルシンキで武装勢力とインドネシア政府の間で和平交渉が行われ，8 月に和平協定が結ばれた。この間，政府は軍の行動を抑制し，武力衝突の再発を防ぐことに成功した（増原 2016）。

　和平協定が合意されても，それが議会で批准され，協定の内容や自治を履行するための法律が成立し，それに則って自治地域や自治政府が形成されなければ紛争の解決には至らない。アチェの例では，2006 年に国会がアチェ統治法の制定という形で和平協定を批准した。アチェの自治政府に同地域で産出される石油・天然資源収入の 7 割を与え，イスラーム法の施行を認め，武装組織が地域政党をつくり選挙に参加することを認めるという内容であった。国会では法案内容をめぐって賛否が分かれ，同法の成立は危ぶまれたが，最終的に法律は制定された。いくつかの項目で和平協定の内容から後退したものの，イスラーム法の施行や武装組織の政党化と選挙参加は承認された（Miller 2009）。同年に行われた州知事選で武装ゲリラの元幹部が当選し，選挙結果を受けて自治政府が発足した。武装闘争を政治活動へ，武装ゲリラを政治家へと転換させたことでアチェの分離独立問題は終結をみた。

▌自治政府樹立への遠い道程──ミンダナオ紛争▐

　フィリピンの事例は，軍の統制の失敗による和平の挫折というより，和平が合意されたあと自治政府を樹立させることの難しさを示している。

　フィリピンでは，1986 年の民主化とともにミンダナオ和平の動きが高まった。1989 年にコラソン・アキノ政権は自治地域基本法を制定し，南部 13 州で自治受け入れの是非をめぐる住民投票を実施した。しかし，長年にわたるキリスト教徒のこの地域への入植の結果，過半数の州でイスラーム教徒の人口は

212 ● CHAPTER 11　模索する民主主義

20％程度あるいはそれ以下となっており，住民投票で自治を受け入れたのは4州のみにとどまった（川島 2012）。1990年にこの4州から成るムスリム・ミンダナオ自治地域（ARMM）が設置されたが，モロ民族解放戦線（MNLF）は住民投票の正当性に問題があるとして武装闘争を続けた。

インドネシアの仲介によりラモス政権とMNLFとの間で和平交渉が進み，1996年に和平協定が結ばれたが，MNLFから分派したモロ・イスラーム解放戦線（MILF）は闘争を継続した。エストラーダ政権とアロヨ政権は大規模な軍事作戦を行ったが，アロヨ政権下の2008年にはマレーシアの仲介でMILFとの和平交渉が再開され，政府は武装勢力との間で和平協定の締結にこぎつけた。しかし，協定に盛り込まれた「先祖伝来の領域」，すなわち入植者がイスラーム教徒から奪ったとされる土地の返還に関する規定は違憲であると最高裁判所が判決を出したことで，和平は振り出しに戻る。

2010年，国際社会の仲介でMILFとの和平交渉が再開され，ベニグノ・アキノ3世政権下の2014年にバンサモロ包括的和平合意が調印された。この和平合意は新しく発足するバンサモロ自治政府に鉱物資源採掘権など大幅な自治権を与えるものであり，アキノ大統領は議会での批准をめざしてバンサモロ基本法を上程した。しかし，ママサパノ事件（⇒第3章④）をきっかけに，フィリピンの世論は和平推進に懐疑的になる。下院では基本法は成立したものの，上院では特定の地域にのみ大幅な自治を与えることは違憲であるとの意見が大勢を占めて法案は成立せず，アキノ大統領はその任期を終えた。自治政府の樹立が実現しないまま，2017年にはマラウィ市でイスラーム国（IS）に忠誠を誓うイスラーム急進派グループが町を占拠し，政府軍との間で激しい市街戦が展開され，大きな犠牲が出た。

フィリピンの事例は，民主的政権の下で自治政府を樹立する試みが3度にわたって頓挫してきたことを示している。最初はゲリラ側が住民投票の正当性を問題にしたためであったが，2度目は最高裁が土地の返還は違法であると判断したことで，3度目は特定の地域に高度な自治権を付与することは違憲であるという上院の判断によってであった。政府とゲリラとの間で和平合意に達しても，司法府や立法府がそれに同意しなければ自治政府は樹立できない。

2018年7月，ドゥテルテ政権の下でバンサモロ基本法に代わるバンサモロ

組織法が両院で成立した。バンサモロ基本法と比べると，財政面での権限は確保されたが，それ以外については後退した内容となり，法案をめぐってさまざまな利害関係者の意向が優先された結果となった（石井 2018）。このあと住民投票を経て自治政府樹立にこぎつけるかどうかは不透明である。紛争が始まって半世紀が経つミンダナオに，民主主義は平和をもたらすことができるだろうか。

　汚職の蔓延や権力者による強権を放置すれば民主主義の質は大きく損なわれるが，それを正そうとする大規模な街頭デモが選挙結果を否定したり，中立性を失った司法が政治対立を助長させれば，民主主義は後退してしまう。また，武力紛争を平和的に解決することができなければ，暴力が排除された民主的な社会を築くことはできない。東南アジアの民主主義が乗り越えるべき課題は，まだ数多くある。

読 書 案 内 | Bookguide ●

本名純（2013）『民主化のパラドクス──インドネシアにみるアジア政治の深層』岩波書店。
⇒民主主義とグッド・ガバナンスが必ずしも親和性を持たずに展開されるインドネシア政治の実情を生き生きと描く好著。

日下渉（2013）『反市民の政治学──フィリピンの民主主義と道徳』法政大学出版局。
⇒中間層と貧困層の生活世界がいかに異なり，彼らの考え方がいかに隔たっているか，そしてそれがフィリピン民主主義のダイナミクスとどう結びついてきたかを明らかにしている。

引用・参考文献 | References ●

相沢伸広（2017）「インドネシア憲法裁判所の生存戦略と政治参加」玉田芳史編著『政治の司法化と民主化』晃洋書房：69-91。
飯田健・松林哲也・大村華子（2015）『政治行動論──有権者は政治を変えられるのか』有斐閣。
五十嵐誠一（2011）『民主化と市民社会の新地平──フィリピン政治のダイナミズム』早

稲田大学出版部。

五十嵐誠（2015）「少数民族と国内和平」工藤年博編『ポスト軍政のミャンマー——改革の実像』アジア経済研究所：157-182。

石井正子（2018）「ドゥテルテ政権——バンサモロ新自治政府設立のための法律成立」Asia Peacebuilding Initiatives（2018 年 8 月 7 日閲覧）。

井上治（2013）『インドネシア領パプアの苦闘——分離独立運動の背景』めこん。

岡本正明（2015）『暴力と適応の政治学——インドネシア民主化と地方政治の安定』京都大学学術出版会。

岡本正明（2017）「インドネシアにおける政治の司法化，そのための脱司法化——汚職撲滅委員会を事例に」玉田芳史編著『政治の司法化と民主化』晃洋書房：93-120。

川島緑（2012）『マイノリティと国民国家——フィリピンのムスリム』山川出版社。

川村晃一（2018）「インドネシアにおける民主主義の安定と憲法裁判所」『社会イノベーション研究』13（2）：99-120。

日下渉（2013）『反市民の政治学——フィリピンの民主主義と道徳』法政大学出版局。

日下渉（2017）「弱い司法の「独立性」——フィリピンの最高裁判所と大統領」玉田芳史編著『政治の司法化と民主化』晃洋書房：39-68。

末廣昭（2009）『タイ——中進国の模索』岩波書店。

玉田芳史（2003）『民主化の虚像と実像——タイ現代政治変動のメカニズム』京都大学学術出版会。

玉田芳史（2017）「タイにおける司法化と君主制」玉田芳史編著『政治の司法化と民主化』晃洋書房：19-38。

外山文子（2013）「タイにおける汚職の創造——法規定と政治家批判」『東南アジア研究』51（1）：109-138。

本名純（2013）『民主化のパラドクス——インドネシアにみる政治の深層』岩波書店。

増原綾子（2016）「民主化期のインドネシアにおける政軍関係と市民社会」酒井啓子編『途上国における軍・政治権力・市民社会—— 21 世紀の「新しい」政軍関係』晃洋書房。

待鳥聡史（2015）『代議制民主主義——「民意」と「政治家」を問い直す』中央公論新社。

松井和久・川村晃一編著（2005）『インドネシア総選挙と新政権の始動——メガワティからユドヨノへ』明石書店。

Kasuya, Yuko（2008）*Presidential Bandwagon : Parties and Party Systems in the Philippines*, Keio University Press.

Miller, Michelle Ann（2009）*Rebellion and Reform in Indonesia : Jakarta's Security and Autonomy Policies in Aceh*, Routledge.

Miller, Michelle Ann ed.（2012）*Autonomy and Armed Separatism in South and Southeast Asia*, ISEAS.

第 III 部
国際政治

PART

CHAPTER 12 国際政治の中の東南アジア
13 地域統合と ASEAN
14 国境を越える人々

CHAPTER

第 12 章

国際政治の中の東南アジア

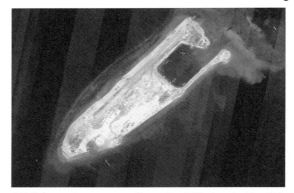

南沙諸島ファイアリークロス礁における中国による人工島。滑走路、航空機格納庫、砲台など、軍事設備が導入されている。（写真提供：新華社／アフロ）

INTRODUCTION

　第2次世界大戦後、東南アジア諸国は次々に脱植民地化し、主権国家としての地位を獲得した。同時に、鉱物や農産品といった経済資源を持ち、また中国に隣接するとともに国際貿易航路の要衝に位置する東南アジア地域は、大国の国際戦略上の焦点となった。そのため、東南アジア諸国の国家建設や外交は、アメリカとソビエト連邦の敵対、中華人民共和国の誕生、中ソ対立、冷戦の終焉、米中対峙といった大国間政治に大きく影響を受けることになった。本章では、第2次世界大戦後のアメリカ、ソ連、中国を中心とする大国間政治のはざまで東南アジアの国々がどのような影響を受け、また、そのなかでどのように独立や国益、地域の安定を実現しようとしてきたのかをみていく。

KEYWORDS

ASEAN　脱植民地化　ベトナム戦争　南シナ海問題　冷戦

1　冷戦下の独立

日本軍政と独立過程へのインパクト

　第2次世界大戦後，東南アジア諸国は主権国家として国際社会に参加することになった。ただし，主権国家建設の過程は，独立の担い手の性質により国ごとに大きく異なるものとなった。ここではまず，第2次世界大戦中の日本軍政下において，各国で独立の担い手が台頭していく過程をみる。

　1941年12月，戦争遂行のための資源確保をめざす日本軍は，真珠湾攻撃とほぼ時を同じくしてマレー半島の北端に上陸し，その後マラヤ，シンガポール，ボルネオ，フィリピン，インドネシア，ビルマを次々と占領していった。これにより，宗主国イギリスやオランダ，アメリカは植民地からの一時的な退出を余儀なくされた。インドシナ3国を統治していたフランスも，1940年9月の日本軍の仏印進駐以降，日本との共同支配に甘んじ，1945年3月の仏印処理によってついに植民地権力を失った。

　長年にわたり植民地統治を行ってきた宗主国の退場を受けて，自前の国家建設をめざすナショナリストたちは，日本軍政への協力や反抗を通じて独立の契機をつかもうとした。こうした動きの中で，権力や正当性を獲得し，現地勢力間の，そして宗主国と現地勢力との間のパワーバランスにおいて優位に立ったナショナリストたちが，各国の独立の担い手となった。

　フランス領インドシナでは，日仏支配に抵抗し続けたベトミンが，人々の間で幅広い支持を獲得し，日本の敗戦後も独立闘争の担い手となった（⇒第7章②）。ビルマでは，日本の敗色が濃厚と判断したタキン党のアウンサンらが，1943年に反ファシスト人民自由連盟（AFPFL）を結成して抗日闘争を展開し，

1　冷戦下の独立　●219

その実績と農民や労働者からの幅広い支持を背景に，イギリスから独立交渉の相手として認められることになった（⇒第6章①）。

インドネシアやマラヤでは，日本軍は，植民地政府により弾圧されていた原住民のナショナリストを協力者とし，彼らの一部はのちに与党党員や大統領，軍人として独立国家を率いた。もっとも現地の人々は，日本軍政による経済的混乱や強制労働に対する不満や，日本が自分たちの独立を認めないのではないかという疑念も募らせていた。そのため，インドネシアでは，日本軍の戦況の悪化を背景に，スカルノらナショナリストが日本に独立準備調査会の設置を認めさせ，日本の敗戦とともにインドネシア共和国の独立を宣言した（⇒第4章①，②）。マラヤではマレー人エリートたちが日本軍政への協力を続けた一方で，マラヤ共産党が人民抗日軍を率い，華人や労働者の間で支持を獲得していった（⇒第2章①）。

フィリピンでは，議会をコントロールしていたエリートが，対日協力政府と亡命政府とをそれぞれ成立させた。ただし，1934年のフィリピン独立法によって10年後の独立が約束されていたため，対日協力政府のエリートたちはコモンウェルスの統治機構を温存させ，日本の敗戦とともに政権を取った亡命政府がこれを引き継いだ。他方で，左派フクバラハップは，抗日ゲリラ活動を活性化させ，農民や貧困層からの支持を拡大した（⇒第3章②）（倉沢編 2001）。

日本の降伏によって終焉した日本軍政は，植民地時代への後戻りを許さない政治環境を東南アジアにつくり出した。ヨーロッパや東南アジアにおいて多くの宗主国が一時的であれ枢軸国に敗れたことは，現地人の認識における宗主国の地位の著しい低下をもたらした。また，日本軍に抵抗もしくはこれを利用したナショナリストたちは，日本軍政期に軍事行動や統治に参画することで能力と自信を高めていた。

┃ 民族自決原則 ┃

日本の敗戦から宗主国が戻ってくるまでの間，東南アジアには力の空白が生まれた。この間隙を縫って，いくつかの国ではナショナリストによる独立に向けた運動が活発化する。しかも，第2次世界大戦を経て，彼らの運動を後押しするような新しい国際秩序が形成されていた。

220 ● CHAPTER **12** 国際政治の中の東南アジア

まず，戦争によるヨーロッパの荒廃を背景に，アメリカが軍事と経済において卓越した力を持つに至った。また，アメリカとイギリスによる大西洋憲章（1941年）で謳われた民族自決原則は，1945年10月に発効した国連憲章にも書き込まれ，国際規範となった。さらにアメリカは，1946年にフィリピン独立法に従ってフィリピンを独立させることで，東南アジアにおける脱植民地化に先鞭をつけた。

　アメリカにとって，帝国主義の終焉は反植民地という建国の理念に資するだけでなく，第2次世界大戦の遠因となった経済ブロックの形成を防ぎ，アメリカ企業による自由な投資や貿易を可能にするという合理性を持っていた。アメリカによる民族自決原則へのコミットメントは，世界各地の植民地のナショナリストにとって心強いものとなるはずだった。

　1945年9月，ホー・チ・ミンはベトナム民主共和国の独立を宣言した。しかし，宗主国フランスをはじめとした主要国はこれを認めず，1946年に再びベトナムに進駐したフランス軍とベトナム共産党の間で武力衝突が起こり，第1次インドシナ戦争（1946〜54年）が勃発した。インドネシアでは，スカルノらによるインドネシア共和国独立宣言を受けてオランダとインドネシアの間で独立交渉が行われたが，結局1947年に交渉は決裂し，同年7月にオランダ軍がインドネシアに対して武力攻撃を仕掛けた。

　この過程で，ホー・チ・ミンとスカルノは，アメリカに仲介や国家承認を要請した。しかし，アメリカは，東南アジア諸国の独立を認めることで大事な同盟国であるヨーロッパ諸国の権益を損なうか，それとも民族自決原則を貫くかというジレンマを抱えるようになる。このジレンマに対する解は，冷戦という新しい政治環境のために，インドネシアとベトナムとでまったく異なるものになった。

アジアの冷戦とアメリカの介入

　まず，アメリカは，インドネシア共和国政府が1948年9月に起きた自国内の共産主義勢力による反乱を鎮圧したことに注目し，この「穏健」な政府を東南アジアにおける共産主義の防波堤とするべく独立を支援すると決定した。そのため，1947年7月のオランダのインドネシアに対する武力行使に際しては，

1　冷戦下の独立　● 221

オランダへの経済復興プロジェクトの減額や中止を警告し，インドネシアの独立を認めるよう圧力をかけた。このようなアメリカの働きかけが，1949年のインドネシアへの主権の移譲にとって決定的に重要だった（⇒第4章②）。

他方でベトナムについては，事情が異なった。ベトナムのナショナリストが共産主義者であり，国内に強力な対抗勢力が存在しないことから，アメリカはベトナムが将来，ソ連の命令どおりに動く国家になる可能性があると考えた。そのため，1949年に，フランスが阮朝最後の皇帝であったバオ・ダイを国家元首とするベトナム国を建国すると，アメリカはこれを承認した。さらにアメリカは，ベトナム共産党の影響が強かったカンボジアとラオスでも，シハヌークとシーサワンオンをそれぞれ国家元首とするカンボジア王国，ラオス王国を承認し，これら3カ国に対する軍事援助，経済援助を約束した。

インドネシアとベトナムの独立に対するアメリカの態度が異なった背景には，1940年代末に起きた世界情勢の変化を受けて，東南アジアがアメリカの戦略地図の中で重要な位置を占めるに至ったという事情がある。1949年には，ソ連が原子力爆弾実験に成功し，アメリカの軍事的優位を動揺させた。これ以降，米ソ二大国による軍拡競争が激化していく。また，中華人民共和国が成立したのもこの年である。他方で，共産主義に対する防波堤となるはずのヨーロッパや日本では復興が遅れ，経済が停滞していた。

共産主義の世界的な拡大を懸念したアメリカは，日本の経済復興と政治の安定化により，アジアの共産化を食い止めるという目的に注力するようになった。日本の工業化には，原材料供給地と日本製品の市場としての東南アジアの安定が不可欠だった。安定を背景とした東南アジアの貿易振興は，ひいては，ヨーロッパの旧宗主国の経済復興にも寄与する。そのため，インドシナ3国だけでなく，フィリピン，マラヤの共産主義勢力も抑えられねばならなかった。なかでも共産主義勢力の強いベトナムは，アメリカの東南アジア政策の中心的な課題となっていった（McMahon 1999）。

交渉による独立の望みを絶たれたベトミンは，中華人民共和国から武器の支援を受けて戦闘を続け，軍事的に優位に立った（⇒第7章②）。しかしアメリカは，ベトナムが共産化すれば，周辺諸国も次々と共産化しうるというドミノ理論に則り，ベトミンの勝利を阻止しようとした。また，中国が共産化したいま，

222 ● CHAPTER **12** 国際政治の中の東南アジア

東南アジアや日本などの周辺国も中国という巨大市場の確保のためにアメリカから政治的に離れるかもしれないという懸念もあった（古田 2015）。一方で、休戦協定が結ばれて間もない朝鮮戦争（1950〜53年）の当事者であり、これ以上の実戦を避けたかった中国は、ベトミンの説得にまわった。

その結果、北緯17度線での暫定的軍事境界線の設定と2年後の国民投票による全国統一選挙の実施を定めたジュネーブ協定（1954年）が締結された。だが、統一選挙の実施に反対したアメリカはこれに調印せず、同地域での集団防衛協力を志向するようになった。

② 分裂する東南アジア

┃東南アジア条約機構と非同盟運動┃

宗主国との戦闘を伴う独立を経験したベトナムとインドネシアとは異なり、マラヤ、フィリピン、ビルマは交渉による独立を果たした。これらの国では、宗主国のイギリスとアメリカが、共産化を防ぐことのできる穏健なエリートを独立国家のリーダーとして選び、独立後の民主的制度と資本主義経済の担い手とする手はずを整えていった。その一方で、アメリカとイギリスは、抗日戦線の担い手としての実績や、戦中から戦後にかけての経済的な混乱や貧困を背景に、マラヤやフィリピンにおいて相当の支持を得ていたマラヤ共産党やフィリピンのフクバラハップを武力で抑圧した。こうして、東南アジアの中に、共産主義勢力が優勢な国々と、非共産主義勢力が正当なリーダーとなり、国内の共産主義勢力を抑圧する国々がそれぞれ登場した（⇒第9章②）。

インドシナの共産化を阻止するため、アメリカは1954年9月、アメリカ、ニュージーランド、オーストラリア、フィリピン、タイ、パキスタン、フランス、イギリスから成る反共軍事防衛協力機構の東南アジア条約機構（SEATO）を発足させた。SEATOは、条約地域で武力侵略が起こった場合、加盟国がこれに共同で対処することを定めたが、条約地域にはインドシナ3国を含む東南アジアと西南太平洋地域が指定されていた。

② 分裂する東南アジア ● 223

SEATO に対する東南アジア諸国の対応は，さまざまだった。旧アメリカ植民地として，軍事的，経済的にアメリカに依存していたフィリピンと，インドシナ 3 国と国境を接し，共産主義の脅威を強く認識していたタイは，SEATO に加盟した。他方で，独立後もイギリス軍が駐軍していたマラヤはこれに加盟しなかったが，イギリス軍に国防を依存しているという意味で，マラヤも安全保障面において西側陣営に統合されていたということができる。

他方で，オランダとの戦いを経て独立を獲得したインドネシアは，旧宗主国の庇護は求めず，またアメリカとも同盟関係を結ばなかった。インドネシアは，1955 年にバンドンでアジア・アフリカ会議を開催し，インドやエジプトと並んで非同盟・中立外交の旗手となった。この会議には，第 2 次世界大戦後に独立したアジアやアフリカの 29 カ国が参加し，東西陣営の別にかかわらず，南北ベトナムや中国も招待された。同会議は，新興国の結束と植民地主義への反対，国連憲章の尊重などを確認し，大国主導の国際政治に一石を投じようとするものだった。

ベトナム戦争

このような新興国のイニシアティブにもかかわらず，大国政治は東南アジア諸国の外交や安全保障をますます左右するようになっていった。特に，その影響を最も大きく受けたのがベトナムだった。アメリカは共産主義封じ込め策の一環として，南北分断を固定化しようと，ジュネーブ協定の公約だった統一選挙を反故にし，南ベトナムに対して経済，軍事援助を行った。

1960 年，南ベトナム政府に対する反政府組織である南ベトナム民族解放戦線（解放戦線）が結成され，武力闘争が始まった（⇒第 7 章 ③）。南ベトナムでゲリラ戦が拡大するのに伴い，アメリカは徐々に軍事的関与の度合いを高め，トンキン湾事件（1964 年）を契機に最大で 54 万人の兵力がベトナムに投入された。また，SEATO 加盟国のタイ，フィリピン，オーストラリア，ニュージーランド，韓国もベトナムに派兵した。その一方で，ソ連は 1964 年以降，北ベトナムに対して，本格的な軍事援助および軍事顧問団の派遣を開始した。中国も従来の武器の供給に加え軍事顧問団を派遣し，北ベトナム軍を背後から支援した。

南北ベトナムの統一というナショナリズムに導かれたベトナム人の戦いは、冷戦という論理で大国に解釈され、アメリカ、ソ連、中国の介入を招き、大規模化、泥沼化し、多数の死者、難民を出すことになった。もっとも、ドミノ理論に端的に示されるソ連や中国の拡張主義に対するアメリカの恐怖心には、裏づけがあったわけではない（McMahon 1999）。結果的にベトナム戦争は、アメリカに初めての敗戦の経験をもたらし、次節で述べるような外交政策の大きな転換につながった。この戦争はまた、武力を用いた大国の介入に対する東南アジア中小国の警戒感を惹起し、彼らの結束を促すという作用を持った。

ASEAN の設立

ベトナムが冷戦の戦場と化していくのと並行し、島嶼部においてもいくつかの紛争や変動が起きていた。1960 年代以降、反米・左傾化の姿勢を強めていたインドネシアのスカルノ大統領は、イギリス植民地の領域を踏襲したマレーシア形成（1963 年）を新植民地主義であると批判し、マレーシアに対して武力攻撃を行った。フィリピンもまた、サバの領有を主張し、マレーシアに異議を唱えた。また、1965 年には、シンガポールがマレーシアを離脱し、小さな独立国家となった。このように、島嶼部の安全保障をめぐる環境は、きわめて不安定なものになっていった。

しかし、インドネシアの政権交代が、島嶼部の国際関係を大きく変えた。マレーシア対決政策をとり、中国や北朝鮮に急接近していたスカルノは、1965 年の 9・30 事件を機に失脚し、これに代わってスハルトが権力を握り、アメリカの支援を受けるようになった（⇒第 4 章②、③）。スハルトは、国内政治と外交の基軸を反共に定め、インドネシア共産党やそのシンパとみなされる人々を弾圧し、また、中国を 9・30 事件の黒幕と断定して国交を一時断絶した。フィリピンでも同年、反共と経済振興を掲げるマルコス大統領が、政権を掌握した（⇒第 3 章②）。

反共政府により率いられるタイ、インドネシア、シンガポール、フィリピン、マレーシア政府は、1967 年、東南アジア諸国連合（ASEAN）を設立した（⇒第 13 章①）。ASEAN は、5 カ国の協調によって、東南アジアにおける左派勢力の拡大や大国の介入を防ぐとともに、隣国間の対立のために自らの独立や国家建

② 分裂する東南アジア　● 225

設が脅かされる事態を回避することを目的としていた。ASEAN 諸国は，反共の看板を掲げることで西側からの援助を引き出し，国内の反政府勢力を抑えながら安定的な政権を構築し，経済開発に注力することで，アメリカの冷戦戦略にとって理想的ともいえる政治と経済を各国で実現した（⇒第 10 章②）。

ASEAN 設立の翌年以降，東南アジアをめぐる国際関係は大きく動いた。アメリカ軍から多数の犠牲者が出た 1968 年のテト攻勢を機に，アメリカ国内で反戦世論が強まった結果，翌年，アメリカは軍の段階的撤退などを定めたグアム・ドクトリンを発表した。さらに，経済停滞に直面していたイギリスは，1968 年，国外での駐軍に伴う財政負担を軽減するために，1971 年までにスエズ以東からイギリス軍を撤退させることを決定した。これにより，ASEAN 諸国は，アメリカとイギリスの軍隊が去ったあとの東南アジアの安全保障という大きな課題に直面することになった。

米中ソ関係の変容とカンボジア紛争

中ソ対立と米中和解

第 2 次世界大戦後の冷戦は，アメリカとソ連を主なプレーヤーとしていた。しかし，1960 年代末頃から，中国が第 3 のプレーヤーとして存在感を増していく。この米中ソ関係の変化は，東南アジア地域に新たなダイナミズムをもたらした。

3 者関係の変容の端緒は，ソ連と中国の対立だった。1969 年 3 月，ダマンスキー（珍宝）島の領有権をめぐる中ソ間の大規模な武力衝突が発生した。中ソ間では，これに先立つ 1950 年代からイデオロギー対立が徐々に表面化していた。毛沢東は，1956 年にスターリン批判を行ったソ連を非難し，文化大革命（1966〜77 年）の頃にはソ連を公然と批判した。ダマンスキー島事件を契機に，これまで朝鮮戦争やベトナム戦争で歩調をそろえてきた中国とソ連は，袂を分かった。

このような中ソ間の対立を利用して優位を確立しようとしたのが，アメリカ

である。アメリカとソ連の軍拡競争の結果，この頃までに双方の軍事力は拮抗していた。しかし，アメリカはベトナム戦争による軍事支出の拡大に苦しみ，ソ連との軍拡競争をいち段落させる必要があった。他方のソ連も，穀物政策の失敗などから経済的混乱に直面しており，米ソ間にはデタント（緊張緩和）に向けた気運が生じた。

アメリカは，デタントを進めつつもソ連の影響圏拡大を抑止すること，また，ベトナム共産党を支援していた中国との和平によってベトナムからの「名誉ある撤退」を実現することをめざし，1971年にキッシンジャー国務長官を極秘で北京に派遣した。アメリカからのアプローチに応えることは，ソ連と対立していた中国にとっても合理的だった。翌1972年には，ニクソン大統領が中国とソ連を相次いで訪問し，米中和解と米ソ間のデタントが具体化した。

米中ソ間の関係の変化は，ベトナム戦争の終結をもたらした。1973年，ベトナム戦争の即時停戦，外国軍のベトナムからの完全撤退，選挙の実施による平和的な統一を定めた，「ベトナムにおける戦争終結と平和回復に関する協定」（パリ和平協定）が調印された。これによりアメリカ軍はベトナムから完全に撤退した。北ベトナムは，石油ショックやウォーターゲート事件によって経済的，政治的停滞のさなかにあったアメリカが再びベトナムに介入する可能性は低いと判断し，ソ連の影響下での統一を警戒する中国の介入によって手遅れになる前に南北ベトナム統一へと乗り出した（古田 1991b）。1975年4月，サイゴンは陥落し，ベトナム共産党による南北統一が達成され，翌年には南北ベトナム統一選挙によってベトナム社会主義共和国が成立した。また，同じ年の12月には，北ベトナムに支援を受けていたパテート・ラオがラオス内戦を終結させ，ラオス人民民主共和国が誕生した。

東南アジア諸国の共存へ向けた ASEAN の試み

大国間関係の変容とインドシナにおける戦況の変化は，ASEAN諸国にも新たな安全保障上の課題を突きつけた。ASEAN諸国の外交，安全保障政策にはそれぞれ違いがあったものの，ASEANとして東南アジアの平和共存をめざすという志向性が明確化していったという意味で，1970年代はASEANの結束を促した時代であったといえる。

1971 年，ベトナム戦争の激化やインドシナからのアメリカ軍撤退，それに伴う東南アジアにおける中国の影響力拡大の見通しを受けて，ASEAN は東南アジア平和・自由・中立地帯（ZOPFAN）を宣言した（⇒第 13 章 ⓵）。ZOPFAN は，インドシナも含めた東南アジアが域外大国のいかなる干渉からも自由であり，平和・自由・中立な地帯として認められ，尊重されるべきことを保障するために，必要な措置を遂行することを謳っている。これは，それまで大国間政治に振り回されてきた ASEAN が，米中ソ関係の劇的な変化をにらみながら，先手を打って東南アジア地域全体の将来を自ら描く試みであった（山影 1991）。

1975 年にインドシナに相次いで社会主義国が成立すると，ASEAN はこれらの国との関係構築を模索した。ASEAN 諸国はベトナム社会主義共和国と国交を樹立し，その国連加盟も支持した。また，1976 年には締約国間の紛争の平和的処理を約束した東南アジア友好協力条約（TAC）が調印された。TAC は，ASEAN の基本理念を述べた設立条約としての意義を持つだけでなく，インドシナ 3 国の新規加盟に対して開かれたものであり，ASEAN 諸国のみならず，東南アジア全体の秩序化を志向するものだった。また，マレーシア，タイ，フィリピンは，1974 年から 75 年にかけて中国とも国交を樹立した。

もっとも，このような融和ムードは，ベトナムのカンボジア侵攻によって一時的に水を差される。中ソ対立という新しい国際政治環境が，インドシナに新たな紛争の火種を蒔いたのである。

カンボジアでは，1975 年にカンボジア民族統一戦線がアメリカを後ろ盾とするロン・ノル政権を打倒し，翌年，民主カンプチアを建国した（⇒第 7 章 ④）。実権を握ったポル・ポト派（クメール・ルージュ）は，中国の支援を背景にベトナムとの国境で越境行為を頻繁に行い，1977 年末にはベトナムに対して断交を宣言した。

この頃までに，ベトナムと中国との関係は悪化していた。中国は，アメリカ軍撤退直後の 1974 年に，南ベトナムが支配していた西沙（パラセル）諸島を占領した。さらに，1977 年，中国は中ソ対立以降もソ連から支援を受け続けるベトナムへの対決姿勢を明確にし，ベトナムも翌年，計画経済の徹底やカンボジアを支援する中国への報復として，国内の華僑を中国に送還した。

一方で，ポル・ポト政権の対中傾斜を憂慮するベトナムと，インドシナにおける中国の影響力を押さえ込もうとするソ連は，1978年に一方が軍事攻撃を受けた場合の協力を定めたソ越友好協力条約を結んだ。この条約を背景に，ベトナムは，ポル・ポトによる粛清の対象となったカンボジア共産党員を助けるという名目のもとカンボジアに侵攻し，翌年1月に親ベトナムの人民革命党による政権を樹立させ，国名をカンプチア人民共和国とした。これに対して，ポル・ポト派やシハヌーク派など反ベトナム勢力が武力で対抗し，カンボジアは内戦へと突入した。さらに，ベトナムのカンボジア侵攻に対して，中国が報復としてベトナム北部を軍事侵攻したことで，1979年には中越戦争が勃発した（⇒第7章④）。

　カンボジア紛争に直面したASEAN諸国は，ベトナムのカンボジア侵攻がASEANの基本理念を侵し，また，カンボジアと国境を接するタイの安全保障を脅かすことを問題視した。しかし同時に，ベトナムが中国の影響圏拡大の緩衝地帯となっていることも重視した。

　そのため，ASEANとしてはカンプチア人民共和国を承認しないが，ベトナムを表向き批判することも避けるという態度をとり，インドネシアやマレーシアによる紛争解決のためのベトナムへの外交的働きかけが続いた（⇒第13章①）。長期にわたる戦争で社会的にも経済的にも疲弊していたうえに，天災や社会主義計画経済の失敗，西側諸国からの経済制裁や援助停止で深刻な経済危機に陥っていたベトナムも，こうした働きかけに呼応したものの，解決をもたらすことはできなかった。

▎米ソ軍の撤退が生み出した力の空白 ▎

　結局，カンボジア紛争の解決は，1980年代半ばの国際政治変動を待たねばならなかった。1986年，ソ連でペレストロイカが始まり，同年12月にはベトナムでドイモイ（刷新）路線が開始された。1988年になると中ソ関係が正常化し，中国とソ連，ASEANとベトナムとの間でカンボジア問題の処理方法に関する合意が進み，ベトナムは1989年にベトナム軍をカンボジアから完全に撤退させた（⇒第7章⑤）。さらに，同年の米ソ首脳会談で，冷戦の終結が表明された。

3　米中ソ関係の変容とカンボジア紛争　● 229

この結果として国外勢力からの支援を失ったカンボジアの各派は，内戦終結に向けた話し合いを始め，1991年，紛争の包括的解決を定めた「カンボジア紛争の包括的な政治解決に関する協定」（パリ和平協定）が調印された。これによって，東南アジア地域の冷戦が終焉を迎えた。ZOPFAN以降ASEAN諸国が描いてきた東南アジアの平和共存への道が開け，インドシナ3国は1990年代に相次いでASEANに加盟した。

　しかし一方で，米ソ冷戦終結は，東南アジア地域に新たなダイナミクスをもたらした。民主化後のフィリピンでは，在フィリピン米軍の撤退が決定し，1991年のソ連崩壊によって，ソ連海軍も東南アジアから撤退することになった。ソ連軍とアメリカ軍の東南アジアからの撤退は，東南アジアに力の空白を生むことになった。この中で，中国が強力なアクターとして台頭するのである。

 中国の台頭と米中対峙時代の到来

中国による周辺外交の強化と韜光養晦

　冷戦終結後の東南アジアの国際政治においては，中国の外交が大きなインパクトを持つようになっていった。政治体制の民主化を求める学生や一般市民に対して中国の人民解放軍が発砲し，多数の死者を出した1989年の天安門事件は，西側諸国による対中国経済制裁を招いた。国際的な孤立に直面した中国は，外交努力によって国際関係の強化をめざす。中国は，「周辺地域」と位置づけられる東南アジア地域において，インドネシア，シンガポール，ブルネイと国交を正常化し，また，すでに国交のあったフィリピンやマレーシア，タイ，大陸部の国々とは協力強化に向けた共同声明を次々と出した（川島 2017）。

　他方で，ソ連の崩壊を受けて唯一の超大国となったアメリカに対して，中国は，「韜光養晦，有所作為」（鋭気を隠し，実りある実績を成し遂げる）とする，いわゆる対米「二十字方針」を基本路線とした。アメリカとの関係においては，安全保障問題で対立することは避けつつ経済関係を重視し，経済成長の実現に注力することをめざしたのである。

アメリカもこのような中国の方針を受け止め，中国を既存の国際秩序に取り込んで経済の自由化や政治の民主化を促すために，同国の WTO 加盟（2001年）を後押しした。実際，この時期の中国は，ASEAN 地域フォーラム（ARF）への加盟（1994年）や国連海洋法条約（UNCLOS）の批准（1996年）にみられるように，既存の国際制度への参加を志向していた。ASEAN との関係においても，アジア通貨危機を契機とした ASEAN＋3 枠組みへの参加，TAC の締結（2003年），中国・ASEAN 包括的経済協力枠組み協定の発効（2003年）といった協力が進んだ。

中国の軍事的台頭と ASEAN の会議外交

他方で，安全保障分野では，急速な経済成長に伴い中国が軍拡を進めるなかで，世界各地で中国脅威論が出てきた。1996年3月には，台湾の総統選挙にあわせて中国が台湾海峡で威圧的なミサイル発射演習を行ったのに対して，アメリカ海軍が艦船を派遣し，米中関係が緊張した。この翌月には，アメリカと日本が日米安全保障共同宣言を出し，日米同盟が台湾海峡も含むアジア太平洋地域に対象範囲を拡大すると発表した。これに対して，中国国内では，これが中国包囲網であるという見方や，対米強硬論が台頭する（青山 2007）。こうして，中国とアメリカの軍事安全保障分野での対立が，少しずつ高まっていった。

中国の軍事的台頭，とりわけ，南シナ海の西沙諸島と南沙（スプラトリー）諸島における中国の行動の活発化は，東南アジア諸国にとって懸念材料となった。南シナ海では，中国，台湾，ベトナム，フィリピン，マレーシア，ブルネイの5カ国1地域が領有権を主張している。1960年代末の国連による探査によって海底資源の存在が示唆されたこと，さらに，1970年代後半以降，海洋法を法典化する UNCLOS の締結準備が始まったことで，各国は自国の領海や大陸棚，排他的経済水域の画定のために，領海法をはじめとする国内法の整備，岩礁の埋め立てや軍事施設の建築などを進めていた。

1988年，中国は南沙諸島の占拠に乗り出した。この過程で，ベトナムと中国の間で軍事衝突が起こり，ベトナム側に60名を超える死者が出た。この事件のあと，東南アジアでは海・空軍力の強化の必要が主張されるようになり，1990年代初頭以降，各国は，近代的な装備の購入を進めた（佐藤 2016）。

4 中国の台頭と米中対峙時代の到来 ● 231

南シナ海をめぐる紛争の激化を懸念した ASEAN は，1992 年の外相会議において，紛争の平和的解決，当事国による自制，航行の安全や環境保全，救護活動，海賊対策や麻薬密売取締りなどにおける協力，TAC の精神に則った行動規範の策定などを呼びかける「南シナ海に関する ASEAN 宣言」を出した。さらに，1995 年に，ベトナム，フィリピン，中国が領有権を主張する南沙諸島のミスチーフ礁において，中国が建造物の構築を進めたことを受けて，ASEAN は，同年の首脳会談で，UNCLOS と TAC に従った紛争の平和的解決へ向けた努力の必要をあらためて確認した。

ASEAN は，南シナ海問題の解決のために，中国を ASEAN や ARF などの「会議外交」の場に引き込もうとした。善隣外交を軸としていた中国は，この呼びかけに応え，1999 年には事務レベルの協議が始まり，2002 年 11 月には，ASEAN と中国の間で「南シナ海における関係国の行動に関する宣言」（行動宣言）が採択された。

行動宣言は，UNCLOS や TAC に則った紛争の平和的解決を確認するとともに，信頼醸成の促進，環境保全や科学調査，救難救助，航行の安全などの分野における協力，居住者のいない岩礁などへの居住の自制，行動規範の策定へ向けた協力などを謳っている。さらに，2004 年になると，中国とフィリピンによる南沙諸島での共同地震探査，翌年にはベトナムを加えた 3 カ国での共同探査が行われ，ASEAN は中国を地域の規範に従うプレーヤーにすることに成功したかにみえた。

しかし，行動宣言は，適用対象となる地理的範囲が厳密には特定されておらず，また，法的拘束力もない。海洋強国化をめざす中国は，2000 年代後半以降，南シナ海における軍事訓練や，西沙・南沙諸島を管轄する三沙市の設置などを通じて，実効支配を進めていった。

米中対峙の舞台となる東南アジア

2009 年頃から，中国は南シナ海を台湾と並ぶ「核心的利益」と呼び，主権や領土問題については妥協しないという強硬姿勢をみせるようになっていった。このような中国の外交方針は，中国が経済成長，軍事力や外交力の強化によって自信を強めた一方で，世界金融危機によりアメリカの国力が後退すると考え

られるようになったことに起因している（川島 2017）。

2013 年に国家主席となった習近平は，同年 9 月から 10 月にかけて東南アジアを訪問し，「21 世紀海上シルクロード構想」を，翌年には中央アジアからヨーロッパにいたる陸のシルクロードと海のシルクロードとをつなぐ「一帯一路」構想を発表した。また 2015 年には，インフラ輸出を目的としたアジア・インフラ投資銀行（AIIB）を立ち上げた。世界金融危機後の景気浮揚策の結果として生産過剰に陥り，国内需要が飽和状態になった中国にとって，インフラ需要の高い中央アジアや東南アジアは，格好の援助対象となった。

他方で，アメリカのオバマ大統領は，2011 年にアジア太平洋地域への包括的な関与の強化を意味する「リバランス政策」を発表し，この政策に従って，在外米軍を東アジア地域重視型に再編した。また，アジア太平洋地域における高いレベルでの自由貿易ルールの構築をめざして，環太平洋パートナーシップ協定（TPP）加盟に向けた交渉参加を表明した。アメリカによるリバランスに対して，中国が，東アジアにおける安全保障は東アジアの国々が担うべきであるとする「新アジア安全保障観」を提起すると，アメリカと中国との対抗が顕在化していった。

米中対峙の焦点の 1 つとなったのが，南シナ海である。2009 年，中国は，南シナ海の大部分の領有を主張する「九段線」の描かれた地図を国連大陸棚限界委員会に提出した。中国は，歴史的にこの海域を支配してきたという理屈である。同じ年には，中国海軍の艦艇や漁業局の漁業監視船などが，南シナ海の公海上で活動していたアメリカ軍艦艇インペカブル号の航行を妨害する事件が起こり，これに対して翌年の ARF で，アメリカのクリントン国務長官が，「海洋コモンズへのアクセスと自由航行はアメリカの利益」であると発言した。日本や韓国のエネルギー供給が，中東からマラッカ海峡，南シナ海を通って運ばれる天然ガスや原油に依存していることを考えれば，南シナ海における中国の行動は，単に国際海洋法に対する挑戦であるだけでなく，日本や韓国といったアメリカの同盟国に対する脅威ともなりうる。

これ以降，この海域におけるアメリカ海軍の優位を崩そうとする中国海軍の行動が目立つようになった。2012 年には，中国海軍がスカボロー礁の掌握を試み，フィリピン海軍と約 2 カ月に渡り対峙するという事件が起こった。ス

4　中国の台頭と米中対峙時代の到来　●233

カボロー礁にレーダー設備を設置することができれば、中国は、南シナ海における制海権・制空権を確立することができるとされている。さらに、2013年以降、中国は、アメリカ海軍に匹敵する戦力を構築するために、西沙・南沙諸島の岩礁や環礁に7つの人工島を建設し、滑走路や地対空ミサイル、戦闘機を随時配備していった。これに対してアメリカは、中国が建設した人工島付近をアメリカ海軍艦船が通行する航行の自由作戦を複数回にわたり実施し、中国に対する海洋法遵守圧力を強めている。

こうして、南シナ海をめぐる紛争は、単なる周辺国による海洋境界画定や海洋資源をめぐる紛争から、国際海洋法秩序の維持をめぐる攻防や、米中間の軍事的優位をめぐる競争といった世界的なインパクトを持つものへと変容していった。南シナ海問題を舞台に、米中二大国の対峙という新たな国際政治構造が立ち現われると、東南アジア諸国は難しい舵取りを強いられるようになった。

ASEAN の限界

中国の軍事的台頭に対する東南アジア諸国の対応は、じつにさまざまである。経済開発の度合いが低く、中国からの援助を重視するカンボジアやラオスといった国々は、程度の差はあるものの、中国に寄り添う立場である。他方で、アメリカの同盟国であるフィリピンは米比防衛協力強化協定（2014年）による同盟強化に乗り出した。また、フィリピンと同じく係争国であるマレーシアも、アメリカのリバランス政策への歓迎を表明し、2014年には海洋安全保障を含む包括的パートナーシップを締結し、アメリカ軍による南シナ海におけるパトロール活動を支援した。紛争当事国ではないが南シナ海地域の安全や航行の自由を重視するシンガポールも、南シナ海におけるアメリカの安全保障上のプレゼンスをサポートする立場をとった。さらに、ベトナムは、政党や軍レベルでの中国とのつながりは堅持しつつも、米越包括的パートナーシップ（2013年）に従ってアメリカとの軍事協力を進め、2016年にはアメリカからベトナムに対する武器禁輸措置が全面解除された。

このような東南アジア諸国の振る舞いの違いは、南シナ海問題をめぐるASEANの限界ともいうべき状況をもたらしている。中国による現状変更や南シナ海の島々の軍事化にもかかわらず、ASEANは有効な解決策を打ち出せず

にいる。それどころか，中国の巧みな外交によって，安全保障分野での ASEAN としての一体性が損なわれているようにもみえる。

たとえば，フィリピンと中国のスカボロー礁をめぐる対峙のあとに行われた 2012 年 6 月の ASEAN 外相会議では，フィリピンとベトナムが，スカボロー礁やベトナムの排他的経済水域における中国の行動について共同声明で言及すること，法的拘束力と紛争解決機能を有する行動規範を策定することを主張した。他方で，この年の会議の議長国であったカンボジアは，中国の意を汲み，紛争解決が 2 国間交渉によるべきことや行動規範が法的拘束力を持つべきでないことを主張した。その結果，ASEAN は，設立後初めて共同声明を出さずに外相会議を終えるという事態に陥った。

このように，ASEAN による紛争解決の兆しがみえないなかで，2013 年 1 月，フィリピンは常設仲裁裁判所に対して，中国が主張する九段線が UNCLOS に照らして無効であると訴えた。仲裁裁判所は 2016 年 7 月に，フィリピンの訴えを認め，中国による九段線の主張には法的根拠はないとする裁定を出した。しかし，中国は，この裁定を「紙くず」と断じた。その一方で中国は，フィリピンやマレーシアに対して，巨額のインフラ事業への投資を約束することで，これらの国が南シナ海問題を争点化しないよう，外交攻勢を展開した。この戦略は奏功し，2017 年 4 月にマニラで開かれた ASEAN 首脳会談後に出された議長国声明では，仲裁裁判所裁定への言及はいっさいなかった。

いまのところ，既存の国際法秩序を揺るがす中国の行動に対して，ASEAN は一致して実効性のある対応をとることができていない。さらに中国と領有権紛争を有する ASEAN 諸国の中に，中国との外交関係とそれに付随する経済的利益を重視する国が登場したことで，南シナ海における法の支配に揺らぎが生じているともいえる。

第 2 次世界大戦後に独立した東南アジア諸国は，大国間の敵対関係の中で難しい舵取りを強いられ，時に代理戦争の舞台にもなった。しかし一方で，大国をうまく利用して，援助や安全保障協力を引き出し，また，東南アジアとしてのまとまりを維持することで大国からの干渉の程度を緩和することに一定程度成功したこと，また，加盟国間での大規模な紛争を回避することに成功した

ことも，特筆されるべきであろう。

　米中対峙時代に特に顕著になった大国間の敵対関係を利用して安全保障や経済的な利益を得ようとする東南アジア諸国の行動は，中小国の合理的な行動ともいえよう。しかし，こうした短期的な利得計算が，ASEAN の限界や地域秩序の不安定性をもたらし，ひいては国際社会における法の支配のあり方に影響を与える可能性もある。ASEAN 各国が，中国との経済関係強化による個別利益の実現，ASEAN の一体性の維持による地域秩序の安定化，さらには，国際的な法の支配の支持といった目的をどう調和させ，国際政治における重要なアクターとして存在感を発揮しうるか，注視したい。

読書案内　　　　　　　　　　　　　　　　　　　　　　　　　　**Bookguide ●**

　白石隆（2016）『海洋アジア vs. 大陸アジア──日本の国家戦略を考える』ミネルヴァ書房。
　⇒アメリカのリバランス以降の米中のアジア政策と，東南アジア諸国の経済，外交，内政を概観し，東アジア国際政治をまるごと理解することを可能にする著作。日本語も平易で，初学者でも理解しやすい。

　古田元夫（1991a）『歴史としてのベトナム戦争』大月書店。
　⇒ベトナム戦争がなぜ本格化していったのか，そしてそれはどのような意味を持っていたのか，国際情勢の中に位置づけながらベトナムの視点からわかりやすく解説している。

　山影進（1997）『ASEAN パワー──アジア太平洋の中核へ』東京大学出版会。
　⇒冷戦構造崩壊前後に大きく変化した ASEAN の全体像と，対外的な対応を明らかにしている。

引用・参考文献　　　　　　　　　　　　　　　　　　　　　　　**References ●**

青山瑠妙（2007）『現代中国の外交』慶應義塾大学出版会。
川島真（2016）「中国の対東南アジア・ASEAN 外交──胡錦濤・習近平政権期を中心に」大庭三枝編『東アジアのかたち──秩序形成と統合をめぐる日米中 ASEAN の交差』千倉書房：155-185。
川島真（2017）『中国のフロンティア──揺れ動く境界から考える』岩波書店。

倉沢愛子編（2001）『東南アジア史のなかの日本占領〔新装版〕』早稲田大学出版部。

佐藤考一（2016）「ASEAN 諸国の国防政策」世界平和研究所編／北岡伸一・久保文明監修『希望の日米同盟——アジア太平洋の海洋安全保障』中央公論新社：201-230。

古田元夫（1991b）『ベトナム人共産主義者の民族政策史——革命の中のエスニシティ』大月書店。

古田元夫（2015）『増補新装版 ベトナムの世界史——中華世界から東南アジア世界へ』東京大学出版会。

山影進（1991）『ASEAN ——シンボルからシステムへ』東京大学出版会。

McMahon, Robert J.（1999）*The Limits of Empire: The United States and Southeast Asia Since World War II*, Columbia University Press.

CHAPTER

第 13 章

地域統合と ASEAN

2015年11月,ASEAN 10カ国の首脳が集まり,ASEAN 共同体の成立が宣言された。(写真提供:AP／アフロ)

INTRODUCTION

　1967年に設立されたASEANは,冷戦のさなかにあって大国に翻弄されながらも加盟国の間で友好協力関係を構築してきた。冷戦終結後は社会主義諸国を取り込んで,1999年には10カ国体制となり,2015年にはASEAN共同体の成立を宣言した。いまや東南アジアの代名詞にもなったASEANであるが,地域統合を進めていくには課題も多い。

　この章では,ASEANの設立から共同体成立までの歴史を概観し,東南アジア地域に秩序と協力関係を構築しようとする取り組みがどのように行われてきたのか,地域統合を進めるうえでASEANがどのような課題に直面しているのかを明らかにしていきたい。

KEYWORDS

| ASEAN | ASEAN 経済共同体（AEC） | ASEAN 社会・文化共同体（ASCC） |
| ASEAN 政治・安全保障共同体（APSC） | 地域統合 |

1 ASEANの成立と発展

　第12章でみたとおり，冷戦期から現在に至るまで東南アジア諸国はアメリカ，ソ連，中国といった大国の動向に大きく左右されてきた。大国主導の国際政治の荒波の中で東南アジア諸国が舵取りしていくためには，ASEANという地域機構の下で互いの信頼・協力関係の構築が必要不可欠であった。この節ではまず，その道のりをみていきたい。

ASEAN設立の背景

　1967年に東南アジア諸国連合（ASEAN）が設立された背景には，マレーシア結成をめぐる島嶼部東南アジア諸国の対立と，激しさを増していたベトナム戦争があった。

　1962年，マラヤ連邦は旧植民地宗主国イギリスとの間で，北ボルネオ（サバ），サラワク，シンガポール，ブルネイを加えてマレーシア連邦を結成することで合意した。しかし，フィリピンのマカパガル大統領は，サバはスールー王国のスルタンがイギリス植民地政府に貸与したものであり，領有権はフィリピンにあると主張し，またインドネシアのスカルノ大統領は，イギリス主導によるマレーシア結成は新植民地主義の産物であると主張して，両国はマレーシア結成に反対した。フィリピンとインドネシアは，マラヤを含む3国でマフィリンド（MAPHILINDO, 3国の国名の頭文字をとった名称）と呼ばれる大連合国家を形成することを構想したが，1963年9月に両国の意向に反してマレーシアが結成されると，マレーシアとの国交を断絶した。インドネシアはマレーシア対決政策を開始し，カリマンタン（ボルネオ）島の国境付近に部隊を展開し

1 ASEANの成立と発展 ● 239

た。

　しかし，この緊張関係は1965年を境に緩和する。この年，フィリピンでは大統領選挙でマルコスが当選し，インドネシアでも共産党寄りであったスカルノが9・30事件後に失脚し，1966年には反共のスハルトが政治の実権を握った。大統領が交代した両国はマレーシアとの関係改善に動く。おりしも，1964年のトンキン湾事件を機にアメリカは北ベトナムへの爆撃（北爆）を開始し，1965年には地上軍を派遣して，ベトナムは本格的な戦争状態に入っていた（⇒第7章③）。ベトナムへの大国の軍事介入を目の当たりにするなか，東南アジアの非共産主義政権は互いに結束する必要性を感じていた。反共軍事政権であったタイがフィリピン，インドネシアとマレーシアの関係回復を仲介し，1965年にマレーシアから独立したシンガポールも加わって，5カ国の協調関係を構築するための地域機構の設立が模索され，1967年8月にASEANの設立が宣言された。

┃ 政治協力の構築 ┃

　ASEANは軍事同盟ではないことを示すため，設立宣言で経済・社会・文化分野での地域協力を謳い，その前文で域外の介入から域内国の安定と安全を守ると明言した。ASEAN5カ国の反共政権は，混迷するインドシナ情勢をにらみながら域外大国の介入を防ぎ，互いの信頼を醸成することで国家間関係を安定させ，それぞれ国家建設や開発政策を進めるという考えで一致していた。

　1968年，イギリス軍はスエズ以東からの撤退を決定し，ニクソン米大統領も1969年にグアム・ドクトリンを発表して，ベトナムから段階的に撤兵し，東南アジアにおけるアメリカの軍事力を縮小する方向性を打ち出した（⇒第12章②，③）。ASEANはイギリスとアメリカの軍隊が撤退することによる中国のプレゼンス拡大を懸念し，域外大国の干渉を排除するという立場から，1971年に東南アジア平和・自由・中立地帯（ZOPFAN）構想を採択した。

　1975年のベトナム戦争終結およびインドシナ3国の共産化によって，ASEAN諸国はこれまで以上に共産主義の脅威を感じることとなったが，インドシナ3国に対して敵対的な態度をとることはなく，むしろ平和共存を呼びかけた。また域内の結束力を高めるために，1976年の第1回ASEAN首脳会

240 ● CHAPTER **13**　地域統合とASEAN

議で東南アジア友好協力条約（TAC）と ASEAN 協和宣言を採択した。前者は主権・領土保全，内政不干渉，紛争の平和的解決を，後者は ASEAN および加盟国の強靭性の強化や政治・安全保障協力などを謳うものであり，ASEAN の基本理念を構成するものとなった（山影 1991）。

ASEAN Way ── 全会一致と内政不干渉

1970〜90 年代にかけての時期は，ASEAN の意思決定方式が制度化されていく時代であった。加盟国は議長国制度を通じて持ち回りで外相会議や首脳会議を開催し，国のトップが定期的に顔を合わせて信頼を醸成し，会議では全会一致の合意形成が図られた（佐藤 2003；鈴木 2014）。議長国はすべての加盟国が輪番で務め，全会一致の意思決定の下で小国も大国も拒否権を行使することができた。その意味では加盟国は対等な関係であり，特定の国が常に意思決定をコントロールすることはできなかった。また内政不干渉原則の下，互いの国内問題には立ち入らないという規範が確立したことで，加盟国間の意見対立は抑制され，国家間関係は安定した。全会一致と内政不干渉は ASEAN Way（ASEAN の流儀）と呼ばれ，加盟国によって重視される規範となった。

ASEAN 諸国は，強権支配や人権侵害について欧米からしばしば批判された。批判に反論するために，ASEAN は民主主義や人権よりも社会秩序を優先させる「アジア的価値」を引き合いに出した。ASEAN が域内の平和と安定を享受した時代は，ASEAN が内向きで，域外との関係を積極的に構築しようとはしなかった時代でもあった。

カンボジア問題への対応

1975〜76 年にかけてラオスとベトナムで共産主義体制が成立したことによって大量の難民が発生した。また，1978 年にはベトナムがカンボジアに侵攻してポル・ポト政権が瓦解し，中国が「懲罰」と称してベトナムに侵攻して中越戦争が起こると，インドシナ情勢は緊迫化した。

ASEAN は当初，カンボジアに侵攻したベトナムを非難し，ベトナム軍のカンボジア撤退とポル・ポト派の国連代表権維持を主張していた。しかし，ポル・ポト政権下での大量虐殺が明らかになり，カンボジア紛争が反ベトナム勢

1 ASEAN の成立と発展 ● 241

力であるポル・ポト派，シハヌーク派，ソン・サン派に親ベトナムのヘン・サ
ムリン政権を加えた4派による内戦へと発展していくと，紛争解決に向けた
行動をとるようになった。ASEAN は，反ベトナム勢力3派の間をまず調整し，
1985年にはヘン・サムリン政権を加えた4派間での会合の開催を提案した。
調停に積極的であったインドネシアはベトナムと協議して，1987年に「カク
テルパーティー方式」と呼ばれる非公式会合の開催を提案し，紛争当事者間の
直接対話を引き出し，1988年以降のジャカルタ非公式会合を実現させた（黒
柳 1992）。これは，ASEAN による紛争調停の初めての試みとなった。

　1980年代後半になると東西の緊張が緩和し，ソ連と中国，中国とベトナム
も関係が改善した（⇒第12章③）。1985年，ベトナムは1990年末までにカン
ボジアから撤兵すると発表し，1986年にはドイモイ（刷新）路線を採択して，
市場経済と対外開放の推進を決めた（⇒第7章⑤）。このベトナムの変化でカン
ボジア問題は進展し，1987年以降フランスとインドネシアの仲介で和平交渉
が進められて，1989年9月のベトナム軍のカンボジアからの完全撤退後は，
国連が主導権を握ってカンボジア問題の包括的解決が図られ，1991年10月
に和平が結ばれた。

┃ ASEAN の拡大と共同体設立への動き ┃

　冷戦の終結，ベトナムとラオスの市場経済化，カンボジア問題の解決によっ
て，ASEAN は東南アジア全体へと拡大する機運を得た。1992年の ASEAN
首脳会議で，地域の安全保障協力の強化を打ち出し，TAC への東南アジアの
すべての国々の加入を奨励することを決めた。安全保障協力の強化は ASEAN
地域フォーラム（ARF）の発足へとつながる。ARF は，ASEAN 諸国にアメリ
カ，中国，日本，韓国などを加え，東アジア地域全体の安全保障問題を討議す
る場となった（佐藤 2003）。TAC への加入奨励は，インドシナ3国とミャンマ
ーを ASEAN に加盟させて ASEAN 10カ国体制を成立させる方針への転換を
意味した。イギリスから独立したブルネイが1984年に ASEAN に加入してい
たが，1995年にはベトナムが，1997年にはミャンマーとラオスが，1999年
にはカンボジアが ASEAN に加盟し，ASEAN 10（アセアン・テン）が実現した。
　内向きだった ASEAN は東南アジアの外に目を向けた協力関係の構築をめざ

242 ● CHAPTER 13 地域統合と ASEAN

CHART | **表 13.1　ASEAN ブループリント 2025 の骨子**

ASEAN 政治・安全保障共同体（APSC）

・ルール（ASEAN の基本原則，共有された規範・価値，国際法）にもとづく共同体
・民主主義，グッド・ガバナンス，法の支配の尊重，人権・基本的自由・公正と調和・ジェンダーへの配慮
・宗教や文化の相違を尊重する寛容さと穏健さ
・国境を越えた犯罪など非伝統的安全保障への効果的かつ迅速な対応
・紛争の平和的解決
・核・大量破壊兵器の存在しない地域
・海洋安全保障協力
・団結と結束，ASEAN の中心性の強化
・友好・互恵関係の発展

ASEAN 経済共同体（AEC）

・単一市場化と資本・熟練労働者の移動の促進を保障する高度に統合された地域経済
・生産性とイノベーション，透明性とグッド・ガバナンスの向上にもとづく競争的でダイナミックな共同体
・分野別協力の強化
・零細・中小企業の育成と格差是正・貧困撲滅に資する経済的機会の創出
・グローバル経済との連結と東アジア経済統合の推進

ASEAN 社会・文化共同体（ASCC）

・参加型の社会的責任を有する共同体
・女性・子ども・若者・高齢者・障がい者・移民労働者・社会的弱者の人権の保護と促進
・社会開発と環境保護を促進するためのサステイナビリティ
・社会・経済的脆弱性や災害・気候変動への対処
・アイデンティティの創出と国際社会における積極的な貢献

（出所）　ASEAN Secretariat（2015）ASEAN Economic Community Blueprint 2025, ASE
　　　AN Secretariat（2016）ASEAN Political-Security Community Blueprint 2025, ASEAN
　　　Socio-Cultural Community Blueprint 2025.

すようになった。2003 年以降，ASEAN は TAC 加盟を東アジア・サミットへの参加の条件の 1 つと定め，東アジアの地域協力のあり方を方向づけるようになった。これによって，2005 年には ASEAN＋3（中国，日本，韓国）にインド，オーストラリア，ニュージーランドを加えた東アジア・サミット（ASEAN＋6）が開催され，2008 年にはアメリカとロシアがこれに加わり，ASEAN＋8 へと拡大していった。

1　ASEAN の成立と発展　● 243

10 カ国体制になった ASEAN は地域統合を加速させ，1997 年のアジア通貨危機を契機に共同体構想を本格化させた。2003 年の首脳会議では第二 ASEAN 協和宣言を採択し，2020 年までに ASEAN 安全保障共同体（のちに ASEAN 政治・安全保障共同体），ASEAN 経済共同体，ASEAN 社会・文化共同体から成る ASEAN 共同体を実現することを謳った。2007 年の首脳会談で 2015 年までの共同体創設と工程表を定めたブループリントが発表された。2008 年には ASEAN 憲章が発効し，2015 年末に ASEAN は共同体の設立を宣言し，2025 年までの工程表を定めたブループリントに沿って地域統合を進めることになった（**表 13.1**）。

　3 つの共同体の中で最も統合が進んでいるのは経済共同体である。域内の経済格差は大きいものの，高い競争力と生産性を備えた単一市場をめざすという目標は明確であり，加盟国間で大きな意見の隔たりはなく，経済分野が ASEAN の地域統合を牽引しているといっても過言ではない。それに対して，政治・安全保障共同体と社会・文化共同体については，規範に対する認識の相違や利害対立によって，加盟国の間で統合への動きは経済共同体ほど進んでいない。②と③では，それぞれの共同体の構築過程や課題をみていこう。

2 経済統合

▶モノ，カネ，ヒトの流れ

経済統合の促進要因

　経済分野における統合は，①先進国の貿易や投資の動向，中国やインドなど新興経済国の台頭，世界各地での自由貿易圏の成立といった世界経済の変動，②1960 年代の日本から始まり，新興工業経済地域（NIES），ASEAN 原加盟国，中国，インド，ASEAN 後発国へと広がった工業化の波とそれに伴う地域的な生産ネットワークの拡大，③こうした世界や地域の経済動向に呼応した ASEAN 各国の対応，という 3 つの要因によって着実に進展してきた。とりわけ，世界各地での自由貿易圏の確立や中国の経済的台頭による外資誘致競争に対する懸念を背景として，1993 年に ASEAN 自由貿易地域（AFTA）が創設さ

れ，中国 - ASEAN，日本 - ASEAN をはじめとする ASEAN と隣国の FTA が 2000 年代に相次いで成立すると，ASEAN は東アジア地域における経済統合のフロントランナーとなった。

プラザ合意と経済協力の本格化

ASEAN の域内経済協力は，1976 年の ASEAN 協和宣言で始まった。この時期には，大規模工業を ASEAN として集団で進める ASEAN 共同工場プロジェクトや ASEAN 工業補完協定などが策定されたものの，当時加盟各国が振興をめざしていた石油化学や鉄鋼などの分野で折り合いがつかず，挫折していた。

ASEAN の経済協力が本格化するのは，1985 年のプラザ合意以降である。プラザ合意後の円高・ドル安によって国内の生産コスト上昇に直面した日本企業は，より安価な生産拠点を求めて，ASEAN 向けの直接投資を急増させた。他方で，ASEAN 加盟国の多くは対内直接投資を誘致するための法整備や外資規制緩和を行うことで，外資主導の輸出志向型工業化への転換を進めた。こうして，ASEAN 諸国では輸出によって牽引される経済成長が始まるとともに，1987 年に行われた首脳会議では ASEAN として外資を誘致することをめざした集団的外資依存輸出志向型工業化戦略が打ち出された。たとえば，日本の自動車会社の提案を受けて，ブランド別自動車部品相互補完流通計画スキームに関する覚書が調印され，自動車を生産するメーカーが各国で集中的に生産した部品を低い関税率で域内流通させることが可能となり，地域的な輸出志向型工業化の促進につながった（清水 1988）。

冷戦の終結と AFTA 創設

ソ連のペレストロイカを契機としたベトナムおよびラオスにおける経済改革とカンボジア内戦の終結は，東南アジア大陸部と島嶼部の間の境界を消滅させ，ASEAN 10 の実現につながった（⇒第 7 章 ⑤，本章 ①）。他方で，ASEAN の経済統合をさらに深化させるような変化も起きた。1978 年の改革開放以降，沿岸部での積極的な外資誘致と工業化を進めていた中国は，1990 年代に入ると年率 10% を超える高度成長を実現するようになった。また，長期不況のただ中にあった欧州共同体（EC）が単一欧州議定書を採択し，アメリカも北米自

2 経済統合 ● 245

由貿易協定（NAFTA）を締結するなど，世界各地で地域主義の動きが活発化していく。

　ASEAN は，中国の経済的台頭によって先進国からの直接投資をめぐる競争を強いられ，また EC や NAFTA といった自由貿易圏の埒外に置かれることになった。こうした変化を受けて ASEAN は 1992 年の首脳会議において，シンガポール宣言を採択し，AFTA の創設を決定した。AFTA は，ASEAN 域内での国境を越えた水平分業体制の強化による ASEAN の国際競争力強化，大規模市場の確保による外資誘致促進を目標とした。そのための具体的なプログラムとして共通効果特恵関税（CEPT）協定が定められ，ASEAN 先発国が CEPT 適用品目の関税を 2008 年までに 0～5% 以下に引き下げ，かつ非関税障壁を撤廃することが目標となった（ただし，CEPT の対象でない品目はこの限りではない）。1994 年の経済閣僚会議では，さらなる貿易自由化の促進のために，関税撤廃目標年限が 2003 年に前倒しされた。

　このような ASEAN 域内の経済協力の深化と並行して，ASEAN がアジア太平洋という，より大きな地域協力の枠組みに包摂されるようになったことも重要である。1989 年，成長するアジア諸国との関係深化とアメリカとの貿易摩擦解消をめざす日本，アジアとの関係強化をめざすオーストラリアの主導によりアジア太平洋協力が提唱され，ASEAN とアメリカがこれに賛同したことでアジア太平洋経済協力（APEC）が設立された。1993 年には第 1 回非公式首脳会議が行われ，1994 年の第 2 回非公式首脳会議では自由で開かれた貿易と投資を達成するボゴール宣言が合意された。

　もっとも，インドネシアやマレーシアといった ASEAN 加盟国のなかには，ASEAN の弱体化を懸念する声もあった。たとえば，マレーシアのマハティール首相は，APEC 発足後も，アジア太平洋という枠組みではなく，ASEAN 加盟国，日本，中国，韓国，香港，台湾，インドシナ諸国をメンバーとする東アジア経済グループ（EAEG）を提唱した。

　とはいえ，ASEAN は，APEC の将来の制度については白紙という条件，つまりは，ASEAN が納得するような制度の導入という条件をつけて，APEC への参加を承認した。このことは，地域統合の長い歴史を持つ ASEAN が，APEC の制度形成において一定の力を持つようになっていたことを示していた

246 ● CHAPTER 13　地域統合と ASEAN

（大庭 2004, 2014）。

アジア通貨危機から東アジア経済協力へ

　ASEAN 地域協力の深化と拡大は，アジア通貨危機を契機として，さらに加速した。1997 年に始まったアジア通貨危機により，インドネシア，タイ，マレーシア，フィリピンは，マイナス成長を経験した。とりわけ，国際通貨基金（IMF）に支援を要請し，IMF からの融資の条件として緊縮財政政策を実施したタイとインドネシアの GDP 成長率は，1998 年にそれぞれマイナス 7.6%，マイナス 13% となった。こうした事態に直面した ASEAN は，1998 年の首脳会議においてハノイ行動計画を採択し，マクロ経済と金融に関する協力や経済統合の強化を約束した。この中で，AFTA における先発 6 カ国の関税引き下げ期限を，2003 年から 2002 年にさらに前倒しすることなどが合意され，1999 年には CEPT の 0〜5% の関税引き下げ目標が関税撤廃と改められた。

　もっとも，ASEAN 諸国が経済回復の軌道に乗るうえで，日本による資金援助や中国による為替レートの維持がきわめて重要だった。たとえば，日本は 1998 年にアジアの通貨危機支援に関する新構想（新宮澤構想）を打ち出し，貸し渋り対策や社会的弱者対策，金融システムの安定化を目的とした中長期的貸付資金などのために合計 300 億ドルを提供した。日本や中国からの支援を背景に，1997 年，ASEAN は首脳会議に日中韓の首脳を招待し，1998 年のハノイ会議では ASEAN＋3 の首脳会議を年に 1 回開催することを決定した。2000 年には，ASEAN＋3 蔵相会議において，経済危機が起こった場合に外貨準備を使って資金を融通するための通貨スワップ取り決めであるチェンマイ・イニシアティブが合意された。

　ASEAN の域外国との協力深化は，東アジア経済協力という形で 2000 年代にさらに加速していった。とりわけ，2000 年の ASEAN 首脳会議において中国が自由貿易圏構想を提案したことが，域外国による ASEAN との FTA 締結へ向けた競争を促した。その結果，中国–ASEAN 包括的経済協力枠組み協定（2004 年）を皮切りに，ASEAN–韓国自由貿易協定（2007 年），日本–ASEAN 包括的経済連携協定（2008 年），ASEAN–インド包括的経済協力枠組み協定（2010 年），ASEAN–オーストラリア–ニュージーランド自由貿易地域（2010

年）の 5 つの「ASEAN＋1 FTA」が相次いで発効した。政治的な対立などから日中韓 3 カ国の FTA 交渉が進まない一方で，ASEAN は東アジア地域における自由貿易のハブとなりつつある。

ASEAN 経済共同体

アジア通貨危機後も，インドや中国の経済的存在感が増すなかで，どのように外資を誘致し，成長を持続させるかが，ASEAN にとっての大きな課題であり続けた。この課題への回答として，2002 年にシンガポールのゴー・チョクトン首相は，関税の撤廃と物品やサービスの自由な移動によって特徴づけられる共同市場としての ASEAN 経済共同体（AEC）の創出を提案した。

この提案を受け，2003 年の ASEAN 首脳会談では，他の 2 つの共同体とともに AEC の創設が目標として掲げられた。2007 年の首脳会談では，3 つの共同体の先陣を切って，2015 年までの工程表としての AEC ブループリントが採択された。さらに 2009 年の首脳会談では，経済成長や域内格差の縮小をめざし，ハードインフラ，ヒト，制度の各面における連結性（コネクティヴィティ）の促進を謳った ASEAN 連結性マスタープランが制定されている。2015年には ASEAN 共同体ビジョン 2025，2015 年には AEC ブループリント2025 が，翌年にはブループリント 2025 を具体化するための行動計画を定めた AEC 統合戦略行動計画が採択されるなど，目標とされる共同体のあり方が明確化されていった（表 13.2）。

ただし，ブループリントをみてもわかるように，ASEAN は域外共通関税や，ヒト・カネといった生産要素の自由な移動，経済政策の調整を目標としているわけではない。その意味で，共同体といいながらも，AEC はむしろ経済連携協定（EPA）に近い。

AEC の成果と実態

一連の目標の中でも最も成功しているのが，物品貿易の自由化，特に関税の撤廃・削減である。現在までに ASEAN 先発 6 カ国では 99％ 以上の品目で関税が撤廃され，後発 4 カ国においても 90％ 以上の品目の関税率が 0〜5％ となっている。これに伴って部品や素材といった中間財の域内貿易比率が拡大し，

248 ● CHAPTER **13** 地域統合と ASEAN

CHART 表 13.2 AEC ブループリントと ASEAN 連結性マスタープラン

AEC ブループリント（2007～15 年）

A. 単一市場と生産基地：①物品貿易の自由化，②サービス貿易の自由化，③投資の自由化，④資本の自由な移動，⑤熟練労働者の自由な移動，⑥優先的統合分野，⑦食糧・農林業

B. 高い競争力のある経済地域：①競争政策，②消費者保護，③知的所有権，④インフラ開発，⑤税制，⑥電子商取引

C. 公平な経済開発：①中小企業，②ASEAN 統合イニシアティブ

D. グローバル経済への統合：①対外経済関係の強化，②グローバル・サプライ・チェーンへの参画

ASEAN 連結性マスタープラン

A. 物理的な連結性：①交通，②コミュニケーション，③エネルギー，④経済特区

B. 人的連結性：①観光，②教育，③文化

C. 制度的連結性：①物品貿易・投資・サービス貿易の自由化，②地域交通協定，③キャパシティ・ビルディング

AEC ブループリント 2025（2016～25 年）

A. 高度に統合された経済：①物品貿易，②サービス貿易，③投資環境，④金融統合・金融包摂・金融安定化，⑤熟練労働者・ビジネス訪問者の円滑な移動，⑥グローバル・バリュー・チェーンへの参画

B. 競争的，革新的で，躍動的な ASEAN：①競争政策，②消費者保護，③知的所有権協力，④生産性向上・技術革新・研究開発，⑤租税協力，⑥ガバナンスの改善，⑦効率的な規制，⑧持続可能な経済開発，⑨グローバルトレンドへの対応

C. 連結性強化とセクター別協力：①交通運輸，②情報通信技術，③電子商取引，④エネルギー，⑤食糧・農林業，⑥観光，⑦保健医療，⑨鉱物資源，⑨科学技術

D. 強靭で包摂的，人間志向，人間中心の ASEAN：①中小企業強化，②民間セクターの強化，③官民連携，④格差是正，⑤地域統合に向けた利害調整

E. グローバルな ASEAN：諸外国との経済連携協定の改善・促進

（出所）　ASEAN Secretariat（2008）ASEAN Economic Community Blueprint 2015, ASEAN Secretariat（2016）Master Plan on ASEAN Connectivity 2025, ASEAN Secretariat（2015）ASEAN Economic Community Blueprint 2025.

ASEAN 域内での水平的分業は深化している。また投資についても，ブループリントが公表された 2007 年には 10.7% にとどまっていた ASEAN の対内投資比率は，2016 年までに 24.8% へと拡大した（ASEAN Secretariat 2017）。

　ただし，ASEAN の経済統合において成功しているのは，関税撤廃・削減のみであると評価されることも多い。たとえばインドネシアやマレーシアは，自国産業の保護を目的として，自動車や鉄鋼，自動車部品などの分野で輸入許可制度や数量制限といった非関税障壁を設け，輸入を阻害している。またサービ

2 経済統合 ●249

ス貿易については，AECブループリントの中で航空輸送，情報通信，医療，観光といった分野での自由化が謳われているが，自由化の進展は各国さまざまである。1965年の独立以来，開放経済を維持してきたシンガポールや，サービス産業が十分に育っていない後発国ではサービス貿易の自由化が進んでいるものの，自国のサービス産業を保護したいタイ，フィリピン，インドネシアでは自由化の進展は十分ではない。人の移動についても，各国の国内制度未整備による熟練労働者の移動の阻害といった課題は明らかである。

　複数の分野でAECの目標どおりに統合が進まない原因の1つは，ASEANによる地域統合の原理そのものにある。地域統合のモデルとしてASEANとよく比較されるEUでは，通商政策や関税をはじめとする分野においてEUが排他的な権限を持っている。すなわち，加盟国はこれらの分野における権限をすでに手放しており，加盟国が独自に関税率や輸出入規制をすることはできない。それに対して，内政不干渉原則と全会一致による決定を統合の原理に据えるASEANにおいては，通商政策や関税率の最終的な決定者はあくまでも加盟国政府である。そのため，各国の利害対立がある分野での統合には障害も少なくない。

　こうした問題点はあるものの，ASEANやASEAN諸国の制度に誘引されて多国籍企業が築いてきた投資や生産ネットワークや物理的インフラの拡大によって，実質的な連結性はますます高まっていくと考えられる。これに従い，加盟国の通商分野における利害も変化し，統合が促進される可能性がある。

3　政治統合をめぐる課題

伝統的な規範と新しい規範

　経済統合が順調に進んでいるのと比べると，政治・安全保障共同体（APSC）や社会・文化共同体（ASCC）を構築する動きはむしろ緩慢である。それでもAPSCブループリントは，従来からの主権重視の立場を堅持しつつ，民主主義や人権の擁護を謳い，ASCCは移民労働者や社会的弱者の保護を謳っている。

民主主義や人権をめぐる批判をかわすために「アジア的価値」にもとづく社会秩序の維持を強調していた過去の ASEAN を考えると隔世の感がある。

　しかし，民主主義や人権のような理念を加盟国の国内制度にどの程度反映させていくかについては，加盟国間で一致があるわけではない。また，これらを ASEAN の新しい規範にすることは，伝統的な規範である内政不干渉や全会一致との間で齟齬を生じさせている。前節でもみたとおり，ASEAN 共同体はEU のように加盟国が国家主権の一部を EU に委譲するといった統合の原理を持たない。ASEAN の地域統合はあくまで加盟国の主権を前提としたものであり，内政不干渉や全会一致の原則は，ASEAN の規範としても，意思決定方式としても，依然として有効である。このようななかで，ASEAN はどのように民主主義・人権を促進していこうとしているのであろうか。

┃民主主義と人権┃

　ASEAN 諸国は長年にわたり，民主主義や人権問題をめぐる欧米諸国からの批判に反発してきたが，1986 年のフィリピンを皮切りに，1992 年にタイが，1998 年にはインドネシアが民主化すると，これらの国々から ASEAN の宣言や文書に民主主義や人権の理念を盛り込むよう主張する声が出てきた。また，国内で人権 NGO が次々と生まれ，国境を越えてネットワークを形成し，ASEAN に対して民主化や人権をめぐり宣言や提言を活発に行うようになった（五十嵐 2018）。

　ASEAN 共同体構想が発表された 2003 年の第二 ASEAN 協和宣言に初めて「民主的」という言葉が挿入され，翌年のヴィエンチャン行動計画でも「人権の促進」という文言が初めて登場した（鈴木編 2016）。また，ミャンマー軍政を黙認してきた ASEAN は，建設的関与の立場から同国を批判するようになり，2006 年にはミャンマーの民主化の遅れを問題視して議長国就任を辞退させ，翌年の軍政による民主化運動の武力弾圧を強く批判した。

　しかし，民主主義・人権の規範化を進めようとするインドネシアやフィリピンと，民主主義・人権の「押しつけ」を警戒する CLMV 諸国（カンボジア，ラオス，ミャンマー，ベトナム）との間で次第に隔たりが大きくなっていく。2007 年から 2008 年にかけての ASEAN 憲章の策定・批准過程では，ミャンマーが

3　政治統合をめぐる課題　● **251**

調査権限のある人権機関の設置は内政不干渉原則に反すると強硬に反対し，調査権限がない人権機関は実効力を持たないと主張するインドネシアやフィリピンと対立した（Tan 2011）。また，2009年の人権に関する政府間委員会設立規約の起草過程でも，委員会に人権侵害を調査する機能を持たせるか否かで対立が起こり，このときも内政不干渉原則が反対の根拠となった（鈴木編 2016）。2012年に ASEAN は人権宣言を採択したが，人権や基本的自由はその国の治安や秩序に合致したものでなければならないという文言があわせて盛り込まれたことで，国際機関や人権 NGO から批判を浴びた。全会一致によって意思決定がなされる ASEAN では，すべての加盟国が拒否権を持つため，民主主義や人権を促進するための制度構築は容易ではない。

　ただし，人権と内政不干渉との齟齬を乗り越えようとする試みがなされていないわけではない。ミャンマーにおけるロヒンギャ迫害問題（⇒第6章⑥）では，インドネシア外相がアウンサンスーチー国家顧問兼外相に対して「友人として説得」を行い，ASEAN の会議の場にこの問題を持ち込むことに同意させた。そして，会議ではロヒンギャという言葉を使わずに「非正規の人の移動」という枠組みで，ロヒンギャ迫害が問題となっているラカイン州で ASEAN 人道支援センターによる支援を行うことをミャンマーに受け入れさせることに成功した（重政 2018）。緩やかな制度の下，当該国の顔を潰さずに柔軟な対応で人権問題の改善に取り組もうとする ASEAN の姿がある。

二国間領有権紛争の平和的解決

　2000年代以降，ASEAN は紛争の平和的解決のための具体的な制度づくりを始めた。その土台となったのが，1976年の TAC である（⇒第12章③，第13章①）。TAC は6基本原則の中で平和的手段による紛争の解決を定めており（他は，主権の相互尊重，国家としての生存，内政不干渉，武力行使の放棄，締約国間の協力），紛争解決方法として紛争当事国間の直接交渉，第三国もしくは閣僚級理事会による仲介や調停を規定している。

　2003年の第二 ASEAN 協和宣言と ASEAN 安全保障共同体構想，2004年のヴィエンチャン行動計画では TAC の閣僚級理事会に関する規定が盛り込まれ，2008年に採択された ASEAN 憲章では紛争解決メカニズムの創設や，紛争解

決研究のための ASEAN 平和・和解研究所の設置が盛り込まれた。2010 年の紛争解決に関する ASEAN 憲章プロトコルでは，第三国による和解・仲介・調停に加えて，仲裁裁判所の設置に関する規定が初めて入った。

このように ASEAN の紛争解決メカニズムは制度化されてきたが，域内の紛争に対してはどの程度有効に機能しているのであろうか。ここでは，シパダン島とリギタン島をめぐるインドネシア-マレーシア間の領有権紛争とプレアビヒア寺院をめぐるカンボジア-タイ間の領有権紛争をみていこう。

Column ⓭-1 をみると，この 2 つの二国間の領有権紛争では ASEAN の紛争解決メカニズムは有効に活用されていない，もしくは機能していないことがわかる。その理由の 1 つに，加盟国間の力関係がある。ASEAN の紛争解決メカニズムを利用すれば，弱い立場にある紛争当事国は自国に不利になると考えるため，ASEAN 内の力関係とは無関係で，より中立的な立場から裁定を下す国際司法裁判所（ICJ）に調停を望む傾向にある。シパダン島とリギタン島をめぐる紛争では，インドネシアは TAC の閣僚級理事会に申し立てることを望んだが，マレーシアが ICJ の調停を望んだ。プレアビヒアをめぐる紛争でも，弱い立場のカンボジアは最終的に ICJ に調停を依頼している。

もう 1 つの理由は，主権の尊重である。カンボジアとタイのプレアビヒアをめぐる紛争では，2011 年に両国間で 2 度目の銃撃戦が起きた際，ASEAN 議長国のインドネシアが監視団を派遣して調停役を務めるという提案を行った。しかし，タイの軍部が第三国の治安監視要員が自国に入ることに強硬に反対して実現しなかった。紛争解決メカニズムが整えられても当事国が主権尊重を理由に紛争の調停を拒否すれば，そこで調停プロセスは頓挫してしまう。主権の尊重という伝統的規範があくまで優先されるかぎり，紛争解決メカニズムを効果的に機能させることは難しい。

移民労働者の保護

ASEAN 域内における人の移動はここ 20 年間で飛躍的に伸びたが，ASEAN は未熟練労働者の移動をどのように管理するかという問題で頭を悩ませてきた。ASEAN は 2007 年に移民労働者の権利の保護と促進に関する ASEAN 宣言を発表し，ASCC のブループリントに移民労働者の人権の保護を明記した。し

Column ⓭-1　東南アジアにおける二国間の領有権紛争

【シパダン島とリギタン島をめぐるインドネシア-マレーシア間の領有権紛争】

　カリマンタン島東北部のインドネシアとマレーシアの国境付近に位置するシパダン島とリギタン島は 1969 年以来，領有権が両国で争われてきた。インドネシアはこの問題を TAC の規定に従って ASEAN の閣僚級理事会に持ち込むことを提案したが，マレーシアは反対した。インドネシアは ASEAN の域内大国であり，その政治的影響力が自国に不利に働くことを警戒したためであった（Butcher 2013）。マレーシアは ICJ での領有確定を主張し，1998 年に両国は一致して ICJ に提訴した。2002 年，ICJ はマレーシアの実効支配を認めて両島の領有を認める判決を出し，インドネシアは判決を受け入れたが，この判決を受けて 2005 年にマレーシアが両島の南に位置するアンバラット海域で石油開発を始めた。インドネシア世論は激昂し，国内ではマレーシア対決キャンペーンが行われ，これ以降，この海域では両国の艦船や戦闘機の出動などが繰り返されている。両国は ASEAN の紛争解決メカニズムを活用することもなく，かといって ICJ に提訴することもなく，二国間交渉を続けているが，紛争解決の糸口はみえていない（Druce and Baikoeni 2016）。

【プレアビヒア寺院をめぐるカンボジア-タイ間の領有権紛争】

　タイとカンボジアの国境に位置するプレアビヒア寺院は，カンボジアがフランスから独立した 1954 年より両国の争奪の場となってきた。カンボジアは

かし，ASEAN は未熟練労働者の移動を管理し，彼らを保護するための効果的な制度を構築できていない。背景には，労働者の送り出し国と受け入れ国との間の利害対立がある。

　ASEAN においては，人口が多く雇用の場の確保が十分でないインドネシア，フィリピン，ミャンマー，カンボジアが未熟練労働者を海外に送り出す国であり，すでに経済成長を遂げているものの人口が少なく，さらなる経済成長のためには安い外国人労働者を受け入れる必要があるシンガポール，マレーシア，タイが受け入れ側である。送り出し国と受け入れ国の間には，未熟練労働者の保護をめぐって利害対立がある。送り出し国は未熟練労働者の受け入れ国での法的保護を求めているが，受け入れ国は未熟練労働者を経済の動向次第で柔軟

1959 年に ICJ に提訴し，ICJ は寺院のカンボジア帰属を決定したが，寺院周辺地域の帰属については裁定を下さなかったため，タイは周辺地域の領有を主張していた。2001 年にカンボジアがプレアビヒアをユネスコの世界遺産に登録申請すると表明したことで，タイとの紛争が再燃する。タックシン政権は申請に賛成したが，2006 年のクーデタ後に成立した軍事政権は一転して反対した。その後，選挙で勝って成立したタックシン派政権が再びカンボジアの提案を支持すると，これにタイ国内の反タックシン派が反発して大衆デモが起こり，2008 年 7 月の世界遺産登録後には両国部隊による銃撃戦にまで発展した。

　カンボジア政府は国連安全保障理事会に緊急会合を開催するよう要請したが，ASEAN 議長国のシンガポールは安保理への直接の訴えかけは ASEAN への信頼を損なうとカンボジアに通告し，緊急会合は開催されなかった（ICG 2011）。2011 年に再び銃撃戦が起こると，国連安保理は ASEAN に調停を求めた。このときの議長国インドネシアは係争地域に同国の監視団を派遣することで調停役を果たすという提案を行い，両国政府はいったんそれに合意したが，タイの軍部が第三国の介入に強硬に反対し，監視団派遣は実現しなかった。ASEAN による調停の失敗を受け，カンボジア政府は ICJ に調停を依頼し，2013 年に ICJ は寺院周辺地域もカンボジア領であるとの判決を下したことで紛争は終結した（Singhaputargun 2016）。

に雇用，解雇するための安全弁として利用したいため，彼らを正規の移民労働者として法的に保護する義務は負いたくない。ゆえに，前述した移民労働者の権利の保護と促進に関する ASEAN 宣言の起草過程において，シンガポールやマレーシアは未熟練の非正規労働者やその家族を保護の対象とすることに反対した（鈴木 2012）。AEC のブループリントでも合法的な移動の対象となっているのは熟練労働者のみである。熟練・未熟練にかかわらず，受け入れ国がすべての移民労働者に法的な保護を与えることは必要不可欠である。しかし，全会一致にもとづく ASEAN の意思決定方式は，受け入れ国が妥協を拒むことを可能にしている。

この章では，共同体成立までの50年にわたるASEAN発展の過程をみてきた。経済統合が順調に進む一方，加盟国の政治体制や経済的利害が異なるなかでの政治統合は容易でないことがわかる。このような相違があるなかで，ASEANが主権や内政不干渉，全会一致原則を維持しながら，民主主義・人権の促進や紛争の平和的解決を実践し，移民労働者など社会的弱者を保護しつつ経済統合を進めていくことは可能なのだろうか。ASEANの取り組みは今後も続く。

読書案内 | **Bookguide** ●

山影進（1991）『ASEAN——シンボルからシステムへ』東京大学出版会。
⇒ASEAN研究の古典的名著。ASEANの成立と発展のみならず，東南アジア国際関係の歴史的展開についての理解も深まる。

石川幸一・清水一史・助川成也編著（2016）『ASEAN経済共同体の創設と日本』文眞堂。
⇒ASEAN経済統合の歴史や，貿易，投資，インフラ，エネルギー，格差是正などの各分野におけるASEAN経済共同体の制度や進展状況が，豊富なデータとともに語られる。

鈴木早苗編（2016）『ASEAN共同体——政治安全保障・経済・社会文化』アジア経済研究所。
⇒2015年に成立したASEAN共同体をめぐるさまざまな課題がわかりやすく解説されている。

引用・参考文献 | **References** ●

五十嵐誠一（2018）『東アジアの新しい地域主義と市民社会——ヘゲモニーと規範の批判的地域主義アプローチ』勁草書房。
石川幸一・朽木昭文・清水一史編著（2015）『現代ASEAN経済論』文眞堂。
石川幸一・清水一史・助川成也編著（2016）『ASEAN経済共同体の創設と日本』文眞堂。
大庭三枝（2004）『アジア太平洋地域形成への道程——境界国家日豪のアイデンティティ模索と地域主義』ミネルヴァ書房。
大庭三枝（2014）『重層的地域としてのアジア——対立と共存の構図』有斐閣。
黒柳米司（1992）「カンボジア紛争終結過程とASEAN諸国——『ポスト・カンボジア』への教訓」岡部達味編『ポスト・カンボジアの東南アジア』日本国際問題研究所：27-

51。

佐藤考一（2003）『ASEAN レジーム —— ASEAN における会議外交の発展と課題』勁草書房。

重政公一（2018）「ミャンマーのロヒンギャ問題と ASEAN ——内政不干渉と保護する責任の狭間で」『国際政治』190：81-96。

清水一史（1998）『ASEAN 域内経済協力の政治経済学』ミネルヴァ書房。

鈴木早苗（2012）「移民労働者問題をめぐる ASEAN のジレンマ」『アジ研ワールド・トレンド』205：39-44。

鈴木早苗（2014）『合意形成モデルとしての ASEAN ——国際政治における議長国制度』東京大学出版会。

鈴木早苗編（2016）『ASEAN 共同体——政治安全保障・経済・社会文化』アジア経済研究所。

寺田貴（2013）『東アジアとアジア太平洋——競合する地域統合』東京大学出版会。

山影進（1991）『ASEAN ——シンボルからシステムへ』東京大学出版会。

山影進（1997）『ASEAN パワー——アジア太平洋の中核へ』東京大学出版会。

山田美和編（2014）『東アジアにおける移民労働者の法制度——送出国と受入国の共通基盤の構築に向けて』アジア経済研究所。

Acharya, Amitav（2014）*Constructing a Security Community in Southeast Asia: ASEAN and the Problem of Regional Order, third edition*, Routledge.

ASEAN Secretariat（2017）*ASEAN Economic Integration Brief*, No. 1, June 2017.

Butcher, John D.（2013）"The International Court of Justice and the Territorial Dispute between Indonesia and Malaysia in the Sulawesi Sea," *Contemporary Southeast Asia*, 35（2）: 235-257.

Druce, Stephen C. and Efri Yoni Baikoeni（2016）"Circumventing Conflict: The Indonesia-Malaysia Ambalat Block Dispute," Mikio Oishi ed. *Contemporary Conflicts in Southeast Asia: Towards a New ASEAN Way of Conflict Management*, Springer: 137-156.

International Crisis Group（2011）"Waging Peace: ASEAN and the Thai-Cambodian Border Conflict," *ICG Asia Report*, 215: i-40.

Singhaputargun, Nichan（2016）"The Thailand-Cambodia Preah Vihear Temple Dispute: Its Past, Present and Future," Mikio Oishi ed. *Contemporary Conflicts in Southeast Asia: Towards a New ASEAN Way of Conflict Management*, Springer: 111-135.

Tan, Hsien-Li（2011）*The ASEAN Intergovernmental Commission on Human Rights: Institutionalising Human Rights in Southeast Asia*, Cambridge University Press.

CHAPTER

第14章

国境を越える人々

1978年12月にマレーシア沖で撮影されたベトナム人ボートピープル。(写真：©UNHCR/K. Gaegler)

INTRODUCTION

　人々の移動性の高さは，東南アジア社会の顕著な特徴の1つであり続けてきた。近代以前には，土地ではなく人の支配に権力の基礎を置く内陸王国や，対外的に開放的な性格を持つ海域の港市国家は，それぞれ人間の誘致を競い合うことで東南アジアの多民族的な空間をつくり上げてきた。現在もまた，労働力の国際移動や越境犯罪，あるいは難民問題への対処が，東南アジア各国の政治における重要な争点となっている。こうした人々の越境は，その多くが合法と非合法のグレーゾーンにまたがっているため，それはそのまま国家と国家のはざまのグレーゾーンをどう管理するかという問題に関わっている。

KEYWORDS

海賊　人身取引　出稼ぎ　テロ　難民

1 人の移動と東南アジアの政治

　第 1 章でみたように，文明の交差点としての東南アジア社会は，伝統的に人口の流動性の高さによって支えられてきた。外来者を王に迎える，戦争捕虜を強制移住させる，権力者を嫌って逃亡するなど，政治権力の盛衰は多くの場合，人の移動を伴ってきた。そうした流動性は，西欧列強による植民地化の過程で東南アジアに近代国家が形成され，国境線や国民という概念がもたらされたことで，国家の管理下に置かれることになった。しかし国民形成や国民経済の建設は，すべての人を等しく受益者としたわけではなかった。この過程からはじき出された人々，たとえば新たに構想される国民文化の中核的担い手になりそびれた人々，国家のあり方をめぐる路線論争に敗れた人々，経済の再分配において不利な立場に置かれた人々などは，同胞や避難場所，経済的機会を求めて国境を往来することになった。東南アジアにおいては，他地域にみられるようないわゆる失敗国家が存在しないという意味では，新興国の国家形成にある程度の成功を収めてきたといえるが，しかしその成功物語の裏側では，合法・非合法の手段で移動する人の流れが一貫して継続していた。

　国境を越える人の流れは，1980 年代以降に域内の冷戦構造による緊張が大幅に緩和され，各国が経済開放路線を採用するとさらに活発になり今日に至っている。ただしこのことは，国境が意味を失ったということではない。人々の越境活動が盛んになるのは，国境をまたぐことに意味があるから，つまり国境の存在そのものに意味があるからである。ひとくちに越境移動といっても，非常に多くのパターンがある。一方の極に留学やビジネス渡航など純粋に合法的な越境を，その反対の極に国際犯罪集団の不法越境を置くとすれば，合法性や犯罪性の有無の判断が微妙なグレーゾーンが両者の中間に位置する。ここで仮

1　人の移動と東南アジアの政治　● 259

| CHART | 表 14.1　越境移動のパターン |

	合法	非合法
自発	国際労働移民	麻薬密輸団，海賊，テロ組織，不法移民
非自発	難民	人身取引の被害者

に，合法-非合法，自発-非自発という2つの軸をもとにマトリックスを作成すると**表14.1**のようになる。

　合法的かつ自発的な越境移動の典型例は，国際労働移民である。OFW (Overseas Filipino Workers) という新造語で呼ばれるフィリピン人海外労働者などをイメージされたい。それに対し，やむを得ざる理由で本国での居住を断念した難民は，合法的だが本人の意思に反して行われる移動の類型に属する。自らの意思で非合法に国境をまたぐ人々が，非合法武装集団や麻薬密輸団のメンバー，あるいは不法移民である。人身取引の被害者というのは，自分の意思に反して非合法な移動を強いられる人々である。

　もちろん上の類型は，あくまで便宜上の分類であって，社会の現実はもっとあいまいである。ある立場からは難民とみなされる人々が，別の立場からは不法移民や出稼ぎ労働者，あるいは越境ゲリラとみなされるかもしれない。また自発的同意にもとづく私的契約行為という建前で事実上の人身売買が行われるケースも多い。以下では越境犯罪，労働移民，人身取引，難民の事例から，そうしたグレーゾーンがこの地域の政治といかに関わっているかを考えたい。そこからは，現代東南アジアにおける人口流動性の高さは，この地域における伝統的パターンの継続であり，グローバル化の効果でもあり，かつまた近代国家によるガバナンスの脆弱性の典型的表現でもあることがわかるだろう。

越境する不法活動

麻薬密輸団

　国境を越えた非合法活動として古典的ともいえる存在が麻薬密輸団である。東南アジアにおいてはしばしば，麻薬をめぐりシンジケートと国家権力が相互依存関係に置かれてきた。アヘンの材料となるケシは東南アジアの原産ではないが，遅くとも18世紀には中国雲南省の山地などでも栽培が行われている。山地のケシ栽培民は焼畑耕作に従事する少数民族であり，彼らがケシの種を携えつつ東南アジア側へも順次生活圏を広げたため，東南アジア大陸部山地もまたアヘンの主要産地となっていった。

　ただし19世紀の東南アジアにおいては，アヘンそれ自体は禁止ではなく専売の対象であり，独占販売を請負う中国系秘密結社の収入源ともなっていた。また交通が不便な山岳地帯では，アヘンは運搬が容易な換金作物であり，また冷涼な山地の気候を好み冬季に生育するため，山地焼畑民にとっては貴重な現金収入源であるのみならず，端境期の裏作としての意義も帯びていた。

　20世紀半ばに各国が相次いでアヘンの非合法化政策を打ち出すと，アヘンやそれを精製したヘロインは，非合法団体の収入源となっていく。特に1950年代以降は，中国本土での共産党との内戦に敗れ，東南アジア側に陸路逃亡した旧国民党軍残党や，ミャンマーの少数民族武装組織などが山地におけるアヘンの集荷網を支配し，山地諸民族から買いつけたアヘンをバンコクやサイゴン（現ホーチミン）に輸送することで軍資金を得ていた。したがってこの時期には，少数民族ゲリラは，しばしば国境をまたいで活動する麻薬密輸団としての顔も兼ね備えていた（McCoy, Read, and Adams 1989）。

　また，こうした大規模な不法行為は，国家権力による協力や黙認をも必要とした。ミャンマーにおいては，1960年代に少数民族ゲリラに対抗すべく設立された自警団が，軍資金面での自活を求められたため，自警団も麻薬取引に手を染め国家による麻薬軍閥の育成という結果を招いてしまっている。冷戦期の

タイ，ラオス，南ベトナムなどでは，反共を掲げる少数民族武装勢力に対しては，麻薬の密売による軍資金の調達に国家権力が直接的，あるいは間接的に協力してきた。この種の武装麻薬密輸団は，国家権力による統治が十分確立されていない辺境において，国家予算を使わず国軍兵士の人命を消耗せずに国境部の治安を守る存在として半ば歓迎される場合すらあった（片岡 2004）。

東南アジアにおける冷戦の終結後は，各国において時期の差はあるものの，中央政府の辺境における実効支配の確立と並行する形で，ケシ栽培の取締りが進められていった。ただし 1990 年代になると，従来のアヘンやヘロインに代わり，化学的に合成される薬品としての覚醒剤が大量に流通し始める。これらはやはり山岳部における少数民族武装集団の根拠地で製造され，そうした武装集団の軍資金となっている。

これらの麻薬について，各国政府は撲滅をめざすことを公言しているものの，その実現は容易ではない。それは，生産拠点が中央政府の統治の及ばない国境部の少数民族武装集団の支配地域に置かれていたり，各国政府が隣国を牽制するために国境部の武装集団に聖域を提供していたり，麻薬取締りを実施すべき官憲が買収などによって麻薬密輸団と共生関係にあったり，といった理由による。しかも麻薬密輸団は多くの場合，密輸ルートの維持その他の目的のために私兵を擁しているため，麻薬犯罪の取締りはしばしば内戦に近い様相を呈することになる。近年ではタイ国のタックシン政権やフィリピンのドゥテルテ政権による麻薬撲滅政策がそうした例である（⇒第 3 章④，第 5 章④）。

海　賊

島嶼部東南アジアにおいて，海の世界は伝統的には人々の自由な移動と活動の場である反面，公海上の平和が公共財として確立しておらず，漁船も商船も武装するのが当然とされていたため，同じ人間が同時に漁師，商人，海軍，海賊を兼ねていた。海賊は島嶼部東南アジアにおける生業の 1 つであり，小島や沿岸部の村を襲って金品を奪い，人々をさらって奴隷市場で売ることもあった（床呂 1999）。

欧米列強による植民地支配に抵抗したのも海の民や海賊であった。17 世紀にオランダが東南アジアの香料貿易の独占をもくろんだ際には（⇒第 4 章①），

在地のブギス族商人が密貿易を通してオランダの覇権に抵抗した。一方オランダは，彼らを「海賊」と呼んでその非合法性を主張し，19世紀に入るとスペイン，イギリスとの間で「海賊」取締りの協力体制をつくり上げた（太田2014）。西洋列強による囲い込みの過程で，海の世界を自由に往来していた人々が「非合法」な「海賊」として取締りの対象となっていったのである。

　東南アジアに国民国家が形成されたあとも，国境線の内側を均質に統治・管理することのできる国家が出現したわけではなかった。広大な海域と無数の点在する小島を国境地域に抱えるインドネシアでは長年にわたって海上の国境管理が問題になっていたが，特に，1997年のアジア通貨危機（⇒第10章②）で経済に大きな打撃を受けると，マラッカ海峡やスールー海域における海賊が急増した。燃料費の高騰などにより漁業で生計が立てられなくなった漁師が海賊に転じたこと，また艦船・船舶の不足や老朽化などで海軍や海上警察当局による取締りに限界が生じていたことがその理由であった（佐藤2007）。東南アジア全体での海賊発生件数は2003年に170件とピークを迎えたが，インドネシア経済の好転や取締りの強化によって減少に転じ，2009年には46件にまで減った。しかし，その後再び増加し，2015年には147件となっている（ソマリア沖・アデン湾における海賊対処に関する関係省庁連絡会2018）。

　海賊発生の背景にあるのは必ずしも経済問題だけではない。特に長年にわたり分離独立運動が行われてきたフィリピン南部では，イスラーム武装勢力であるアブ・サヤフが身代金目的で周辺海域を通る船を襲撃しているように，辺境地域の紛争が海賊行為と結びついて問題を悪化させているのが現状である。

イスラーム国家の希求とイスラーム急進派のネットワーク

　東南アジアのイスラーム教徒の一部にはイスラーム国家建設を希求する急進的な意見が根強く存在する（⇒第8章④）。東南アジアにおけるイスラーム急進派ネットワークの拡大は，1970年代末以降の世界的な傾向と連動している。1979年のイラン革命以降，イスラーム世界における社会変革運動の主要争点は社会主義からイスラーム復興へと移行していった。また，ほぼ同時期に発生したアフガニスタン紛争（1978～89年）に際しては，ソ連の軍事介入に抵抗するイスラーム教徒の義勇兵が世界各国から集まり，ソ連軍の撤退後に出身国に

② 越境する不法活動　● 263

戻った元義勇兵たちは各地で武闘派の国際的ネットワークを形成した。その最も代表的な例がアルカイダである。ジェマ・イスラミヤ（JI）のような東南アジアのイスラーム急進派ネットワークも，そうした国際的なネットワークの一角を構成している（竹田 2006）。このネットワークが戦闘員の供給やテロの技術の共有を可能にし，現在ではイスラーム国（IS）の支持者やシリア内戦（2011 年〜）からの帰国者たちが戦闘員の供給源となっている。

　インドネシアを主な活動の拠点とする JI は，1950 年代のダルル・イスラーム運動の流れを汲む，イスラーム国家樹立を希求するグループが結成したものである。彼らはスハルト政権の弾圧を逃れてマレーシアに逃亡し，そこで1993 年に JI を設立した。イスラーム寄宿塾で教えるかたわら，アフガニスタンに戦闘員を送り込み，アルカイダと連携することで人脈と爆弾テロの技術と資金調達先の獲得に成功し，1998 年のスハルト退陣を受けてインドネシアに帰国した後は大規模な爆弾テロを立て続けに起こした（Solahudin 2013）。その過激なテロ活動が警察による取締りの強化を招いて JI は壊滅状態となったが，近年は IS を支持するグループが台頭した。インドネシアでの取締り強化によって，JI 残党や IS 支持者はフィリピン南部へと逃亡し，キリスト教徒との戦いを「聖戦」と見立てて，同胞であるイスラーム教徒を支援している。

　こうした活動の担い手たちは，インドネシアの場合は独立後にイスラーム国家建設のための武装反乱（ダルル・イスラーム運動）を起こして弾圧を受けた者たち，あるいは憲法にイスラームを国家原則とする条文を盛り込む論争に敗れた者たちであり，フィリピンの場合は多数派であるキリスト教徒に土地を奪われ自決権を求めて武装して分離独立運動に訴えた者たちであった（⇒第 4 章 ②，第 8 章 ④，第 11 章 ⑤）。国境付近の地域は，東南アジア諸国における国境管理の甘さもあいまって，既存の国家に居場所のなくなったイスラーム急進派のグループが集まる吹き溜まりのような場所となっており，時に国境を越えて彼らが連携する活動の拠点を提供し現在に至っている。

3 国際労働移民

労働力の国際移動

　麻薬シンジケートや海賊，国際テロ組織の活動が越境犯罪の領域に属するとして，その対極に位置するのが，正規の就労許可を伴う国際労働移民である。国際労働移民とは，労働力の送り出し国における雇用機会の不足と，受け入れ国における労働力不足の結果として生じる，経済水準の低い国や適当な雇用機会の少ない国から，経済水準の高い国や機会の開かれた国への人の移動である。

　東南アジアでは，域内諸国間の所得格差（⇒第 10 章 ⑪）を背景に，より貧しい国からより豊かな国への労働力の移動が生じている。東南アジア諸国における移民の人口比は，域内の所得格差を正確に反映している（**表 14.2**）。高所得国（シンガポール，ブルネイ）においては移民人口の占める比率が顕著に高く，移民人口比 1% 未満の国々はいずれも下位中所得国で，両者の中間に位置するのが上位中所得国（マレーシア，タイ）である。これは，高所得国が労働移民の受け入れ国になり，下位中所得国が労働移民の送り出し国になっていること，上位中所得国については労働移民の受け入れ国と送り出し国を兼ねていることを意味している。もちろん労働移民を誘発する経済格差は域内のみに限らない。域外先進国との経済格差もまた，よりよい雇用機会を求める人々の流れを生み出してきた。たとえば，フィリピンやシンガポール，タイは OECD（経済協力開発機構）諸国に多くの労働力を送り出している。

　国際労働移民は，その合法性の度合いや政治的，経済的インパクトにおいて，事例ごとに千差万別である。労働移民を熟練労働者と非熟練労働者に大別すれば，熟練労働者の場合は高賃金を求める高学歴者による域外への移動という傾向が強く，それは送り出し国にとっての頭脳流出（brain drain）のリスクを伴っている。それに対し非熟練労働者は，所得水準が低く，十分な雇用機会のない国の労働者が，所得水準のより高い国で初歩的な労働に従事する場合を指し，合法的な就労と不法入国・不法就労や人身取引との境界線が時にあいまいにな

3　国際労働移民　● 265

CHART 表 14. 2 国別移民人口総数（年央推計）と人口に占める割合

国名	1995		2005		2015	
	総数	人口に占める割合(%)	総数	人口に占める割合(%)	総数	人口に占める割合(%)
ブルネイ	84,748	28.7	98,441	27.2	102,733	24.3
カンボジア	92,230	0.9	114,031	0.9	73,963	0.5
インドネシア	378,960	0.2	289,568	0.1	328,846	0.1
ラオス	23,526	0.5	20,371	0.4	22,244	0.3
マレーシア	937,368	4.5	1,722,344	6.7	2,514,243	8.3
ミャンマー	113,663	0.3	83,025	0.2	73,308	0.1
フィリピン	207,345	0.3	257,468	0.3	211,862	0.2
シンガポール	991,492	28.5	1,710,594	38.1	2,543,638	45.4
タイ	809,720	1.4	2,163,447	3.3	3,913,258	5.8
東ティモール	9,743	1.1	11,286	1.1	10,834	0.9
ベトナム	51,262	0.1	51,768	0.1	72,793	0.1

(注) 網かけは国際労働移民の受け入れ国。
(出所) United Nations Department of Economic and Social Affairs, Population Division, "International Migration."

るのが特徴である。また非熟練労働者の受け入れ国にとっては，低賃金労働に依存した産業構造が固定化し，賃金に下方圧力がかかるといった副作用をもたらしうるため，各国の政府は複雑な対応を迫られている。

受け入れ国

まずは受け入れ国をみてみると，東南アジアで最も外国人労働者比率が高いのがシンガポールである。農村部の余剰人口を持たなかったシンガポールは，工業化に際して労働力不足に直面したため，1972 年より主にマレーシアからの外国人労働者の受け入れを始めた。現在では，シンガポールの労働人口の約4 割を移民労働者が占めている。このうち正規の就労ビザ取得者の 71% を単純労働者が占めている（Department of Statistics, Singapore 2018）。

266 ● CHAPTER **14** 国境を越える人々

大量の非熟練外国人労働者の存在は，労働賃金を抑制するだけでなく，企業によるイノベーションや生産性向上のための投資意欲を削ぐといわれている。そのためシンガポール政府は，1970年代末以降，非熟練労働者の削減を試みたが，十分な成功を収めていない。雇用者の反発に加え，シンガポール国民自身が建設現場や家事労働への就労を嫌う傾向にあるためである。そうした分野に外国人を雇用することで「第三世界の賃金によって可能になる第一世界のライフスタイル」を享受してきたシンガポール人が外国人労働者への依存を減らすことには，困難が伴う（Pang and Lim 2016）。

そのほかマレーシアやタイでも，輸出志向型工業化（⇒Column❿-2）が成功し，農村部余剰労働が頭打ちになった1990年代以降，製造業分野で外国人労働者の受け入れを始めている。その後，外国人労働者の就労先は，家事労働，レストランやホテル，さらにはアブラヤシ農園，漁業へと広がっていった。マレーシアの場合，インドネシアから最も多くの労働者を受け入れており，2000年には外国人労働者の75%がインドネシア人であった。しかしインドネシアの経済成長や，前述の家事労働者の処遇問題などを背景に，2015年までにインドネシア人労働者は4割まで減少し，これに代わってネパール，バングラデシュ，ミャンマーからの移民が増えている。タイの場合は，2015年の時点で，ミャンマー（69%），カンボジア（15%），ラオス（5%）が，主な送り出し国となっている（ILO 2016）。

タイやマレーシアでは，「中所得国の罠」を回避すべく，低賃金外国人労働者に依存した産業構造からの脱却が謳われている（⇒第10章②）。そのために最低賃金の導入や引き上げ，移民労働者受け入れ数の制限，不法移民の取締り強化が行われているが，実際には抜け穴が多い。たとえば，最低賃金については，雇用主が外国人雇用税や制服代，労災保険料，住居代を給与から天引きする事例や，最低賃金以下の給与しか与えない事例も散見される。

シンガポールでも，雇用主が契約時に提示したものよりも低い賃金しか支払わない事例や給与未払い，家事労働者に対する暴行，労災保険の保険料滞納，さらには高い雇用手数料など，労働者保護の不徹底が数多く報告されている。労働者の人権問題に対処すべく，2009年には労働組合と雇用主組合が共同で「移民労働者センター」（Migrant Workers' Center）を設立し，さまざまな対策が

行われてはいるが，移民労働者の労働環境に関する市民の関心は概して低く，参政権のない外国人労働者の保護や福祉向上は，遅れがちである。

送り出し国

次に国際労働移民の送り出し国として，ここではフィリピンとインドネシアの例をみてみたい。フィリピンは東南アジア最大の労働力の送り出し国であり，人口の1割の1000万人を超える在外フィリピン人のうち，そのおよそ半数を出稼ぎ労働者（OFW）が占めている。現在では出稼ぎ労働力の送り出しは国策として展開されており，OFWによる送金は，GNIの6.8%を占め（Albert 2012），対GDP比では約1割にものぼる。もともとOFWは，1970年代に国内の失業を解消するためにマルコス政権によって推進され，1980年代の債務危機を契機とする経済低迷期に急増し，中東を主な目的地としていた。1980年代後半からはNIESを中心とする東北アジアや東南アジアの割合が増加したが，通貨危機後は再び中東が最大の移住先となっている（Orbeta and Abrigo 2009）。

移民労働者の送り出しが近年減少傾向にあるのがインドネシアである。インドネシア人労働者は，東南アジア域内ではマレーシアやシンガポールを主な目的地とし，その多くが非熟練労働者である。域外では，中東，香港，台湾が行き先として多く，ここでも家事労働者や建設労働者として就業している。しかし送り出し先での人権侵害などにより，政府発表による正規労働者の送り出し数は，2008年の75万人をピークに減少に転じ，2015年には27万人となっている（増原 2017）。

労働移民，特に非熟練労働者は，しばしば送り出し国や受け入れ国の保護を十分に受けられず，それが雇用主による人権侵害をもたらしやすい。実際に在外出稼ぎ者が現地で人権侵害を受ける事案が相次いだことを受け，フィリピンでは1995年に，インドネシアでは2004年に海外労働者の研修・送り出し・保護に関する法が制定されている。近年のフィリピンでは，二重国籍取得に道を開く法制度や選挙の際の在外投票制度の整備なども進められており，海外在住フィリピン人の国政への参加の経路を確保しようとする施策がとられるようになっている。またインドネシアは2006年に，インドネシアの移民労働者の

最大の受け入れ国であるマレーシアとの間に家事労働者の待遇に関する二国間の覚書を締結していたが，それがマレーシアでのインドネシア人労働者に対する人権侵害への抑止効果をもたないことから，2009年にインドネシア政府は家事労働者のマレーシアへの派遣を一時的に停止している（奥島 2014）。

　ただし人権侵害に対する政府の規制は，労働移民の人権状況を改善するとは限らない。正規派遣の規制は非正規労働移民を増やすことで，むしろ人権侵害を助長してしまう場合がある。また送り出し国による労働移民先での法的保護の強化は，受け入れ国が労働力の調達先を，より法制度が未整備な国へとシフトする傾向をももたらしている。

4 人身取引

人身取引

　移民労働者は合法的・自発的に国境を越えるものと捉えられがちだが，実際には非合法性や強制性を伴う場合も多くある。たとえば，本国の仲介業者を通じて合法的にビザを取得し，雇用者との契約を交わしてから渡航したところ，仲介業者から高額な仲介料や渡航費を課されて多額の負債を抱え，また雇用主からはパスポートを押収され，しかも，渡航前の契約とは異なる待遇を強要されるといった人権侵害が頻発している。

　このような搾取を伴う人の移動を，人身取引という。東南アジアは，世界的にみても人身取引が多い地域である（青木 2016）。人身取引を伴う人の移動のパターンは，労働移動のそれと類似している。つまり，インドネシア，フィリピン，ベトナム，ラオス，ミャンマーは被害者の送り出し国になっており，マレーシアとシンガポールは主に彼らの受け入れ国となっている。ただし，カンボジアとタイについては，送り出し国，受け入れ国，さらには経由国となっているという特徴がある。

　人身取引の解決のためには，取引される人の送り出し国，経由国，受け入れ国の協力が不可欠である。そのため，この分野には多数の国際規範が存在する。

4　人身取引　● 269

なかでも中心的な規範として位置づけられているのが，2000年に国連総会で採択された「国際的な組織犯罪の防止に関する国際連合条約を補足する人（特に女性及び児童）の取引を防止し，抑止し及び処罰するための議定書」（以下，人身取引議定書）である。また，アメリカ政府は，2000年に制定された人身取引被害者保護法（Trafficking Victims Protection Act：TVPA）にもとづき，毎年，『人身取引報告書』を発行している。この報告書は，世界の各国を，人身取引防止に対する取り組み度合いに応じて第1ランク（Tier 1），第2ランク（Tier 2），第2ランク監視リスト（Tier 2 Watch List），第3ランク（Tier 3）と4段階にランク付けしている。第3ランクと評価された国は，アメリカ政府からの援助の停止や制裁措置の対象となる（**表14.3**）。

東南アジアにおける人身取引問題への取り組み

東南アジア地域における人身取引の被害者数や取引件数は他の地域よりも多く，域内各国も1990年代からこの問題を認識していた。当初は性産業や強制結婚といった問題が主な関心事だったが，次第に，性別や産業セクターにかかわらぬ搾取労働や，家事労働者に対する性的搾取，臓器売買といった多様な人身取引が注目を集めるようになった（ASEAN 2011）。

人身取引問題への関心が国際的に共有されたのを受け，現在ではブルネイを除く東南アジアのすべての国が，人身取引議定書の締約国となり，それに対応した国内法の整備も進められている。また，地域レベルの取り組みも進んでいる。1997年には，ASEANビジョン2020の中で，人身取引が地域レベルの取り組みを必要とする問題と位置づけられ，これに続きASEAN越境犯罪対策大臣会合が始まった。さらに，「人（特に女性と児童）の取引に対抗するASEAN宣言」（2004年），「移民労働者の権利の保護と促進に関するASEAN宣言」（2007年）が出された。続いて2015年には，「ASEAN人（特に女性と児童）の取引協定」が，ブルネイ以外のすべてのASEAN加盟国によって署名されている。同協定は，人身取引分野で初めて法的拘束力を持つ域内ルールとなった。

こうした取り組みの結果，東南アジアのいくつかの国で人身取引状況が改善されている。**表14.4**は，アメリカ国務省による『人身取引報告書』（*Trafficking in Persons Report*）から抜粋したものである。この表をみるとベトナムやフィリ

270 ● CHAPTER 14　国境を越える人々

CHART 表14.3 人身取引報告書における各ランキングの概要

ランク	概要
第1ランク	TVPA の基準を完全に満たしている国
第2ランク	TVPA の基準は満たしていないものの，相当の努力をしている国
第2ランク監視リスト	TVPA の基準は満たしていないものの，相当の努力はしているが，人身売買の被害者数が多い場合など
第3ランク	TVPA の基準は満たしておらず，努力もなされていない

（出所） United States Department of State, *Trafficking in Persons Report*.

ピン，シンガポールでランクが上がったことがわかる。しかし，出入国管理や違法雇用者の取締りなど，人の移動に対する各国のガバナンスの弱さは一朝一夕に解決できる問題ではない。また，ASEAN 人の取引協定についても，内政不干渉原則が盛り込まれているうえに，協定違反に対する制裁などは定められていないといった問題点もある。

5 難　民

難民とは

　難民とは，「難民の地位に関する協定」（1951年）および「難民の地位に関する議定書」（1967年）によれば，人種，宗教，国籍もしくは特定の社会集団の構成員であること，または政治的意見を理由に迫害を受けるおそれから，自国の外におり，本国からの保護を得られない者を指す。これら難民をめぐる問題に対し，国連難民高等弁務官事務所（UNHCR）は，第三国への定住，避難先への定住，および本国への帰還という3つの選択肢を想定している。つまり難民問題への国際的対処とは，失われた国家による保護を再確立するための措置にほかならない（久保 2014）。

5　難　民　●271

CHART | 表 14.4　東南アジア諸国の人身取引報告書のランキング

	2010	2011	2012	2013	2014	2015	2016	2017
カンボジア	2	2	2	2WL	2WL	2WL	2	2
インドネシア	2	2	2	2	2	2	2	2
ラオス	2WL	2	2	2	2WL	2WL	2WL	2WL
マレーシア	2WL	2WL	2WL	2WL	3	2WL	2WL	2
ミャンマー	3	3	3	3	3	3	3	2WL
フィリピン	2WL	2	2	2	2	2	1	1
シンガポール	2WL	2	2	2	2	2	2	2
タイ	2WL	2WL	2WL	2WL	3	3	2WL	2WL
東ティモール	2	2	2	2	2WL	2WL	2	2
ベトナム	2WL	2WL	2	2	2	2	2	2

（出所）　United States Department of State, *Trafficking in Persons Report*, 2017.

冷戦とインドシナ難民

　難民問題の本質が国家権力による保護に求められるのであれば，体制変動や内戦などが難民発生の大きな契機となりうる。そのなかでもインドシナ難民問題（特にここでは最も典型的な例としてベトナムを取り上げる）は，それが冷戦という文脈の中で著しく国際化されてきた点が特徴である。

　1975 年のベトナム戦争（⇒第 7 章 ③）の終結から 1970 年代末にかけ，おびただしい数の難民がベトナムから流出している。北ベトナム主導の南北統一と社会主義化が，新体制下での迫害を恐れる人々を多く生み出したためである。ベトナム戦争の終盤には，旧南ベトナムの政府・軍高官やその家族の出国が相次ぎ，サイゴン陥落前後の 1 カ月間に約 13 万人の難民が発生している。さらに 1970 年代後半には，中越関係の悪化を受け，ベトナム在住華僑の大量出国が発生している。この華僑の国外退去に端を発したボートピープルは，1978 年に 8 万人，79 年に 20 万人がタイ，マレーシア，香港，インドネシア，フィリピン，シンガポールなどの周辺諸国へ到着した。これを受けて 1979 年 7

月にジュネーブで開催されたインドシナ難民国際会議では，①インドシナから流出する人々については自動的に難民認定する，②ASEAN 諸国は一時庇護国である，③西側諸国が定住を受け入れることを決定したため，ボートで出国さえすれば第三国に定住できるという期待を与えることになり，さらなるボートピープルの増加を誘発する結果となった。

　こうした問題に対処するため，ベトナム政府が UNHCR との合意により開始したのが ODP（Orderly Departure Program）と呼ばれる合法出国計画であり，この計画にもとづき，国外に近親者がいる者については 1980 年より UNHCR を通じた第三国への定住が可能となった。さらに 1990 年からは，アメリカ兵とベトナム人の間に誕生した子どもとその家族や，再教育キャンプに収容されていた者とその家族についても対象枠が広げられた。このプログラムは 1994 年に終了し，それ以後はアメリカの移民ビザ（家族呼び寄せ）による出国に切り替わっている。彼ら元難民のベトナム訪問も，ドイモイ後には通常の旅行者同様に解禁されている（古屋 2009）。ベトナム難民問題の経緯が示しているのは，難民の人道危機を防ぐための措置が制度化されると，移民などの通常の出入国に限りなく近づいていく場合があるという点である。

ミャンマーの民族紛争と難民

　冷戦の渦中で生じたインドシナ難民問題が早くから国際的な注目を浴びてきたのは，西側の主要先進国が一方の当事者であったことや，難民問題それ自体が社会主義諸国を道義的に糾弾する好材料とされたことを理由とする。一方，ミャンマーでも長期にわたり難民の流出が起こってきたが，冷戦的背景が相対的に希薄だったこともあり，近年まで国際的な注目度は高くなかった。

　第 6 章でみたように，ミャンマーは独立以来ほぼ一貫して少数民族地域での武力紛争が続いており，その影響で主に国境のタイ側へ難民が継続して流出している。そうした流出経緯が示すように，一般の非戦闘員だけではなく，少数民族ゲリラ兵士が難民とともにタイ側に越境し聖域を設ける場合がある。これらミャンマー側から流入する反政府勢力に対し，歴代タイ政府は彼らの存在を隣国との緩衝材として用いてきた。

　タイ政府は従来，独自の裁量で難民への対処を行ってきたが，ミャンマーか

5　難　民　● 273

らの難民の流入に歯止めがかからない現実を前に，1998 年より UNHCR に
よる支援の受け入れに踏み切っている（久保 2014）。2017 年現在，隣国タイ
では 9 カ所の難民キャンプに 9 万 9930 人が収容され，UNHCR の支援を得
ているが（https://www.unhcr.or.th/en），事実上の難民の数は，UNHCR が把握
している人数をはるかに超えるものとみられている。このことは，多くの難民
が，国際社会の支援を得られぬまま不法入国者などの資格でキャンプの外に滞
留していることを意味する（片岡 2013）。

　ミャンマーから流出する難民として近年国際的な関心を集めているのが，ロ
ヒンギャをめぐる問題である。第 6 章でみたように，ミャンマー政府からは
バングラデシュからの不法移民とみなされて国籍を付与されず，また同国の民
主化以後は多数派仏教徒によるムスリム排斥運動の最大のターゲットとなって
いる（⇒第 6 章 ⑥）。2010 年代には政府や軍による迫害を逃れたロヒンギャ難
民がボートピープルと化し，東南アジアの沿岸各国に漂着するという事件が相
次いでいる。しかし近隣諸国の一部は難民としての受け入れを拒否し，ミャン
マー政府もまた自国民としての取り扱いを拒否しているため，事態の深刻化が
続いている。さらにまた 2017 年には，ロヒンギャの一部武装勢力によるミャ
ンマー治安部隊への襲撃を契機に国軍による掃討作戦が行われ，60 万人以上
が難民化してバングラデシュ側に流入することで，ミャンマー政府に対する国
際社会の非難が強まっている。

┃ 難民とその周辺 ┃

　ここで注意を要するのは，UNHCR など国際機関が国際法の基準によって
把握する難民が，現実に存在する難民のすべてではないということである。そ
もそも東南アジアにおいては，「難民の地位に関する協定（および議定書）」へ
の参加国は，フィリピン，カンボジア，東ティモールだけである。にもかかわ
らず，東南アジアの多くの国が現実には何らかの形で難民問題に関わっている。
このことは，東南アジアで難民と呼ばれる人々の多くが，国際法上の難民では
なく，あくまで受け入れ国の国内法の裁量によって取り扱われているというこ
とを意味する（久保 2014）。そのため，実態としては難民に近い越境移動の場
合でも，移動先の政府から不法入国者とみなされることもありうる。

現実には，難民と不法入国者と出稼ぎ移住との線引きは時に困難である。特に島嶼部の国境海域や大陸部の山地を主な居住圏とする人々の場合，国境線をまたいで同胞が分布していることに加え，伝統的に移住が頻繁に行われてきたため，事情はさらに複雑となる。大陸部の山地少数民族を例に挙げれば，彼らは近代国家の時代以前から，焼畑耕地の切り替えや平地国家による過酷な収奪の回避を目的に移住を繰り返してきた（スコット 2013）。20世紀後半以降は，そうした人々は難民という新たなカテゴリーの有資格者となる。ラオスやミャンマーの山地少数民族がタイを移住先に選ぶ場合，経済的要因もまた考慮される。そうなると，そもそも彼らが，先住民の伝統的規範に従って移住しているのか，難民なのか，あるいは労働移民なのかの判断が困難となる（片岡 2013）。

　さらにいえば，こうした難民（のような人たち）が武装している場合もある。たとえば，中国の国共内戦で敗れた国民党軍は，1960年代には陸路ミャンマー経由でタイ側の国境山地を占拠するに至るが，彼らは冷戦期を通じ，共産ゲリラの活動が盛んな隣国との防波堤役をタイ政府から期待され，その存在を黙認されていた。しかし，冷戦構造の終結によって防波堤の必要が減ずると，国民党軍はむしろ厄介者とみられるようになっていった（片岡 2004）。同様の指摘は，他のミャンマー少数民族武装集団にもあてはまる。また，他の山地少数民族でも，集団移住の場合には移動時の安全対策として武装民兵が随行することがある（片岡 2004）。この種の事例においては，難民と武力による国境侵犯の境界線すらあいまいである。

　難民の出国は通常は非合法または超法規的になされるが，ベトナムの事例が示すように，難民が合法出国する場合，通常の出入国とあまり変わらないものになることもありうる。ボートピープル以外にも，独立後の東南アジア諸国では，居住国に対する華僑・華人の忠誠心が疑問視され，国民形成の過程で彼らに対する排斥運動（排華と呼ばれる）が繰り返されてきた。排斥を受けた人々は，親族を頼ったり，結婚や留学などの方法で近隣国に出国したりしたほか，大規模な排華事件に際しては中国政府が派遣した移民船で中国本土への集団移住を行っている。中国側では彼らは帰国華僑と総称され，その内訳には「難胞」（難民同胞の意），「学生帰国華僑」などが含まれる。彼らの多くは難民であり，同時に帰国同胞であり，しかもその一部は留学生でもあった。

特定の民族が国家による差別の対象となり，そうした人々が母国での状況に絶望して合法的に出国するという例は，マレーシアの高学歴華人の頭脳流出にも認められる。もちろん彼らは，母国で生命の危険や飢餓のリスクにさらされているわけではない。しかしそれ以外の部分では，難民やそれに類した人々と多くの点を共有する。東南アジアの難民は，国際法上の難民を一方の極とし，そこから，国境をまたいだ親族訪問，労働移民，不法入国，武力国境侵犯，合法的移民などのさまざまなあいまいな領域が連続的な層をなしている状態として理解する必要がある。

読書案内 ┃ Bookguide ●

アンダーソン，B.／山本信人訳（2012）『三つの旗のもとに──アナーキズムと反植民地主義的想像力』NTT 出版。
⇒19〜20 世紀の東南アジアとラテンアメリカとヨーロッパにおける，無政府主義者たちの国境を越えた共鳴現象を活写している。

床呂郁哉（1999）『越境──スールー海域世界から』岩波書店。
⇒著者のフィールドワークを通して，フィリピン南部スールー海の海賊の生きざまがわかる好著。

山田美和編（2014）『東アジアにおける移民労働者の法制度──送出国と受入国の共通基盤の構築に向けて』アジア経済研究所。
⇒東南アジアを含む，広義の東アジア諸国における移民労働者の送り出しと受け入れをめぐる法制度と二国間協定について，各国の事情に沿ってきめ細かく解説している。

山田美和編（2016）『「人身取引」問題の学際的研究──法学・経済学・国際関係の観点から』アジア経済研究所。
⇒いまや国際関係の重要イシューとなった人身取引問題に関する国際的な枠組みや各地域の事例を分析している。

引用・参考文献 ┃ References ●

青木まき（2016）「人身取引をめぐる国際関係──東南アジアにおける地域的な人身取引対策協力の力学」山田美和編『「人身取引」問題の学際的研究──法学・経済学・国際

関係の観点から』アジア経済研究所：103-139。

太田淳（2014）『近世東南アジア世界の変容――グローバル経済とジャワ島地域社会』名古屋大学出版会。

奥島美夏（2014）「インドネシアの労働者送り出し政策と法――民主化改革下の移住労働者法運用と『人権』概念普及の課題」山田美和編『東アジアにおける移民労働者の法制度――送出国と受入国の共通基盤の構築に向けて』アジア経済研究所：63-106。

片岡樹（2004）「領域国家形成の表と裏――冷戦期タイにおける中国国民党軍と山地民」『東南アジア研究』42（2）：188-207。

片岡樹（2013）「先住民か不法入国労働者か？――タイ山地民をめぐる議論が映し出す新たなタイ社会像」『東南アジア研究』50（2）：239-272。

可児弘明（1979）『近代中国の苦力と「豬花」』岩波書店。

久保忠行（2014）『難民の人類学――タイ・ビルマ国境のカレンニー難民の移動と定住』清水弘文堂書房。

佐藤考一（2007）「東南アジアの海賊問題と東アジア諸国・アメリカの対応――非伝統的安全保障問題をめぐる東アジア協力の課題」『問題と研究』36（1）：93-114。

白石隆（2000）『海の帝国――アジアをどう考えるか』中央公論新社。

スコット，J. C.／佐藤仁監訳（2013）『ゾミア――脱国家の世界史』みすず書房。

ソマリア沖・アデン湾における海賊対処に関する関係省庁連絡会（2018）『2017年海賊対処レポート』。

竹田いさみ（2006）『国際テロネットワーク――アルカイダに狙われた東南アジア』講談社。

床呂郁哉（1999）『越境――スールー海域世界から』岩波書店。

古屋博子（2009）『アメリカのベトナム人――祖国との絆とベトナム政府の政策転換』明石書店。

増原綾子（2017）「インドネシア――高齢化と人の移動のダイナミズム」末廣昭・大泉啓一郎編『東アジアの社会大変動――人口センサスが語る世界』名古屋大学出版会：201-227。

Albert, Jose Ramon G.（2012）"Counting and Monitoring the Contribution of OFWs," Beyond the Numbers, Philippines Statistics Authority, October 12, 2012（http://nap.psa.gov.ph/beyondthenumbers/2012/10082012_jrga_ofw.asp）最終アクセス 2018 年 9 月 12 日。

Asian Development Bank（ADB）Institute（2014）*Labor Migration, Skills and Student Mobility in Asia*, ADBI.

Association of Southeast Asian Nations（ASEAN）（2011）*Progress Report on Criminal Justice Responses to Trafficking in Persons in the ASEAN Region*, ASEAN.

Department of Statistics, Singapore（2018）"Foreign workforce numbers," May 3, 2018（https://www.mom.gov.sg/documents-and-publications/foreign-workforce-numbers）最終アクセス 2018 年 9 月 12 日。

Freedman, Maurice（1960）"Immigrants and Associations: Chinese in Nineteenth-Century Singapore," *Comparative Studies in Society and History*, 3（1）：25-48.

International Labour Organization（ILO）（2016）"International Labour Migration Statistics Database in ASEAN, Version IV."

McCoy, Alfred W., C. B. Read, and L. P. Adams (1989) *The Politics of Heroin in Southeast Asia*, Harper & Row Publishers (reprint edition).

Orbeta, Aniceto, Jr., and Michael Abrigo (2009) "Philippine International Labor Migration in the Past 30 Years: Trends and Prospects," Discussion Paper Series No. 2009-33, Philippine Institute for Development Studies.

Pang, Eng Fong and Linda Y. C. Lim (2016) "Labour, Productivity and Singapore's Development Model," in Linda Y. C. Lim ed. *Singapore's Economic Development: Retrospection and Reflection*, World Scientific: 135-168.

Solahudin/translated by Dave McRae (2013) *The Roots of Terrorism in Indonesia: From Darul Islam to Jema'ah Islamiyah*, Cornell University Press.

CHAPTER 終章

日本と東南アジア

日本を訪れる東南アジアからの留学生・観光客は近年，急増している。

INTRODUCTION

　日本と東南アジアの関係は，大航海時代にヨーロッパ諸国が東南アジアに進出した時期にはすでに始まっており，時代を追うごとに深まっていった。20世紀以降は，出稼ぎ，占領，賠償，ODA供与，企業進出や貿易関係の拡大，難民・留学生・研修生の受け入れといった形で変化しながら，関係は次第に緊密で双方向的なものとなっていった。本書を締めくくる終章では，日本と東南アジアとの関わりの歴史を概観し，私たち日本人がこれから東南アジアの人々とどのように関わっていくのかを考える。

KEYWORDS

ODA　　研修生・技能実習生　　戦後賠償　　南洋　　日本軍政　　福田ドクトリン

日本人の南洋進出

　日本と東南アジアとの交流が明確な形をとって行われるようになるのは，16〜17世紀初めにかけて行われた朱印船貿易である。朱印船貿易の時代，シャム（現在のタイ）のアユタヤ，ベトナムのホイアン，フィリピンのマニラなどに日本人が移住して日本人町がつくられた。当時は東南アジア各地に1万人程度の日本人がいたといわれるが，徳川幕府による鎖国政策で日本人町は消滅していった（小倉 1989）。

　明治時代に鎖国政策が廃止されると，人口過剰や農村の貧困を背景に日本人の海外進出が始まった。移民が向かった先はラテンアメリカやハワイに加えて南洋，南方と呼ばれていた東南アジアであった。欧米列強による植民地分割（⇒第1章③）が完成しつつあったこの時期，東南アジアに向かった日本人は主に行商人や零細農など貧しい人々であった。農村から集められた，からゆきさんと呼ばれる女性も数多く渡航し，東南アジア各地の娼館で働いた。

　20世紀に入ると，日本では南洋ブームが到来する。多くの企業や労働者が南洋に向かい，マラヤやスマトラではゴム栽培，フィリピンではマニラ麻生産，ジャワでは製糖業を手がけ，マラヤでは鉄鉱石など鉱物採掘事業を開拓した（早瀬 1989；丹野 2017）。第1次世界大戦が勃発し，ヨーロッパから東南アジアへの物資の輸入や投資が減退すると，日本人の経済進出はさらに盛んになった。この時期すでに東南アジアは，資源供給地として，日本の工業製品を輸出するための市場として，日本にとって不可欠な存在になっていた。

南進論と占領

　1930年代になると，世界大恐慌によって欧米諸国が植民地を経済ブロック下に置いた。貿易や一次産品供給の不安定化が契機の1つとなって日本は領土拡張政策へと転じる。日本の企業進出を受け入れてきたオランダ領東インド

は強く警戒するようになり，貿易や投資の受け入れを制限し，在留日本人への監視を強化した。満州事変と国際連盟脱退で国際的に孤立しつつあった日本は，既存の国際秩序の打破を唱え，白人に支配された南方を解放すると主張して南進論を展開した。これは大東亜共栄圏構想へと発展し，日本の東南アジア占領を正当化するイデオロギーとなった（後藤 1995）。

　日中戦争が泥沼化するなか，日本は中国・国民党政権に物資を補給するルートがあったフランス領インドシナ北部に軍を進駐させ（⇒第7章①），アメリカから経済制裁を受ける。さらに石油資源が豊富なオランダ領東インドへの進出を企図してインドシナ南部にも進駐したことでアメリカによる石油全面禁輸の制裁を受け，1941年12月に日本はアメリカとの開戦に踏み切った。同時に東南アジアにも侵攻して，全域を支配下におさめた。

　日本軍は，タイやインドシナでは現地政府を温存しながら駐兵権を獲得し，フィリピンでは自治政府を傀儡として利用し，他方インドネシアやビルマでは将来的な独立を約束して，軍政下でナショナリストを戦争協力に動員した（⇒第3章②，第4章①，第6章①，第7章①，第12章①）。占領の目的は連合国との戦争を遂行するために物的・人的資源を収奪することであり，それに抵抗したり，敵国と通じているとみなされた現地民には徹底した弾圧が行われた（倉沢 2012；中野 2012）。フィリピンやビルマのように激しい戦場になったところでは，数多くの戦争犠牲者が出た。日本軍政によって東南アジアは深い傷を負い，それは戦後復興や自立の足かせとなったが，宗主国のプレゼンスが一時的に空白になったことで植民地支配からの独立のきっかけともなった。

　運命に翻弄されたのは東南アジアの人々ばかりではない。東南アジアの戦場に送られた日本軍の将兵も数多く戦死した。また戦争が終わった後，3000人以上の軍属・非軍属の日本人が東南アジア各国で起こった独立運動に参加するなど，さまざまな事情で日本に帰国せず現地社会にとどまった（林 2012；倉沢 2011）。

日本企業の東南アジア復帰——戦後賠償と ODA

　敗戦によって戦前・戦中に築かれた東南アジアにおける日本の権益や資産は消滅した。しかし日本と東南アジア諸国の関係が回復するまでに，それほど長

い時間はかからなかった。背景には冷戦下でのアメリカのアジア戦略があった。

　1949年の中華人民共和国の成立を受け，アメリカは共産主義封じ込めのために日本の経済復興を優先させた（⇒第12章①）。経済復興によって日本の共産化を防ぎ，同時に日本製品を東南アジア諸国に供給して物資不足を解消することで東南アジアの共産化をも防ごうとしたのである。しかし，そのためには日本が占領と戦争の損害に対する賠償を支払い，東南アジア諸国と国交を回復する必要があった。

　賠償交渉の結果，ビルマ（1955年），フィリピン（1956年），インドネシア（1958年），南ベトナム（1959年）と賠償協定が締結された。賠償請求権を放棄したラオス，カンボジアとは，それぞれ1958年と1959年に経済技術協力協定を結んだ。マレーシアとシンガポールは，宗主国イギリスが賠償請求権を放棄したが，占領期に日本軍により殺害されたとみられる大量の遺骨が1961〜62年にシンガポールで発見されたことを契機に，戦時中の華人に対する強制献金や虐殺に対する賠償要求が噴出し，日本は準賠償を行う協定を結んだ（永野・近藤 1999）。

　賠償や準賠償は日本企業による生産物と役務の提供という形がとられ，日本企業が東南アジア各国に製品を輸出し，基礎インフラの建設プロジェクトを請け負った。こうして賠償をきっかけに日本企業は再び東南アジアでビジネスを行い，輸出市場を開拓する機会を獲得することになった（五百旗頭編 2014）。1954年には政府開発援助（ODA）が始まり，1960〜70年代にかけて賠償支払いが終わったあとはODAによるインフラ建設が本格化した。1960〜75年までの期間に日本政府が供与した極東（中国，モンゴル，朝鮮半島，台湾，東南アジアを含む）向けのODAのうち，75.6%が東南アジア向けであった（OECD統計）。ODAを実施するための政府機関として，1974年に国際協力事業団（JICA；2003年に国際協力機構に改称）が設立された。

　日本のODAは東南アジア諸国におけるインフラ整備に利用され，これらの国々の開発と経済成長を支えた。しかし，この時期のODAは道路やダムなどハードインフラに集中し，また受注先を日本企業とする条件があったため，プロジェクト受注をめぐって日本企業が支援国の政府高官と癒着し，汚職を蔓延させる原因ともなった。ODAを通じた開発プロジェクトは東南アジアの開発

282 ● CHAPTER 終　日本と東南アジア

独裁を支えている，現地住民のニーズとは合わないプロジェクトが行われているなどと批判されることもあった（渡辺・三浦 2003）。

反日暴動と福田ドクトリン

米中和解，ベトナム戦争終結と，アジアの冷戦構造が動いた 1970 年代前半（⇒第 12 章③），日本と東南アジアの関係も転換期を迎えた。賠償や ODA に伴う日本企業の東南アジア進出に対して反発が起きたのである。1974 年の田中角栄首相の東南アジア歴訪時には，タイとインドネシアで反日暴動が起き，日系企業の店舗が焼き討ちにあった。日本企業の急激な進出が現地社会で日本による経済支配への警戒感を惹起し，また日本企業と癒着した政府高官や華人系財閥が不当に巨額の利益を得ているとの不満が増幅されたことなどが理由であった（倉沢 2011）。

この事件を受けて，日本政府は経済一辺倒だった日本-東南アジア関係からの脱却をめざし，それは福田ドクトリンとしてまとめられた。1977 年に日本は初めて ASEAN 拡大首脳会議に出席したが，そのあと東南アジア諸国を歴訪した福田赳夫首相は，訪問先のマニラで，日本は，①平和に徹し軍事大国にはならない，②真の友人として心と心のふれ合う相互信頼関係を築き上げる，③対等な協力者の立場に立って ASEAN と積極的に協力するとともにインドシナ諸国との間でも関係醸成を図り，もって東南アジア全域にわたる平和と繁栄の構築に寄与する，という対東南アジア外交 3 原則を発表した（宮城 2008）。福田ドクトリンは，反日暴動につながった東南アジア諸国の日本に対する警戒感や不満を和らげようとするものであった。

福田首相が外相時代の 1972 年に自らのイニシアティブで構想し，設立されたのが国際交流基金である。1977 年の福田ドクトリンは，心と心のふれ合う相互理解を育てるために文化交流が果たす役割は重要であることを強調している（国際交流基金 1990）。

東南アジアから日本への人の流れ——難民，ジャパゆきさん，研修生

東南アジアから日本への人の流れに視点を移すと，日本と東南アジアの異なる関係がみえてくる。

1975年のベトナム戦争終結後，インドシナ3国では多くの難民が発生し（⇒第7章④，第14章⑤），そのほとんどが欧米諸国に移住したが，国際社会の要請で日本も1978年にインドシナ難民の受け入れを認め，1981年には難民条約に加盟した。1978年から2000年までの間，ボートピープルを含む1万7000人余りのインドシナ難民が日本に上陸し，約6800人がアメリカやカナダなど第3国に出国した。日本への定住を希望した者は多くはなかったが，家族呼び寄せなどで入国した者を含めると1万人余りが日本定住を認められた（川上 2001）。インドシナ難民のほか，日本は軍政時代のミャンマー（⇒第6章③，④）からの亡命者も人道的見地から受け入れている。

他方で，人道的にみて問題のある受け入れもあった。1980年代，日本に出稼ぎに来て，風俗産業で働くジャパゆきさんと呼ばれるフィリピン人やタイ人の女性が急増した。彼女たちは「興行」（歌手やダンサー）という在留資格で合法的に入国したが，パスポートを取り上げられ風俗店での接客を強要される者もいた。日本は国際的に批判され，2004年のアメリカ国務省『人身取引報告書』（⇒第14章④）では第2ランク監視リスト国という厳しい評価を受けた。これを機に審査が厳しくなったことで，この資格で入国する女性の数は激減したが，日本人の東南アジア女性に対する差別を助長するきっかけになったといわれている（宮島・鈴木 2014）。

また，1985年のプラザ合意を契機に円高となった日本では，周辺のアジア諸国との経済格差が拡大したことで就労資格のない外国人労働者が増加した。政府は1989年に入国管理法を改正し，専門的・技術的労働者は受け入れるが単純労働者は受け入れないと定めたうえで，安価な外国人労働者に依存する製造業を支えるため南米日系人に在留資格を与えた。続いて，日本の技術などを学ばせるためとして外国人研修制度を設け，1990年代になると実践的な技能を習得させる技能実習制度を開始した。人手不足の地方の中小企業は東南アジア諸国からの技能実習生の積極的な受け入れを始め，研修生とはいえ，彼らは日本経済を下支えする実質的な外国人労働者としての役割を果たすようになった。しかし，低賃金や賃金不払いといった問題が一部で起こり，2007年の『人身取引報告書』では技能実習制度が批判され，これ以降，非人道的な状況に置かれた研修生がいることが報告されるようになった（宮島・鈴木 2014）。

ポスト冷戦期における日本政府の東南アジア支援

　ポスト冷戦期における日本の東南アジア支援は，もっぱら経済分野に偏ったものから能力構築，平和構築，海洋安全保障などが加わる形で多角化し，地域の平和と安定への寄与をめざすものとなった。カンボジア和平は政治分野において日本が東南アジアに貢献する初めての案件となり，1989年のカンボジア内戦を終結させるパリ和平会議（⇒第7章⑤）には日本も招かれ，また，日本政府は東京で和平会議を主催した（波多野・佐藤 2007）。1993年には日本はカンボジアにおける国連平和維持活動（PKO）に参加し，PKO要員として初めて文民警察官を国外に派遣した。

　1991年のカンボジア和平によって東南アジア地域は「戦場から市場へ」と変わり，日本はインドシナ諸国への支援を再開し，1993年には開発や市場経済の定着を目的としたインドシナ総合開発フォーラムを提起し，ASEAN諸国からも賛同を得た。その後もASEANなどと共同でメコン川流域開発をはじめとするプロジェクトを実施している。アジア通貨危機時の日本政府によるインドネシア，タイ，マレーシアに対する支援は，現地経済を支えただけでなく，その後のASEAN＋3の枠組みづくりにもつながった（⇒第13章②）。

　2002年に東南アジア諸国を歴訪した小泉純一郎首相は，日本とASEAN諸国の関係は成熟と理解の新たな段階に至ったと述べ，制度構築やガバナンス強化のための教育・人材育成分野での協力，文化的・知的交流，テロ・海賊対策など非伝統的安全保障に対処するための地域協力を提唱した。制度インフラ整備支援は1990年代半ばから始まっており，JICAを通じてベトナム，ラオス，カンボジアに対して法制度整備のための技術支援が行われている。インドネシアに対しては国家警察のテロ対策能力向上のための支援が行われた。このように，ODAは東南アジア諸国のガバナンス強化にも利用されるようになった。

　テロや海賊といった非伝統的安全保障分野における協力も着実に進んだ。2000年代以降，日本はベトナム，フィリピン，インドネシア，マレーシアに対して海上警備分野での合同訓練や制度整備，巡視船の供与を行うようになり，南シナ海における中国の行動の活発化（⇒第12章④）を受け，海洋安全保障分野の協力はさらに進展している。2014年の武器輸出3原則の見直しと防衛装

● 285

備移転3原則の策定に基づき，日本は2016年にはフィリピンとの間で，2018年にはマレーシアとの間で，防衛装備品の開発や生産，移転についての協力で合意した。また，2017年には海上自衛隊が南シナ海においてアメリカ，カナダ，オーストラリア海軍と共同訓練を実施し，シンガポール，ベトナムのカムラン湾，フィリピンのスービックに寄港して，ASEAN 10カ国の士官の乗船も実施した。

　日本は国内紛争の調停にも貢献するようになった。インドネシア・アチェ紛争では，2002〜03年にかけて東京で和平・復興をめぐる会合を開催し，インドネシア政府と武装ゲリラを交渉のテーブルに着かせた（⇒第11章⑤）。フィリピン・ミンダナオ紛争では，1996年の和平協定締結後に日本-フィリピン首脳会談において，この地域の貧困からの脱却と平和定着のための支援パッケージを表明し，2011年にはベニグノ・アキノ3世大統領とモロ・イスラーム解放戦線の幹部を極秘に日本に招き，1対1の会談を設けて両者の信頼醸成を促し，2012年のバンサモロ包括的和平合意（⇒第11章⑤）へとつなげる役割を果たした。

▌成長する東南アジアと日本──さらなる緊密なパートナーシップの構築をめざして

　近年，著しい経済成長を遂げた東南アジアと日本の関係は変化しつつある。シンガポール，マレーシアはもとより，タイ，インドネシア，フィリピンでも経済成長の恩恵を受けて中間層が拡大し，ベトナム，ラオス，カンボジア，ミャンマーがそれに続き，ASEANの経済統合（⇒第13章②）が加速するなかで東南アジアは世界的な経済成長センターの1つになった。日本企業の東南アジア進出はかつてないほど盛んになり，海外に進出する日本企業7万2000社（2016年）のうち，1万社以上が東南アジアに進出した（東洋経済新報社 2018）。消費意欲の旺盛な中間層の需要をあて込んで，小売・飲食産業など非製造分野における日本企業の進出も進んでいる。

　中間層の拡大は，留学生や観光客の増加という形で東南アジアの人々の日本への渡航のあり方を多様化させた。日本政府は高度外国人材の育成と受け入れのため，ASEAN諸国からの留学生受け入れを積極的に進めるようになった。2007年においては留学生総数12万人のうち，東南アジア諸国からの留学生

は合わせても 5000 人程度しかいなかったが，2017 年になると総数 27 万人の
うち，ベトナム 6 万 2000 人，インドネシア 5500 人，ミャンマー 5000 人，
タイ 4000 人，マレーシア 3000 人，フィリピン 2000 人と 8 万人を超え，全
体の 3 割弱を占め，派遣国も多様になった（日本学生支援機構）。

　2016 年時点で日本は研修生・技能実習生約 23 万人を受け入れているが
（e-Stat 在留外国人統計），介護分野を中心に人手不足は解消されておらず，政府
は労働力需要の高まりを背景に外国人労働者を本格的に受け入れる方針へと転
換しつつある。人手不足を背景に，フィリピンやインドネシアから看護師・介
護士として働くために来日する人も出てきた（津崎 2018）。

　豊かになった東南アジアからは，訪日する観光客の数も激増している。
2007 年と 2017 年の観光客数を比べると，タイは 17 万人から 99 万人に，シ
ンガポールは 15 万人から 40 万人に，マレーシアは 11 万人から 44 万人に，
フィリピンは 9 万人から 42 万人に，インドネシアは 6 万人から 35 万人に，
ベトナムも 3 万人から 31 万人に，10 年間で 4.7 倍になった（日本政府観光局）。
観光客誘致のために，日本政府がこれらの国々への観光ビザを免除，緩和した
ことも理由として挙げられる。

　日本が東南アジアに対して積極的に「ラブコール」するようになった背景に
は，東南アジア諸国の経済成長だけではなく，中国の東南アジアにおける経済
的プレゼンスの高まりもある。東南アジアは長らく日本にとって重要な資源輸
入先，製品・インフラ輸出の市場であったが，経済的に急速な台頭を遂げた中
国が参入し，日本は中国との競争を余儀なくされるようになった。いまや「お
客様」になった東南アジア諸国に対して，日本は製造技術の高さや文化的魅力
をアピールして日本ブランドの維持に努めている。

　2013 年，安倍晋三首相は日本–ASEAN 特別首脳会議で新しいアジア交流政
策「文化の WA（和・環・輪）プロジェクト〜知り合うアジア〜」を発表し，
ともにアジアに生きる隣人としての共感と共生の意識を育んでいくことを謳っ
た。これを受けて，東南アジア諸国との草の根レベルでの緊密な交流を進める
ために国際交流基金が始めたのが，日本語パートナーズプログラムである。
2014 年に始まったこのプログラムでは，大学生など若い世代を中心に日本人
が東南アジア各国に 8 カ月間ほど派遣され，高校で日本語教育の補助という

形で日本語や日本文化を教えている。2017 年度までに総勢 860 人が派遣され（国際交流基金アジアセンター），現地での評価も高い。

　次世代を担う若者同士による「心と心のふれ合う」交流は，日本と東南アジア諸国との間でいままで以上に緊密なパートナーシップを構築していくことに貢献するものとなろう。日本と東南アジアの関係は戦後，ODA やビジネスからガバナンス構築，安全保障協力，若い世代を中心とする交流に至るまで大きく多様化した。関係をもっと近いものにしていくためにも，私たち日本人は東南アジアの政治や社会への理解をよりいっそう深めることが求められている。

引用・参考文献　　　　　　　　　　　　　　　　　　References ●

五百旗頭真編（2014）『戦後日本外交史〔第 3 版補訂版〕』有斐閣。
小倉貞男（1989）『朱印船時代の日本人——消えた東南アジア日本人町の謎』中央公論社。
川上郁雄（2001）『越境する家族——在日ベトナム系住民の生活世界』明石書店。
倉沢愛子（2011）『戦後日本＝インドネシア関係史』草思社。
倉沢愛子（2012）『資源の戦争——「大東亜共栄圏」の人流・物流』岩波書店。
国際交流基金 15 年史編纂委員会編（1990）『国際交流基金 15 年のあゆみ』国際交流基金。
後藤乾一（1995）『近代日本と東南アジア——南進の「衝撃」と「遺産」』岩波書店。
丹野勲（2017）『日本企業の東南アジア進出のルーツと戦略——戦前期南洋での国際経営と日本人移民の歴史』同文舘出版。
津崎克彦編著／駒井洋監修（2018）『産業構造の変化と外国人労働者——労働現場の実態と歴史的視点』（移民・ディアスポラ研究 7）明石書店。
東洋経済新報社（2018）『海外進出企業総覧〔国別版〕』東洋経済新報社。
中野聡（2012）『東南アジア占領と日本人——帝国・日本の解体』岩波書店。
永野慎一郎・近藤正臣編（1999）『日本の戦後賠償——アジア経済協力の出発』勁草書房。
波多野澄雄・佐藤晋（2007）『現代日本の東南アジア政策—— 1950-2005』早稲田大学出版部。
林英一（2012）『残留日本兵——アジアに生きた一万人の戦後』中央公論新社。
早瀬晋三（1989）『「ベンゲット移民」の虚像と実像——近代日本・東南アジア関係史の一考察』同文舘出版。
宮城大蔵（2004）『戦後アジア秩序の模索と日本——「海のアジア」の戦後史 1957〜1966』創文社。
宮城大蔵（2008）『「海洋国家」日本の戦後史』筑摩書房。
宮島喬・鈴木江理子（2014）『外国人労働者受け入れを問う』岩波書店。
渡辺利夫・三浦有史（2003）『ODA（政府開発援助）——日本に何かできるか』中央公論新社。
OECD, International Development Statistics Online Databases（http://www.oecd.org/dac/stats/idsonline.htm）

おわりに

　本書は，執筆者5人が2年半にわたり10回以上の打ち合わせを通じて，全体のコンセプトを共有しながら書き進めていった。執筆者が単独で書いた章もあれば，複数で，もしくは全員で書いた章もあるが，いずれの章も互いに情報や修正点を出し合い，議論を重ねて何度も改稿しながら完成させた。

　執筆者は，地域研究を共通に専門としながらも，地域と学問分野に幅を持たせる布陣となった。増原はインドネシア地域研究と比較政治学，鈴木はマレーシア地域研究と比較政治学，片岡はタイ地域研究と文化人類学，宮脇はフィリピン地域研究と宗教社会学，古屋はベトナム地域研究と国際関係論をそれぞれ専門としている。このように執筆者が専門とする地域と学問分野に多様性を持たせることで，視野の広さと奥行きの深さを出すことを心がけた。

　原稿がある程度できあがった段階で査読会を開催し，加藤剛先生，田村慶子先生，工藤年博先生，高木佑輔先生にご出席いただき，非常に建設的なコメントやご提案を数多くいただいた。他に，古田元夫先生，山影進先生，佐藤考一先生，山田裕史先生，山田紀彦先生，小川有子先生にも貴重なご助言や情報を賜った。これらの先生方のご支援がなければ本書は完成には至らなかった。執筆者一同，心から御礼申し上げる。ただし，本書の記載内容については，執筆者がすべての責任を負っていることを申し添える。

　有斐閣の岡山義信さん，岩田拓也さんには，長時間にわたる打ち合わせに毎回ご出席いただき，必要なアドバイスを頂戴した。また，原稿の書き直しに次ぐ書き直しにも丁寧に対応してくださった。本書の企画から出版にいたるまで，お二人のご尽力がなければ，このようなハードな作業を乗り越えての刊行には至らなかった。感謝の念に堪えない。

　本書を通じて，東南アジア政治の面白さに気づいてくれる読者が出てくれば嬉しいかぎりである。今後もダイナミックに展開されるであろう東南アジアを見る視点を育んでいってもらうことを切に願う。

　2018年10月

　　　　　　　　　　　　　　　　　　　　　　　　　著　者　一　同

事 項 索 引

▶ アルファベット

ADB　→アジア開発銀行
AEC 統合戦略行動計画　248
AEC ブループリント　248, 249
　——ブループリント 2025　248, 249
AFPFL　→反ファシスト人民自由連盟
AFTA　→ASEAN 自由貿易地域
AIIB　→アジア・インフラ投資銀行
APEC　→アジア太平洋経済協力
APSC　→ASEAN 政治・安全保障共同体
　——ブループリント　250
ARF　→ASEAN 地域フォーラム
ASCC　→ASEAN 社会・文化共同体
ASEAN　→東南アジア諸国連合
ASEAN Way（ASEAN の流儀）　241
ASEAN＋1 FTA　248
ASEAN＋3　231, 243, 247, 285
ASEAN＋6　243
ASEAN＋8　243
ASEAN 10（アセアン・テン）　242, 245
ASEAN 5　179, 186
ASEAN 安全保障共同体　244
ASEAN・インド包括的経済協力枠組み協定
　247
ASEAN 越境犯罪対策大臣会合　270
ASEAN・オーストラリア・ニュージーラン
　ド自由貿易地域　247
ASEAN 外相会議　235
ASEAN 拡大首脳会議　287
ASEAN・韓国自由貿易協定　247
ASEAN 共同体　244
　——構想　251
ASEAN 共同体ビジョン 2025　248
ASEAN 協和宣言　241, 245
　第二——　244, 251
ASEAN 経済共同体（AEC）　243, 244,

248
ASEAN 憲章　244
　——憲章プロトコル　253
ASEAN 社会・文化共同体（ASCC）　243,
　244, 250
ASEAN 自由貿易地域（AFTA）　244, 246
ASEAN 首脳会議　240
ASEAN 政治・安全保障共同体（APSC）
　243, 244, 250
ASEAN 地域フォーラム（ARF）　231-
　233, 242
ASEAN ビジョン 2020　270
ASEAN 人（特に女性と児童）の取引協定
　270
ASEAN ブループリント 2025　243
ASEAN 平和・和解研究所　253
ASEAN 連結性マスタープラン　249
BN　→国民戦線
CIA　→アメリカ中央情報局
CLMV 諸国　186, 251
EAEG　→東アジア経済グループ
EC　→欧州共同体
EPA　→経済連携協定
EU　→欧州連合
FTA　→自由貿易協定
GDP　→国内総生産
GNI　→国民総所得
ICJ　→国際司法裁判所
IMF　→国際通貨基金
JICA　→国際協力機構
KPK　→汚職撲滅委員会
NASAKOM　→ナサコム
NDP　→国家開発党
NEP　→新経済政策
NIES　→新興工業経済地域
NLD　→国民民主連盟
ODA　→政府開発援助

● 291

ODP（Orderly Departure Program） 273

OFW（Overseas Filipino Workers） →フィリピン人出稼ぎ労働者

PAP →人民行動党

PH →希望連盟

PKN →国民公正党

PKO →国連平和維持活動

PKR →国民正義党

PPBM →統一プリブミ党

PRB →ブルネイ人民党

SEATO →東南アジア条約機構

SLORC →国家法秩序回復評議会

TAC →東南アジア友好協力条約

TPP →環太平洋パートナーシップ協定

TVPA →人身取引被害者保護法

UDD →反独裁民主戦線

UMNO →統一マレー人国民組織

UNCLOS →国連海洋法条約

UNHCR →国連難民高等弁務官事務所

UNTAC →国連カンボジア暫定統治機構

USAFFE ゲリラ 45

WTO →世界貿易機関

ZOPFAN →東南アジア平和・自由・中立地帯

▶ あ 行

アウンサン＝アトリー協定 100

アカウンタビリティ（説明責任） 198, 200

赤シャツ派 91, 205

アザハリの乱 27, 37

アジア・アフリカ会議 67, 224

アジア・インフラ投資銀行（AIIB） 233

アジア開発銀行（ADB） 133

アジア太平洋経済協力（APEC） 246

アジア通貨危機 53, 70, 88, 182, 186, 244, 263

アジア的価値 241, 251

アジアの通貨危機支援に関する新構想（新宮澤構想） 247

アチェ 70, 73

アチェ統治法 212

アチェ特別自治法 211

アチェ紛争 211, 212, 286

アファーマティブ・アクション 143

アブ・サヤフ 263

アフマディヤ教団 74

アヘンの非合法化政策 261

アメリカ 187, 219, 221, 226, 239

アメリカ中央情報局（CIA） 67, 159

アユタヤ朝シャム 5

アンコール帝国 3, 117

安 南 8

アンナン保護国 16, 118

アンボイナ事件 11

イギリス 11, 22, 98, 219

イギリス領マラヤ 12, 16, 139

イスラーム 147

イスラーム化 61

イスラーム教徒排斥運動 110

イスラーム国（IS） 213

イスラーム同盟 62

一村一品運動 89

「一帯一路」構想 233

一党独裁体制 133, 163, 164, 167, 171

一党優位体制 31, 33, 164, 165, 170

移民労働者センター 267

移民労働者の権利の保護と促進に関するASEAN宣言 270

イルストラード 43

インド化 3

インドシナ共産党 119, 121

インドシナ総督 118

インドシナ戦争

　第 1 次── 121, 160

　第 2 次──（ベトナム戦争） 84, 160

インドシナ難民 272, 284

インドネシア 3, 63, 150, 162, 165, 169, 208

　──の 1945 年憲法 64

　──の第 1 次憲法改正 72

　──の第 2 次憲法改正 72

――の第3次憲法改正　72
――の第4次憲法改正　72
インドネシア共産党　66, 153
インドネシア共和国　221
インドネシア－マレーシア間の領有権紛争
　　254
ヴィエンチャン行動計画　251
上からの民主化　172
ウォーターゲート事件　227
英緬戦争　98
英蘭条約　22
エドサ革命　→ピープルパワー革命
エドサ2　→ピープルパワー2
エドサ3　→ピープルパワー3
縁故主義　→クローニズム
欧州共同体（EC）　245
欧州連合（EU）　134, 187
汚職撲滅委員会（KPK）　72, 205
オランダ　11, 219
オランダ東インド会社（VOC）　61
オランダ領ニューギニア　61
オランダ領東インド　12, 14
オンカー　126
恩恵的同化　44

▶　か　行

海峡植民地　16, 23
外国人研修制度　284
海　賊　263
カイソーン　128
開発5カ年計画　69
開発独裁　47
華　僑　10
科挙官僚制度　118
華　人　10, 24-27, 42, 62, 129, 143, 152,
　　153, 161, 193, 220, 275, 282
　　――エリート　35
　　――の世紀　8
カティプーナン　43
ガレオン貿易　41
カレン民族同盟　101

韓　国　35
環太平洋パートナーシップ協定（TPP）
　　134, 233
カンプチア人民共和国　229
カンボジア　3, 117, 124, 125, 164, 226,
　　241
カンボジア王国　131, 222
カンボジア侵攻　187
カンボジア－タイ間の領有権紛争　254
カンボジア内戦を終結させるパリ和平会議
　　285
カンボジア紛争の包括的な政治解決に関する
　　協定（パリ和平協定）　130, 230
カンボジア保護国　16, 118
カンボジア民族統一戦線　125, 228
カンボジア労働者党（カンボジア共産党）
　　124
帰化国民　111, 144
黄シャツ派　90, 205, 207
北ボルネオ　23, 27
北ボルネオ連邦　27
技能実習制度　284
希望連盟（PH）　32
救国党　131
救国民族統一戦線　127
9・30事件　67, 153, 159, 163, 165, 180,
　　225, 240
旧人民　126
九段線　233, 235
9.11（アメリカ同時多発テロ）　110
969運動　110
共産主義　62
共産主義者の大虐殺　159
共産主義勢力　26, 67, 158, 221-223
強制的同化政策　142
共通効果特恵関税（CEPT）協定　246
キリスト教　3, 117, 141
キリスト教化　41
近代国民国家　139
グアム・ドクトリン　240
クアラルンプール　23

事項索引　●　293

阮朝越南（ベトナム）　13, 117
クォック・グー　119
クダ王国　22
グッド・ガバナンス（よい統治）　31, 193, 198
クメール・イサラク　121
クメール人　117
クメール人民民族解放戦線（ソン・サン派）　127, 131
クメール・ハノイ　126
クメール・ルージュ　126, 160, 228
グループ選挙区　34
クローニー・キャピタリズム（縁故資本主義）　183, 185
クローニズム　48, 199
軍事政権　83, 85, 92, 101, 150, 169, 170, 172, 180
経済技術協力協定　282
経済連携協定（EPA）　248
権威主義体制　159, 170
5.13 事件　29
港　市　3, 60
抗日運動　17
抗日人民軍　25
香料諸島　11
香料貿易　22, 61, 262
国王を元首とする民主主義　93, 94, 207
国際共産主義運動　119
国際協力機構（国際協力事業団；JICA）　282
国際交流基金　283
国際司法裁判所（ICJ）　253, 254
国際通貨基金（IMF）　30, 247
国際労働移民　265
国内総生産（GDP）　178
国民形成　140
国民公正党（PKN）　30
国民国家　22
　　——形成　140
　　——建設　22
国民正義党（PKR）　31

国民戦線（BN）　29, 165, 193
国民総所得（GNI）　177, 179
国民の力党　90
国民民主連盟（NLD）　105, 173
国連安全保障理事会　255
国連海洋法条約（UNCLOS）　231, 232, 235
国連カンボジア暫定統治機構（UNTAC）　130
国連憲章　221
国連難民高等弁務官事務所（UNHCR）　271, 274
国連平和維持活動（PKO）　130, 285
個人支配体制　165, 171, 172
コーチシナ直轄植民地　16, 118
国家開発党（NDP）　38
国家形成　140
国家信託党　32
国家評議会　127, 129
国家法秩序回復評議会（SLORC）　103
コミンテルン　17, 119
ゴルカル　68
コルディリェラ　48
コンバウン朝ビルマ　13
コンフロンタシ（対決）　28

▶ さ　行

再教育キャンプ　126
サイゴン解放（サイゴン陥落）　125, 227
サイゴン条約　118
サ　バ　16, 23, 225, 239
サム・ランシー党　131
サラワク　27, 239
サラワク王国　8, 16
サンクム（人民社会主義共同体）　123
30 年戦争　5
サンスクリット語　3
暫定憲法体制　83
ジェマ・イスラミーヤ（JI）　75, 264
市場友好的アプローチ　182
7 月事変　131

指導された民主主義　66
シパダン島　253, 254
市民権問題　153
シャイレンドラ　3
ジャカルタ　71
ジャカルタ非公式会合　242
シャム　4, 9, 13, 80
ジャワ島　60
修道会士　41
自由貿易協定（FTA）　134, 245
自由民主党（カンボジア）　131
熟練労働者　269
主権国家　6
ジュネーブ会議　123
ジュネーブ協定　123, 223
シュリーヴィジャヤ　3
準国民　111, 144
巡礼圏　15, 62, 118
上座仏教　140
　　──教団　145
少数民族地域　103
少数民族武装組織　108
小スルタン国　140
正法王　→ダルマラージャ
所得格差　177
ジョホール王国　22
神王（デーヴァラージャ）思想　3
シンガポール　3, 21, 22, 27, 161, 165, 168,
　　180, 184, 191, 192, 239
　　──の憲法　34
シンガポール宣言　246
新経済政策（NEP）　29, 193
新経済モデル（NEM）　31
人権党　131
新興工業経済地域（NIES）　35, 244
新植民地主義　28
人身取引　269
人身取引議定書　270
人身取引被害者保護法（TVPA）　270
『人身取引報告書』　270, 284
人身売買　260

新人民　126
人民革命党　131, 163
人民行動党（PAP）　26, 36, 161, 165, 180
人民党　131
人民連盟（PR）　32
真臘　3
スターリン批判　226
スペイン　11
スペイン修道会　4
スペイン統治　41
スマトラ沖大地震・津波　151, 212
スリランカ　9
スールー　23, 44, 48, 239
スルタン　4, 23, 25, 27, 37, 239
　　──国　4
制憲議会　66
西沙（パラセル）諸島　228, 231, 234
政治体制　159
政党リスト制　52
青年マレー同盟　25
政府開発援助（ODA）　282
清仏戦争　118
世界貿易機関（WTO）　132, 187, 231
石油ショック　227
絶対君主制　37
全会一致　250
前近代国家システム　→マンダラ国家
前近代東南アジア国家　149
戦後賠償　281
全サンガ長老会議　110
全方位外交　129
『想像の共同体』　15
祖国戦線　133
ソ連（ソビエト連邦）　16, 122, 123, 125,
　　127, 133, 187, 222, 226, 239
ソンクラー　8
村落開発基金　89

▶ た　行

タ　イ　3, 80, 162, 166, 170, 183, 207
　　──の 1997 年憲法　199

事項索引　● 295

——の 2007 年憲法　207
——の共産党　85
——の民主憲法　88
——の民主党　88, 89
大　越　117
代議制民主主義　198
大航海時代　11
タイ国民党　86
タイ式民主主義　82, 170
大西洋憲章　221
大メコン圏経済回廊プロジェクト　133
タイラックタイ党　88, 192, 201, 207
台　湾　35
タキン党（我らのビルマ協会）　99, 219
脱植民地化　14, 17, 144, 221
多文化主義　34
タマサート大学構内におけるデモ　84
ダマンスキー（珍宝）島　226
タミル人　9
多様性の中の統一　74
ダルマラージャ　4
ダルル・イスラーム運動　65, 75, 151, 264
団結正義党　87
チェンマイ　80
チェンマイ・イニシアティブ　247
チェンマイ王国　5
チャイナ・プラス・ワン戦略　134
中越戦争　229
中国（中華人民共和国）　222, 226, 239
中国 - ASEAN 包括的経済協力枠組み協定　231, 247
中国国民党軍残党　101
中所得国の罠　31, 183, 188, 267
朝鮮戦争　180, 226
チンタナカーン・マイ（新思考）　128, 130, 187
ディエン・ビエン・フーの戦い　122
ディペイン事件　104
ティモール民族抵抗評議会（CNRT）　76
デタント（緊張緩和）　227

テト攻勢　226
天安門事件　230
ドイモイ（刷新）　129, 187, 229, 242
統一プリブミ党（PPBM）　32
統一マレー人国民組織（UMNO）　25, 161
同化主義　142
韜光養晦　230
東南アジア条約機構（SEATO）　180, 223
東南アジア諸国連合（ASEAN）　127, 129, 187, 226, 232, 239
東南アジア平和・自由・中立地帯（ZOP FAN）　228, 240
東南アジア友好協力条約（TAC）　228, 232, 241, 252
土着国民　111, 144
ドミノ理論　222, 225
トンキン保護領　16, 118
トンキン湾事件　124, 224, 240
東遊運動　119
ドンソン文化（青銅器文化）　117
トンブリ朝　8

▶ な 行

内政不干渉原則　250
ナサコム（NASAKOM）　66
ナショナリズム　62
——運動　17, 119
——の時代　24
ナフダトゥル・ウラマ　66, 75
南沙（スプラトリー）諸島　231, 234
南部コーチシナ　118
南部マレー・ムスリム分離主義勢力　89
南部マレー・ムスリム問題　142
南方上座仏教圏　3
難　民　271
難民条約　288
難民の地位に関する協定（および議定書）　271, 274
南　洋　284
西イリアン　67, 150

21 世紀海上シルクロード構想　233
二大政党制　31, 46
日米安全保障共同宣言　231
日露戦争　119
日本－ASEAN 特別首脳会議　287
日本－ASEAN 包括的経済連携協定　247
日本人町　280
ネオ・ラオ・イサラ（ラオス自由戦線）
　　　122
ネパール　267

▶ は 行

排　華　275
排華運動　154
賠償請求権　282
パガン朝　4
バタヴィア　11, 61, 62
パタニ王国　22
八月革命　121
8888 運動　103
パテート・ラオ　122, 227
パトロン・クライアント関係　30, 46, 52,
　　　161, 165, 169, 201, 202
ハノイ　118
ハノイ会議　247
パプア　211
パプアの紛争　211
反イスラーム運動　146
反共産主義（反共）勢力　158
バングラデシュ　111, 267
バンコク　90
バンサモロ基本法　56
バンサモロ組織法　213
バンサモロ包括的和平合意　213
バンサモロ枠組み合意　286
反独裁民主戦線（UDD）　91
パンチャシラ　64, 66, 70, 148
反ファシスト人民自由連盟（AFPFL）
　　　100, 219
半分の民主主義　85, 203
パンロン協定　100, 150

東アジア経済グループ（EAEG）　246
東アジアの奇跡　181
東インド会社　12
東ティモール　3, 11, 75, 150, 210
　　――に軍事侵攻　69
東ティモール独立革命戦線　→フレテリン
非熟練労働者　192, 265
人（特に女性と児童）の取引に対抗する
　　　ASEAN 宣言　270
ピープルパワー 2　54, 204
ピープルパワー 3　55, 204
ピープルパワー革命　49, 51, 181, 204
白檀貿易　76
ビルマ式社会主義　102, 105, 166, 187
ビルマ社会主義計画党（BSPP）　101, 166
ビルマ独立義勇軍（BIA）　99
ビルマ・ナショナリズム　99
非連合マレー諸州　23
ヒンドゥー教　3
「ファクトリー・アジア」　183
プアタイ党　91
フィリピン　3, 41, 49, 149, 161, 165, 169,
　　　206
　　――の 1935 年憲法　45
　　――の 1973 年憲法　48
　　――の 1987 年憲法　49, 51, 199
フィリピン＝アメリカ戦争　43
フィリピン人出稼ぎ労働者（出稼ぎ移民；
　　　OFW）　260, 268
フィリピン独立法　220
フ　エ　118
フェデラル連邦制　109, 112, 150, 210
福田ドクトリン　283
フクの反乱　46
フクバラハップ（抗日人民軍，フク団）
　　　45, 220, 223
仏印処理　120, 219
仏印進駐　120, 219
仏　教　3, 4
仏教国教化方針　146
仏教自由民主党　131

扶　南　　3
不法移民　　260
ブミプトラ　　27, 29, 144, 184, 193
　　非——　　193
ブミプトラ優遇政策　　31, 144, 161, 185,
　　193
プラザ合意　　181, 245
フランス　　11, 118, 219
フランス人理事長官　　118
フランス領インドシナ　　16, 118, 139
プランテーション　　24, 61, 76
フリーダム・スコア　　159
プリンシパーレス　　42
ブルシ（清廉）運動　　168
ブルネイ　　3, 8, 21, 27, 37, 239
ブルネイ王国　　16, 23
ブルネイ・シェルペトロリアム社　　23
ブルネイ人民党（PRB）　　27, 37
プレアビヒア寺院　　253, 254
フレテリン　　76
プロパガンダ運動　　43
プロレタリアート独裁国家　　127
文化大革命　　226
文化のWA（和・環・輪）プロジェクト〜知
　　り合うアジア〜　　287
フンシンペック王党派　　127
フンシンペック党　　131, 164
分離独立運動　　73
米越包括的パートナーシップ　　234
米比防衛協力強化協定　　234
ベトナム　　3, 117, 143, 163, 167, 224
　　——の1980年憲法　　127
　　——の1993年憲法　　134
　　——の2013年憲法　　134
ベトナム共産党　　119, 126, 163
ベトナム共産党書記長　　130
ベトナム共和国（南ベトナム）　　124
ベトナム社会主義共和国　　126, 227
ベトナム戦争　　125, 180, 226, 272
ベトナム独立同盟会（ベトミン）　　120
ベトナムにおける戦争終結と平和回復に関す

る協定（パリ和平協定）　　125, 227
ベトナム民主共和国（北ベトナム）　　120,
　　121, 123, 124, 221
ベトナム民族　　120
ベトナム労働党　　124
ベトミン　　219, 222
ペナン　　22
ペレストロイカ　　129, 187, 229, 245
包括農地改革法　　52
ボウリング条約　　80
北　爆　　124, 240
ポークバレル　　52, 203
ボゴール・サミット　　246
捕食国家　　185
ホー・チ・ミン思想　　130
ホー・チ・ミン・ルート　　124, 128
ボートピープル　　272, 274
ポリティ・スコア　　157, 159
ポルトガル　　4, 11, 75
香　港　　35

▶ま　行

マギンダナオ　　44
マジャパヒト　　3
マニラ　　44
マフィリンド（MAPHILINDO）　　239
ママサパノ事件　　56, 213
麻薬撲滅政策　　262
麻薬密輸団　　261
マラッカ王国　　4, 22
マラッカ海峡　　22
マラヤ　　27
マラヤ・イスラーム党（PMIP）　　28
マラヤインド人会議（MIC）　　26
マラヤ華人協会（MCA）　　26
マラヤ共産党　　25, 26, 153, 161, 220, 223
マラヤ連合　　25
マラヤ連邦　　26, 239
マラヤ連邦憲法　　26
マルクス・レーニン主義　　130
マルク（モルッカ）諸島　　11, 61

マレーシア　3, 21, 27, 161, 165, 168, 183
マレーシアインド人会議（MIC）　26
マレーシア華人協会（MCA）　26
『マレーシア計画』（5 カ年経済計画文書）
　193
マレーシア人のマレーシア　28
マレーシア連邦　239
マレー人　9, 24
マレー人の特別な地位　25, 26, 29, 144,
　153
マレー・スルタン国　16
マロロス　43
マロロス憲法　43
マンダラ国家　8
南シナ海における関係国の行動に関する宣言
　（行動宣言）　232
南シナ海に関する ASEAN 宣言　232
南シナ海問題　231
南ベトナム解放民族戦線（解放戦線）
　124, 224
南ベトナム臨時革命政府（解放戦線の代表）
　125
ミャンマー　3, 98, 149, 166, 169, 273
　──の共産党　101
　──の国籍法　111
　──の国民統一党（NUP）　103
　──の社会党　100
　──の人民院　106
　──の民族院　106
民主化要求デモ　104
民主化ロードマップ　84, 104, 173
民主カンプチア　228
民主カンボジア連合政府　127
民主行動党（DAP）　29
民主市民連合（PAD）　90
民主集中制　163
民主主義　170, 200
民主主義体制　159
民族自決原則　221
ミンダナオ　47, 48, 214
ミンダナオ紛争　286

無憲法状態　105
無憲法統治　83
ムスリム排斥運動　274
ムスリム・ミンダナオ自治地域（ARMM）
　51, 213
ムハマディヤ　75
ムラユ語　62
メコンデルタ　117
モロ・イスラーム解放戦線（MILF）　213,
　286
モロ民族解放戦線（MNLF）　213
モンスーン貿易　60

▶ や 行

輸出志向型工業化　30, 47, 48, 69, 182,
　184, 194, 245
輸入代替工業化　47, 69, 184

▶ ら 行

ラオ・イサラ　121
ラオ・イサラ政府（ラオス臨時人民政府）
　121
ラオス　3, 117, 163, 167
ラオス王国　122, 222
ラオス刷新運動　120
ラオス人民革命党　125
ラオス人民党　123
ラオス人民民主共和国　125, 227
ラオス・ナショナリズム　120
ラオス保護国　16, 118
ラッタニヨム　81
ラッフルズ・カレッジ　24
ラングーン（ヤンゴン）　103
ランサーン王国　117
ランナー王国　6
蘭芳公司　8
リギタン島　253, 254
李朝　4
立憲革命（1932 年のクーデタ）　81
立憲君主制　93, 131
リバランス政策　233

事 項 索 引　● 299

林　邑　3
ルソン島　44
冷　戦　46, 67, 76, 85, 123, 134, 153, 158,
　　162, 180, 219, 221, 229, 230, 245, 262,
　　272, 282
レフォルマシ　30, 31, 37, 71, 168

連合マレー諸州　23
連邦団結発展協会（USDA）　106
連邦団結発展党（USDP）　106
ロヒンギャ　111, 210, 274
ロヒンギャ弾圧　173
ロヒンギャ迫害問題　111, 252

人名索引

▶ あ 行

アウンサン　99, 219
アウンサンスーチー　104, 106, 108, 112, 173, 210, 252
アギナルド，エミリオ　43
アキノ，コラソン　50, 51, 212
アキノ，ベニグノ　50
アキノ，ベニグノ 2 世　186
アキノ，ベニグノ 3 世　56, 204, 213, 286
アシン・ウィラトゥー長老　110
アナン・パンヤーラチュン　87
アブドゥルラフマン・ワヒド　208, 211
安倍晋三　287
阿倍仲麻呂　8
アルカティリ，マリ　76
アロヨ，グロリア　54, 55, 204, 206, 213
アンダーソン，ベネディクト　15
アンワール・イブラヒム　30
インラック・チナワット　91
ウ・ソオ　100
ウ・ヌ　100, 146
エストラーダ，ジョセフ　53, 204, 206, 213
オバマ，バラク　233

▶ か 行

ガルシア，カルロス　47
キッシンジャー，ヘンリー　227
キリノ，エルピディオ　46
キンニュン　104
阮福暎　117
グスマン，シャナナ　76, 77
クム・ソカー　131
クリアンサク・チャマナン　84
クリントン，ヒラリー　233
クルーグマン，ポール　182

▶ さ 行

ケソン，マヌエル　45
ケネディ，ジョン・F　124
小磯国昭　63
ゴー・チョクトン　248
ゴ・ディン・ジェム　124
コロナ，レナート　56, 206

サマック・スントラウェート　90
サム・ランシー　131
サリット・タナラット　82, 162, 170, 181, 192
サンユ　102, 103
シーサワンオン　222
シハヌーク，ノロドム　118, 122-126, 128, 131, 222, 229, 242
習近平　233
ジョコ・ウィドド　74
ジョンソン，リンドン　124
シン，ハイメ　49, 50
スエーニェイン　100
スカルノ　64, 66, 150, 162, 220, 221, 239, 240
スチンダ・クラプラユーン　87
スパーヌウォン　120
スハルト　28, 67, 68, 70, 71, 150, 163, 165, 169, 185, 186, 198, 240
スワンナプーマー　120
セレーノ　206, 207
ソオマウン　103
ソムチャーイ・ウォンサワット　91
ソン・サン　242
孫文　153

▶ た 行

タークシン王　8
タックシン・チナワット　88, 92, 142,

● 301

170, 173, 192, 201, 203, 204, 207, 262
タニン・クライウィチアン　84
タノム・キッティカチョーン　83, 84
タンシュエ　104
チャーチャーイ・チュンハワン　86
チュアン・リークパイ　88
テインセイン　107, 173, 189, 210
ドゥテルテ，ロドリゴ　56, 206, 207, 213, 262

▶ な 行

ナジブ・ラザク　31, 32
ナロン・ウォンワン　87
ニクソン，リチャード　227, 240
ネーウィン　101-103, 162, 166, 187

▶ は 行

バオ・ダイ　121, 222
ハッサナル・ボルキア国王　37
ハッタ　64
ハビビ　71
バモオ　99
ピブーン（プレーク・ピブーンソンクラーム）　81, 82, 162
ファン・ボイ・チャウ　119
福田赳夫　283
プラユット・チャンオーチャー　92
プリディー・パノムヨン　82
ブルック，ジェームズ　8, 23
プレム・ティンスラノン　85, 172
フンシンペック　131
フン・セン　126, 131, 164
ペッサラート　120

ヘン・サムリン　126, 242
ホー・チ・ミン　119, 121, 221
ポル・ポト　124-126, 128, 160, 164, 229, 241, 242

▶ ま 行

マカパガル，ディオスタード　47, 239
マグサイサイ，ラモン　46
マハティール・モハマド　30, 32, 246
マルコス，フェルディナンド　28, 47, 48, 162, 165, 169, 185, 198, 225, 240
メガワティ・スカルノプトリ　211
毛沢東　47, 226

▶ や 行

ユドヨノ，スシロ・バンバン　73, 185, 212

▶ ら 行

ラナリット，ノロドム　131
ラーマ 5 世　81
ラーマ 9 世（プミポン国王）　90, 94
ラーマ 10 世（ワチラロンコン国王）　94, 170
ラモス，フィデル　53, 186
ラモス=ホルタ　76
リー・クアンユー　26, 35
リサール，ホセ　43
リー・シェンロン　36
レーニン，ウラジーミル　119
ロハス，マヌエル　46
ロン・ノル　125, 128, 160, 228

はじめての東南アジア政治
Introduction to Southeast Asian Politics

2018 年 11 月 30 日　初版第 1 刷発行

著　者	増原　綾子 鈴木　絢女 片岡　樹 宮脇　聡史 古屋　博子
発行者	江草　貞治
発行所	株式会社　有　斐　閣

郵便番号 101-0051
東京都千代田区神田神保町 2-17
電話 (03) 3264-1315 〔編集〕
　　 (03) 3265-6811 〔営業〕
http://www.yuhikaku.co.jp/

印刷・大日本法令印刷株式会社／製本・牧製本印刷株式会社
© 2018, Ayako Masuhara, Ayame Suzuki, Tatsuki Kataoka, Satoshi Miyawaki, and Hiroko Furuya. Printed in Japan
落丁・乱丁本はお取替えいたします。
★定価はカバーに表示してあります。
ISBN 978-4-641-15058-4

[JCOPY] 本書の無断複写（コピー）は、著作権法上での例外を除き、禁じられています。複写される場合は、そのつど事前に、(社) 出版者著作権管理機構（電話03-3513-6969、FAX03-3513-6979、e-mail:info@jcopy.or.jp）の許諾を得てください。